低碳经济背景下的低碳产业发展之路
——以欧盟为例

陈俊荣 著

九州出版社
JIUZHOUPRESS

图书在版编目（CIP）数据

低碳经济背景下的低碳产业发展之路 ： 以欧盟为例 / 陈俊荣著. -- 北京 ： 九州出版社，2016.7（2019.6重印）
ISBN 978-7-5108-4555-0

Ⅰ. ①低… Ⅱ. ①陈… Ⅲ. ①节能－产业发展－研究－欧洲国家联盟 Ⅳ. ①F150.4

中国版本图书馆CIP数据核字(2016)第169265号

低碳经济背景下的低碳产业发展之路：以欧盟为例

作　　者	陈俊荣　著
出版发行	九州出版社
地　　址	北京市西城区阜外大街甲 35 号 (100037)
发行电话	(010)68992190/3/5/6
网　　址	www.jiuzhoupress.com
电子信箱	jiuzhou@jiuzhoupress.com
印　　刷	北京九州迅驰传媒文化有限公司
开　　本	720 毫米 ×1020 毫米　16 开
印　　张	14.75
字　　数	219 千字
版　　次	2016 年 8 月第 1 版
印　　次	2019 年 6 月第 2 次印刷
书　　号	ISBN 978-7-5108-4555-0
定　　价	39.80 元

目 录

第一章 绪论

第一节 低碳经济兴起的背景

一、气候变化的背景

全球气候变化的迹象已经越来越明显。根据全球地表温度的器测资料，在1906年至2005年的100年中，全球平均气温大概上升了0.74℃。特别是北半球温度升幅较大，20世纪下半叶，北半球的平均温度很可能高于过去500年中任何一个50年，并可能至少是过去1300年中平均温度最高的50年。[①] 而2000—2009年已经成为有历史记录以来最热的10年，大约比20世纪60年代高出0.6℃，比20世纪90年代高出0.2℃。[②] 伴随着气候变化的加剧，极端天气发生频率迅速增加，在过去的5000年里，气候灾难已经从过去的几百年发生一起演变成为现在的一年发生多起。[③]

气候变化会对人类和生态系统带来系统性的影响。人类赖以生存的

---

① 政府间气候变化专门委员会（IPCC）：《气候变化2007：综合报告》，第2页。政府间气候变化专门委员会第四次评估报告第一、第二和第三工作组的报告［核心撰写组：Pachauri R.K. 和 Reisinger A.（编辑）］。

② National Climatic Data Center of National Oceanic and Atmospheric Administration, *State of the Climate in 2009,* July 2010, http://www.ncdc.noaa.gov/bams-state-of-the-climate/2009.php.

③ ［英］迈克尔·阿拉贝，刘红焰译：《气候年表》，上海科学技术文献出版社2006年第1版。

环境和动植物的栖息地是历史气候造就的，人类的生产生活方式和整个生态系统是与目前的气候条件相适应的，如果气候变化过快，人类和生态系统难以应对，将会造成灾难性的后果。全球平均气温升高，会导致大范围积雪和冰川融化，海平面上升，海岸侵蚀，海水侵入沿海地下淡水层，沿海土地盐渍化，从而造成海岸带生态环境失衡。同时，海岸线的后退和岛屿的消失，会导致数以万计的人无家可归。随着极端气候频发，物种分布迁移和野火风险增加，物种的灭绝速度加快，如果温度再上升 1—3℃，大约会有 30% 的物种濒临灭绝。[①] 气候变化会导致全球水资源分布的改变，使更多的水蒸气存留在大气中，而中纬度和半干旱低纬度地区的可用水减少，数亿人口将面临更为严峻的供水压力。气候变暖会使一部分地区粮食增产，一部分地区粮食减产，但从全球来看，粮食总体是减产的，再加上洪水和干旱等极端天气对粮食贮存和运输带来的困难，更多的人口将面临饥饿的威胁。气候变暖导致的灾害性天气和高温不仅会直接导致人的死亡，而且会加快传染性疾病的传播速度，使细菌、病毒和寄生虫更加活跃，从而危害人类的身体健康。[②]

气候变暖的原因分为自然因素和人为因素。自然因素有气候系统的周期性变化、太阳辐射的变化、火山爆发等。以 S. 弗雷德·辛格为代表的非主流观点认为近年来的气候变暖主要是气候变化周期的结果，地球每 1500 年有一个适度的但不规则的气候变化周期。[③] 人为因素指人类活动排放的大量温室气体造成了温室效应的加剧。以政府间气候变化专门委员会（IPCC）为代表的主流观点认为气候变化主要是由人类活动造成的，人类燃烧了大量的化石燃料增加了全球的温室气体浓度，同时砍伐森林、破坏植被等改变土地用途的行为导致森林的碳汇[④] 能力下降。在 1970 年至 2004 年期间，温室气体增加了 70%，其中最重要的人为温室气体二氧化

① IPCC 第四次评估报告。

② 邢继俊、黄栋、赵刚编：《低碳经济报告》，电子工业出版社 2010 年版，第 9—11 页。

③ Singer S.F. and Avery D.T., "Unstoppable global warming, Lanham", *Rowman & Littlefield Publishers*, 2007.

④ 碳汇：一般是指从空气中清除二氧化碳的过程、活动、机制，主要是指森林吸收并储存二氧化碳的多少，或者说是森林吸收并储存二氧化碳的能力。

碳 (CO_2) 的排放增加了大约 80%。大部分已观测到的全球平均温度的升高很难仅仅用自然原因解释，人为温室气体浓度增加导致气候变暖具有很高的可信度。

二、低碳经济在全球兴起的背景

如果不采取减缓气候变化的措施，任凭温室气体排放，未来包括人类在内的所有生物的命运将不堪设想。目前普遍认为未来平均温度的升高幅度（相对于工业革命前）不能超过 2℃，要确保该目标的实现，温室气体的浓度需要稳定在 450ppm① 的水平上。为此，国际社会进行了一系列的气候谈判。1979 年，世界召开了第一次气候大会；1988 年，联合国成立了政府间气候变化专门委员会（IPCC），负责收集、整理和汇总世界各国在气候变化领域的研究工作与成果，提出科学评价与政策建议；1992 年，各国政府签署了《联合国气候变化框架公约》(United Nations Framework Convention on Climate Change)；1997 年，通过了《京都议定书》(Kyoto Protocol)，要求附件 I 国家（发达国家和经济转型国家）在 2008 年至 2012 年承诺期内将温室气体排放量至少减少 5%（相对于 1990 年的排放水平）；2007 年，制定了“巴厘岛路线图”（Bali Roadmap），要求发达国家在 2020 年前减少温室气体排放 25%—40%（相对于 1990 年的排放水平）；2008 年 7 月，在 G8 峰会上八国集团声明将寻求与《联合国气候变化框架公约》其他成员国共同努力实现到 2050 年将全球温室气体排放量减少 50% 的长期目标；2009 年，召开了哥本哈根气候大会，各国提出了到 2020 年的减排目标，其中欧盟至少减少 20%（相对于 1990 年的排放水平），美国减少 17%（相对于 2005 年的排放水平），日本减少 25%（相对于 1990 年的排放水平），中国的单位 GDP 的二氧化碳排放比 2005 年下降 40%—45%。

同时，世界经济的高速增长在很大程度上依赖于存量有限的化石能源的消耗，化石能源已经变得越来越稀缺。过去 30 年，世界能源消费

① ppm：parts per million（气体浓度单位），表示每百万分之一的含量，是一种表示环境大气（空气）污染物浓度的方法。

量大约以每年3%的速度增长，能源消费弹性系数[①]约为0.660。未来近30年，世界能源消费量将从2007年的495千万亿英国热量单位（quadrillion[②] British thermal units，Btu[③]）增加到2035年的739千万亿英国热量单位，增长率为49%。[④]但是，根据《BP世界能源统计2009》的预测，按照2008年的化石能源产量计算，世界石油仅可供开采42年，天然气可供开采60.4年，煤炭可供开采122年。

世界各国担心着未来气候变暖带来的环境破坏、经济崩溃和生命受损的巨大危险，外部承受着国际社会强烈要求减排的强大压力，内部面临着日益严峻的能源安全挑战，于是世界各国开始寻找能够降低温室气体排放、降低化石能源消耗、有利于环境保护的可持续经济发展模式。因此，代表着“低能耗、低污染、低排放和高效能、高效率、高效益”的低碳经济受到了世界各国政府的重视，研究低碳经济的理论、探索低碳经济的模式、实践低碳经济的理念、采取低碳经济的措施等一系列大力发展低碳经济的行动在世界各国兴起了。

在这里需要说明的是，应对气候变化的人类行为分为减缓气候变化和适应气候变化。减缓气候变化是指人类通过采取一系列强有力的措施减少温室气体的排放以降低温室效应从而减缓气候变化的行为。[⑤]适应气候变化是指自然或人类系统为应对已经发生的和未来将会发生的气候变化及其影响所进行的自身调整，目的是为了减轻损害或开发有利的机会。[⑥]减缓是针对地球气候系统的人为干预行动，适应是针对人类社会本身的自我调整。由此可见，低碳经济主要是指人类减缓气候变化的行为。

---

① 能源消费弹性系数（elasticity coefficient of energy consumption）是反映能源消费增长速度与国民经济增长速度之间比例关系的指标，通常用两者年平均增长率间的比值表示。

② Quadrillion是10的15次方（10^{15}）。

③ British thermal units（Btu），英国人用的热量单位，1 British thermal unit = 1055.05585焦耳。

④ U.S. Energy Information Administration (EIA), *International Energy Outlook 2010* July 2010.

⑤ Nicolars S., “Stern Review on the Economics of Climate Change”, *Cambridge University Press*, 2007.

⑥ IPCC WGII, “Climate Change 2001: Impacts, Adaptation and Vulnerability”, *Cambridge University Press*, 2001.

在欧洲，低碳经济的兴起经历了从民间组织到欧盟成员国，再到欧盟不断递进的过程，而最初三者重视低碳经济的出发点并不相同。欧洲的民间组织重视低碳经济主要是出于减缓气候变化的考虑，20 世纪 70 年代欧洲的民间环保组织就开始关注气候变化的问题。而大多数欧盟成员国最初采取政策措施提高能源利用效率和发展可再生能源主要是出于能源安全的考虑，但是却在客观上降低了温室气体的排放。[①] 随着气候变化问题越来越国际化，欧盟开始协调各个成员国的减排政策，逐步制定欧盟整体的低碳经济发展战略和措施，并把气候保护政策和能源政策结合起来，以实现应对气候变化和能源安全的双重挑战，同时实现提高全要素生产率和经济增长率、促进就业和研发等多个目标。

第二节　本研究的意义、框架和方法

研究欧盟的低碳经济具有重要的理论意义。尽管研究低碳经济的学者和文献日益增多，但是尚未形成完整的低碳经济理论体系。本人希望通过对欧盟低碳经济的研究能够把低碳经济的相关理论和欧盟的具体实践结合起来，对相关理论进行梳理和验证。同时为我国的欧洲经济研究增加一份低碳经济领域的文献。

研究欧盟的低碳经济及低碳产业具有重要的实践意义。首先，对欧盟低碳经济的研究将有助于深化我国对欧盟这个重要国际行为体的认知，有利于政府在外交上制定更加合理的对欧政策，特别是在以后的国际气候大会上积极应对，同时有利于我国在低碳经济领域寻找能够与欧盟及其成员国合作的领域。其次，中国正处于资本密集型工业化和城市化的阶段，碳排放量及增长率均为世界第一，国内的经济增长和降低温室气体排放的矛盾日益显著，国际舆论和外交压力前所未有，发展低碳产业也是中国的必然选择。欧盟在低碳经济领域先进的政策和经验将对中国低碳经济的发

① [英] 安东尼·吉登斯著，曹荣湘译：《气候变化的政治》，社会科学文献出版社 2009 年版。

展有所帮助和借鉴。

本书试图回答4个问题：欧盟为什么要发展低碳经济？欧盟发展低碳经济的政策和措施有哪些？欧盟发展低碳经济的效果如何？欧盟发展低碳经济给欧盟产业带来了什么样的影响？

本书主要分为7个部分：

第一部分是对低碳经济进行比较集中的理论探讨，包括低碳经济的概念界定、国内外相关理论的论述以及与欧盟低碳经济相关的理论综述。

第二部分对欧盟发展低碳经济的历程和现状进行梳理和总结。首先，分析欧盟发展低碳经济的原因。其次，对欧盟发展低碳经济的历史和现状进行梳理和总结，包括对欧盟整体情况和在低碳经济领域较为先进的几个主要欧盟成员国的情况进行分析和研究。

第三部分对欧盟发展低碳经济的政策、措施和工具及执行情况进行探讨并分析这些手段对于产业的影响。包括已经使用和正在酝酿有可能采取的政策措施，例如：欧盟排放交易机制（EU ETS）、碳/能源税、碳预算等。

第四部分分析欧盟发展低碳经济的效果。首先，从温室气体排放量这一指标分析欧盟发展低碳经济的效果。其次，从经济增长和温室气体的关系来分析欧盟及其成员国发展低碳经济的效果。再次，从欧盟的产业结构和进出口情况来分析欧盟在降低温室气体排放的同时是否发生了碳排放的转移。最后，从欧盟的能源结构和能源效率来考察欧盟发展低碳经济的效果。

第五部分分析欧盟未来低碳产业的发展。首先，分析了欧盟2020战略对低碳产业的影响。其次分析了欧盟未来低碳产业和低碳就业的发展。

第六部分探讨了欧盟发展低碳经济的外部影响。并对欧盟的低碳经济发展进行了评价与展望。

第七部分结合中国实际，分析了中国低碳产业发展的短期和长期目标，侧重点，以及改策手段。

本书采取的研究方法包括规范研究、实证研究和案例分析。通过对现有文献的梳理，对关于低碳经济的理论进行分析，得出本研究的理论基础和指导实证研究的逻辑框架。通过对欧盟低碳经济方面的资料和数据分析，总结得出低碳经济发展的效果和影响，同时，将一些在低碳经济领域比较先进的国家作为案例来进行实证分析。

本书从经济学的角度研究欧盟发展低碳经济对欧盟及其成员国的影响。首先，本书试图解释欧盟如何把低碳经济作为一个新的经济增长点。关于温室气体排放与经济增长的关系，多数研究结果支持环境库兹涅茨曲线假说，本书将通过欧盟及其成员国的实证研究来论证欧盟的温室气体排放与经济增长的关系，进而验证低碳经济的发展与经济增长之间的关系。其次，为了使低碳经济成为欧盟新的经济增长点，欧盟及其成员国采取了一系列政策措施，本书将对这些政策措施进行总结分析，探讨其运行效果。第三，低碳经济的发展和经济结构的调整是相互影响和促进的过程，产业结构升级和优化是研究低碳经济的重要视角，因此本书将研究低碳经济对于欧盟经济结构改革的影响，并对发展低碳经济对产品服务市场、劳动力市场、金融市场等多方面的影响做出总结和分析，从而对欧盟发展低碳经济的绩效做出整体的评价。

第三节 本书的创新点和局限

本文的创新之处主要集中在欧盟低碳经济发展历程的审视和低碳经济效果评价两个方面。

第一，本书在系统梳理欧盟发展低碳经济历程的基础上，结合低碳经济的内涵（能源结构改善和能源效率提高）提出欧盟发展低碳经济的历程可以追溯到20世纪70年代。在此时期，欧盟开始转变传统能源政策。目前欧盟在低碳经济领域走在世界的最前列有着深刻的历史原因。

第二，本书构建了评估低碳经济发展效果的宏观分析框架。传统上，一般只是使用脱钩理论来分析低碳经济的发展效果，仅仅考察经济增长和温室气体排放量之间的关系，认为实现经济增长的同时还伴随有温室气体排放量的降低，就是好的低碳经济效果。本书认为仅仅考虑经济增长与温室气体排放量之间的关系是片面的，还需要从产业结构和能源结构的角度进行评价，因为发达国家产业结构的调整会导致碳排放的转移，能源结构的变化会影响温室气体排放量。发达国家碳排放减少的同时却伴随有其他国家碳排放量的增加，世界总排放量依旧呈增长态势，发达国家发展低碳经济的效果将大打折扣。发达国家需要发展一种能够实现全球温室气体排放降低的低碳经济发展框架，这才真正有益于减缓全球变暖的进程。

本书的不足之处主要体现在欧盟低碳经济效果和影响的章节内容，如果能够辅之以精确的定量化计算，将能够更加精确地研究欧盟发展低碳经济的效果以及影响程度。

第一，在欧盟发展低碳经济的效果部分缺乏对欧盟目前碳排放转移量的计算。欧盟进出口产品的内涵排放从理论上说是可以进行计算的，但是计算量较大。特别是由于欧盟没有统计整体投入产出表，仅有各个国家的投入产出表，从各个国家的投入产出表计算出整体投入产出表是一项非常繁琐的工程。同时要计算汇总欧盟各个成员国进出口的内涵排放需要考虑欧盟的内部贸易和外部贸易情况，因此其计算量是不可想象的。因此，对于这部分的分析引用了世界自然基金会（WWF）在 2001 年统计计算的数据，再对 2001 年之后与 2001 年欧盟进出口的情况进行对比进而得出欧盟近几年碳排放转移的情况，也能较好地说明问题。

第二，对于欧盟碳排放转移的分析应该针对原欧盟 15 国[①]，因为新欧盟 12 国[②]发生了经济衰退，欧盟 15 国和新欧盟 12 国的情况并不一致。但是本书对欧盟 27 国碳排放的转移进行了总体分析。这主要是鉴于数据的可得性，因为能够查找到的数据（WWF 数据）是有关欧盟 27 国的数据，所以只能进行欧盟 27 国的分析，但是也能够说明问题。

第三，关于欧盟发展低碳经济的影响一般使用情景分析，但是本书

---

① 原欧盟 15 国指欧盟东扩前的 15 个成员国。这些国家经济较为发达，包括：法国、德国、意大利、比利时、荷兰、卢森堡、英国、爱尔兰、丹麦、希腊、西班牙、葡萄牙、奥地利、芬兰、瑞典。

② 新欧盟 12 国指欧盟东扩后至 2012 年的新入盟国家。这些国家多为中东欧国家，经济较为落后，包括：波兰、匈牙利、捷克、斯洛伐克、爱沙尼亚、拉脱维亚、立陶宛、斯洛文尼亚、塞浦路斯、马耳他、保加利亚、罗马尼亚。

只是引用了欧盟情景分析的相关数据和资料，没有进行具体的计算。这是因为情景分析一般基于投入产出表进行一般均衡模型（CGE）分析，由于欧盟整体投入产出表不可得，如果进行计算又非常庞杂，因此难以进行情景分析。

第四节　相关概念界定

一、与气候变化相关的概念

1992 年，联合国通过的《联合国气候变化框架公约》对一些与气候变化相关的基本概念做出了界定，这些概念现在已经普遍被各国认可和采用。这些概念包括气候变化、温室气体、排放、库、汇、源等。

“气候变化”（Climate change）指除在类似时期内所观测的气候的自然变异之外，由于直接或间接的人类活动改变了地球大气的组成而造成的气候变化。

“温室气体”（Greenhouse gases）指大气中那些吸收和重新放出红外辐射的自然的和人为的气态成分。《联合国气候变化框架公约》要求各个国家减排的温室气体包括二氧化碳（CO_2）、甲烷（CH_4）、氧化亚氮（N_2O）、氢氟碳化物（HFCs）、全氟化碳（PFCs）和六氟化硫（SF_6）。

“排放”（Emissions）指温室气体和 / 或其前体在一个特定地区和时期内向大气的释放。

“库”（Reservoir）指气候系统内存储温室气体或其前体的一个或多个组成部分。

“汇”（Sink）指从大气中清除温室气体、气溶胶或温室气体前体的任何过程、活动或机制。

“源”（Source）指向大气排放温室气体、气溶胶或温室气体前体的任何过程或活动。

二、与低碳经济相关的概念

（一）低碳经济的概念

欧盟成员国英国在国际上率先提出了低碳经济的概念。2003年2月，英国政府发布的《我们能源的未来：创建低碳经济》白皮书[①]指出英国的能源体系正面临新的挑战，由于化石能源的大量使用导致了气候变暖，因此英国需要制定可持续发展的能源政策。该白皮书提出到2050年，英国二氧化碳的排放量要降低60%，以转变成为低碳经济国家。

“低碳”（Low Carbon）是降低二氧化碳排放的意思，更准确地说，是要降低温室气体排放。“低碳经济”（Low Carbon Economy）是以低能耗、低污染为基础，在发展过程中排放最少量的温室气体，同时获得整个社会最大产出的经济发展模式。“低碳经济”是为了应对全球气候变暖，通过技术创新、制度创新、产业转型、新能源开发等多种手段，尽可能地减少煤炭、石油等高碳能源的使用，改变高碳排放的发展模式，从而减少温室气体排放，实现低能耗、低污染、低排放，经济社会发展与生态环境保护双赢的可持续发展模式。低碳经济的本质是可持续发展经济，核心是能源技术创新和政策创新，[②]实质是提高能源使用效率和改善能源结构。提高能源使用效率是指在工业和生活的各个环节中使用节能技术，减少能源使用从而降低温室气体的排放。改善能源结构是指降低对煤炭、石油、天然气等化石能源的依赖，提高一次能源使用中太阳能、风能、核能、生物质能、水能等非化石能源的所占比例，从而达到减少温室气体排放的目的。

（二）低碳经济与循环经济、绿色经济、生态经济的关系与区别

与低碳经济相关又容易混淆的概念有循环经济、绿色经济和生态经济，界定清楚四者之间的关系与区别有助于更好地理解和把握低碳经济的内涵。

“循环经济”的思想是美国经济学家肯尼斯·E.鲍尔丁（Kenneth E. Boulding）在1966年发表的《未来宇宙飞船地球经济学》的文章中首先

---

① UK, Energy white paper, “Our Energy Future-creating a Low Carbon Economy”, http://www.dti.gov.uk/files/file10719.pdf.

② 庄贵阳著：《低碳经济：气候变化背景下中国的发展之路》，气象出版社2007年版，第1页。

提出的。鲍尔丁受当时发射的宇宙飞船的启发来分析地球经济的发展，他认为宇宙飞船是一个孤立无援、与世隔绝的独立系统，靠不断消耗自身资源存在，最终它将因资源耗尽而毁灭。唯一使之延长寿命的方法是实现飞船内的资源循环，尽可能少地排出废物。同样，地球经济系统如同一艘宇宙飞船，尽管地球资源系统比它大得多，地球寿命也长得多，但是也只有实现对资源循环利用的循环经济，地球才能得以长存。1994 年，德国政府颁布了《循环经济与废物管理法》（1996 年开始实施），这是发达国家第一次将发展循环经济纳入法律体系当中。之后循环经济的理念和模式逐步得到世界各国的重视和认可。循环经济是相对于传统线性经济而言的一种经济形式。线性经济是"自然资源开发→物品生产消费→废弃物排放"的单向流动过程，创造的财富越多，消耗的资源和产生的废弃物就越多，对环境资源的破坏就越大。而循环经济是在资源利用的各个环节建立起相互循环的体系，形成一种"资源→产品→废弃物→再生资源"的循环利用模式，因此又称为"垃圾经济"。从广义上说，循环经济是指围绕资源高效使用和环境友好所开展的社会生产和再生产活动，其产业形态包括资源节约和综合利用、废旧物资的回收利用、环境保护等，技术方法包括清洁生产、物质流分析、环境管理等，目的是以尽可能少的资源环境代价取得最大的经济和社会效益，实现人类和自然的和谐发展。从狭义上说，循环经济是指通过废弃物的再利用、再循环等社会生产和再生产活动来发展经济。[①] 循环经济遵循"3R 原则"，即资源使用的减量化（Reduce）、产品的再利用（Reuse）、废弃物的再循环（Recycle），以物质闭路循环和能量梯次使用为特征，把清洁生产和废弃物的综合利用融为了一体。[②]

"绿色经济"最初是英国环境经济学家大卫·皮尔斯在 1989 年出版的《绿色经济蓝皮书》中提出的。绿色经济是相对于传统的"黑色经济"和未来的"金色经济"而言的一种经济形式。黑色经济（Black Economy）又称为"棕色经济"（Brown Economy），是指经济的增长严重依赖于有限的自然资源，比如煤炭、石油、天然气等化石资源，在经济增长的同时将

---

① 周宏春、刘燕华著：《循环经济学》，中国发展出版社 2005 年第 1 版，第 17—18 页。

② 吴季松：《循环经济——全面建设小康社会的必由之路》，北京出版社 2003 年版，第 6 页。

大量的温室气体和烟尘排放到大气中，对环境造成较大破坏的发展模式。金色经济（Golden Economy）又称为“阳光经济”（Solar Economy），是指在经济生产过程中选择风能、太阳能、水能、生物质能、地热能等非化石能源作为能源供应的基础，以实现经济的可持续发展。[①]绿色经济是指人们在经济活动当中，用尽可能少的资源消耗和环境代价，取得最大的经济产出和最少的废弃物排放，以实现经济、环境和社会效益和谐统一的经济方式[②]。它将环境要素纳入经济发展框架，以经济、社会和环境的可持续发展为出发点，要求自然资源的节约和生态环境的改善，可以看作是从黑色经济向金色经济过渡的阶段。

“生态经济”也是美国经济学家肯尼斯·E. 鲍尔丁首次提出的。20世纪60年代末，鲍尔丁在他发表的《一门科学——生态经济学》论文中指出经济的不断增长导致经济系统对自然资源的需求是无限的，而相对稳定的生态系统能够提供的自然资源是有限的，两者之间必然形成矛盾，而解决该矛盾的有效途径就是发展生态经济。之后经济学家对于生态经济的研究不断深入，他们可以分为两派，一派的观点较为悲观，认为一些国家有必要暂时停止物质资料的生产和人口的增长，以实现经济的动态平衡；另一派的观点较为乐观，认为采取可持续发展的原则可以实现经济增长和生态保护的共同发展。[③]总体而言，生态经济学家对于生态系统的重视程度是逐渐加深的，他们最初认为生态系统是经济系统的一个子系统，后来把生态系统和经济系统看成并列的关系，[④]近年来又将经济系统看作是生态系统的一个子系统。[⑤]所谓生态经济，从广义说，是指在生态圈内所有人类经济活动的总和，涉及生态、经济、社会三大系统，是人类经济活动与

① ［德］赫尔曼·舍尔著，黄凤祝、巴黑译：《阳光经济：生态的现代战略》，三联书店2000年版，第8页。

② 张春霞：《绿色经济发展研究》，中国林业出版社2002年版第1版，第3页。

③ 袁丽静：《循环经济、绿色经济和生态经济》，《环境科学与管理》，2008年第33卷第6期，第159页。

④ 张明军、孙美平、周立华：《对生态经济学若干问题的思考》，《国土与自然资源研究》，2006年第2期，第9页。

⑤ ［美］莱斯特·R·布朗著，林自新译：《生态经济：有利于地球的经济构想》，东方出版社2002年版。

生态系统协调并能够实现可持续发展的经济模式；从狭义上说，是指人类为加强保护生态而采取的经济行为总和。[①]生态经济遵循生态学和经济学的原理和规律，要求经济发展能够满足我们这一代的需求而又不危害子孙后代，[②]经济增长要与生态系统的整体结构、功能和演变规律相协调，而不能超过生态系统的承载能力。生态经济的目标是使产品的生产、消费和废弃的过程像生态系统那样形成一个全封闭的循环，使经济系统达到资源的零输入和废弃物的零排放，真正实现经济、社会和生态的可持续发展。生态经济可以看作是金色经济的实现方式，是人类经济发展的理想化阶段，在知识经济时代的后期才有可能实现。

低碳经济、循环经济、绿色经济和生态经济都是在近半个世纪里人类对经济发展带来的能源危机、环境破坏的深刻反思所产生的新的经济思想。这四种经济思想都是基于可持续发展的理念，都将人类的经济活动和自然的生态环境看成一个有机体来统筹兼顾经济、社会和生态的效益，都需要依托技术进步和制度保障以实现资源的节约和效率的提高，目标都是追求人与自然的和谐发展。这四种经济模式之间存在着一定的关系和区别，如图 1.1 所示。

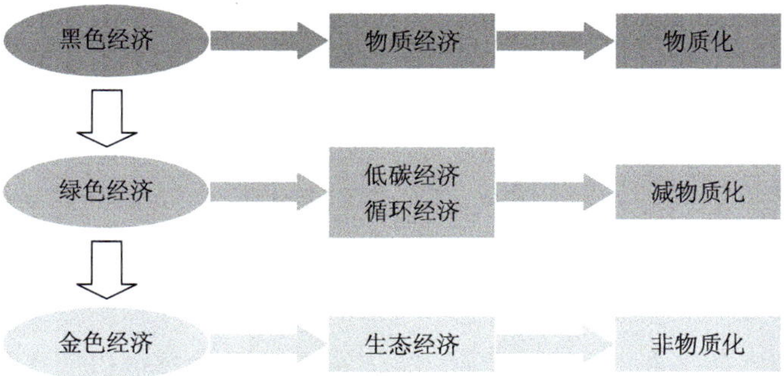

图 1.1 低碳经济、绿色经济、循环经济、生态经济的相互关系阐释图

资料来源：黄海峰教授在中意环保合作项目 2010 年可持续发展远程培训中的发言："中国城市的可持续发展"，http://portal.univels.org/mod/forum/discuss.php?d=338.

---

① 王万山：《生态经济理论与生态经济发展走势探讨》，《生态经济》，2001 年第 5 期，第 15 页。

② [美] 莱斯特·R· 布朗著，林自新译：《生态经济：有利于地球的经济构想》，东方出版社 2002 年版，第 84 页。

传统的工业经济是物质化的，典型特征是经济的增长要依靠物质的支撑，特别是要消耗掉大量的煤炭、石油等能源，因为煤炭、石油等资源较多是黑色的，所以称为黑色经济。而绿色经济要求减物质化，即通过能源效率的提高和资源的循环减量使用，实现温室气体的减排和资源的可持续使用。人类社会现在正处于黑色经济向绿色经济的过渡阶段。绿色经济是一个较为宽泛的概念，大体涵盖了低碳经济和循环经济。之所以有这三种不同的名称，是因为循环经济、绿色经济和低碳经济提出的时代背景不同，侧重点也有所差异。

在工业化的初期，人们认为自然资源是取之不尽、用之不竭的，于是毫无顾忌地追求经济增长，发展黑色经济。随着工业经济的不断发展和人口数量的日益增多，自然资源开始变得稀缺，环境污染的后果也逐步显现，经济学家开始探索新的经济发展模式，循环经济就是在这样的背景下提出的。[①] 因此，循环经济侧重于经济社会的物质循环，提倡在生产、流通、消费过程中的资源节约和充分利用，目标是实现自然资源的永续利用和解决环境污染问题，核心是物质循环和能效提高。

之后自然资源越来越稀缺，环境污染越来越严重，影响了人们正常的生产和生活，甚至威胁到人类的健康和生物的生存，导致大量物种濒临灭绝，于是人们急切寻求涵盖范围更广、内涵更丰富的可持续经济发展模式，绿色经济应运而生。因此，绿色经济有点包容万象的意味，从经济发展方面讲，包括绿色农业、绿色工业和绿色服务业；从地域角度讲，与绿色城市、绿色农村联系紧密；从人类生活角度讲，包括绿色消费、绿色产品、绿色出行等。似乎人类所有的经济和生活活动都可以冠上“绿色”两个字。

近年来，全球气候变暖的负面效应越来越突出，引起了世界各国政府和民众的高度关注，低碳经济的发展理念也随之深入人心。低碳经济的目标很明确，就是为了降低温室气体的排放，减缓温室效应，应对全球气

① 田江海著:《绿色经济与绿色投资》，中国市场出版社 2010 年第 1 版，第 3 页。

候变暖。因此，低碳经济侧重于提高能源的使用效率，发展可再生能源，建立低碳经济结构，提倡低碳生活，进而建立起全球降低温室气体排放、应对气候变暖的应对机制和发展模式。[①]低碳经济与循环经济有重合的部分，例如，可再生能源的使用属于循环经济的范畴，涉及温室气体排放的循环经济又是低碳经济的重要内容。

目前，人类的理想经济模式是金色经济，也可以说是非物质化的生态经济。在这个阶段，人类生产和生活的能源基础彻底发生了改变，主要依靠风能、太阳能、氢能、地热等清洁能源，产品生产、消费和废弃的全过程实现了密闭循环，经济增长不再依靠物质的消耗，而是依靠知识的进步和技术的创新，人类和自然真正实现了共同发展。因此，生态经济侧重于经济系统与生态系统的有机结合，强调宏观经济发展模式的转变，实现经济系统和自然系统的可持续发展。[②]

三、低碳产业

作为低碳经济的重要载体，学者们对低碳产业的概念进行了研究。但目前还没有明确的定义，一般是指在生产、消费的过程中，碳排放量最小化或无碳化的产业，以低能耗、低污染、低排碳为主要特征。崔奕、郝寿义、陈妍（2010）在辨析环保产业、绿色产业、可再生资源产业概念的基础上，认为低碳产业是以碳减排量或碳排放权为资源，以节能减排技术为基础，从事节能减排产品的研究、开发、生产的综合性的产业集合体。它是低碳经济时代的基础，是国民经济的基本组成部分。低碳产业具有两个方面的显著特征，即是产业领域多元化和产业化盈利模式不明显。刘文玲、王灿（2010）则以产业密集度为标准界定低碳产业，认为低碳产业指能够以相对较少的温室气体排放实现较大经济产出的行业。低碳产业多指知识密集型和技术密集型产业。王海霞（2010）还从新兴产业发

① 中国人民大学气候变化与低碳经济研究所编著：《低碳经济——中国用行动告诉哥本哈根》，石油工业出版社2010年版，第55页。

② 何毅亭著、陶良虎编：《中国低碳经济：面向未来的绿色产业革命》，研究出版社2010年版，第46页。

展的角度对低碳产业的概念进行了界定，认为低碳产业是对“高碳经济发展模式”的扬弃，是有利于提高民众福利、降低发展代价的产业。张娅妮（2010）在分析山西省低碳产业发展状况的同时，指出低碳产业是以低能耗低污染为基础的产业。低碳产业的核心主要包括两部分，一部分是节能减排技术，另一部分是清洁能源。李启平（2010）还从产业低碳化的角度对低碳型产业进行了研究，认为低碳消费催生新的产业链，从产业分析，就是农业低碳化、工业低碳化和服务业低碳化。三个产业的低碳化，并不是孤立的低碳化，而是以生产性服务业为纽带，实现产业联动低碳化。①

低碳产业可以根据不同角度进行多种划分。根据国民经济三次产业划分法，可以将低碳产业划分为低碳农业、低碳工业和低碳服务业。低碳农业包括植树造林、节水农业、有机农业等；低碳工业主要包括发展清洁能源、可再生能源和节能工业，重视绿色制造，鼓励循环经济等；低碳服务业包括发展现代生产性服务业、交通运输的低碳化以及碳金融产业等，后者是指围绕碳交易产生的服务领域（如碳排放权交易服务、CDM 咨询服务、绿色金融服务、碳管理的咨询服务、碳足迹与碳抵消的商品和服务等）。从能源利用的角度可以划分为能源供给领域的低碳产业、能源需求领域的低碳产业和清洁技术服务领域的低碳产业。能源供给领域包括化石能源中的低碳产业和可再生能源产业；能源需求领域包括智能电网与电力设施、绿色建筑产业、重构工业体系、环保型汽车、节能家电、污水处理与海水淡化、节能农业、垃圾的回收与处理等产业；清洁化服务领域包括碳交易、碳咨询管理和碳金融产业。②

本书对于低碳产业的研究是结合低碳经济的目标和政策手段，分析产业结构的调整、原有产业的低碳化改造和新生低碳产业的发展。一般来讲，第二产业的单位产值能耗最高，产业结构的变化会从整体上影响温室

---

① 冉光和与鲁钊阳：《低碳产业研究进展》，《江苏社会科学》，2011 年第 3 期，第 75—79 页。

② 王军：《我国低碳产业发展的问题与对策研究》，《理论学刊》，2011 年第 2 期，第 47—51 页。

气体的排放量。对于原有三大产业，特别是第二产业的低碳化改造，调整能源使用结构、提高能源利用效率、增加碳汇环节、提高产业附加值均是节能减排的方式。新生低碳产业是指以先进的低碳技术为基础的新能源和环保产业，以及其相关衍生产业，如新能源汽车、低碳建筑、资源回收、碳汇、碳交易、环保设备等。

第五节　相关理论综述

低碳产业的兴起内含于低碳经济的发展过程中，作为低碳经济的重要载体，低碳经济的发展必然要求低碳产业的发展；反过来，低碳产业的兴起也可以更好地促进低碳经济的发展。要研究低碳产业兴起的动力机制，首先必须研究低碳经济发展的必然要求。①

虽然从低碳经济概念的提出到现在只有短短的13年时间，但是有关低碳经济的探索可以追溯到20世纪中期兴起的可持续发展理论，而促进低碳经济发展的政策措施的经济学理论基础更是源远流长。研究低碳经济不能仅仅就事论事，而是要从更广泛的视角来看待这个新兴的经济模式，要从低碳经济本身和低碳经济政策两个方面进行分析和把握，要对低碳经济及其相关政策的理论基础追根溯源。低碳经济的理论基础主要是从经济学的角度分析低碳经济的理论渊源和研究进展。低碳经济政策的理论基础是指促进低碳经济的不同政策所涉及的经济学原理，是不同经济学理论在低碳经济领域的具体运用。本书对低碳经济的相关理论文献从三个方面进行梳理，分别是低碳经济的相关理论综述、低碳经济政策的相关理论综述和研究低碳经济的方法论综述。

一、低碳经济的相关理论综述

低碳经济基本上是承袭了可持续发展的理念。1962年，美国海洋学

---

① 冉光和与鲁钊阳：《低碳产业研究进展》，《江苏社会科学》，2011年第3期，第75—79页。

家蕾切尔·卡逊（Rachel Carson）发表了她的论著《寂静的春天》，这本书总结了人类发明的农药对生态和自身的巨大危害，批判“控制自然”是一种妄自尊大的幼稚想法，指出人类必须和其他生物共同分享地球，走一条与生物群落和谐发展的“另外的道路”。[①] 这本书在世界范围内立即引起了很大的轰动和激烈的争论，开始了人类对可持续发展道路的探索。

1972 年，经济学家芭芭拉·沃德（B.Ward）和生物学家勒内·杜博斯（R.Dubos）受联合国人类环境会议秘书长莫里斯·斯特朗（M.Strong）的委托，在 58 个国家的 152 名专家组成的通讯顾问委员会的协助下撰写了《只有一个地球——对一个小小行星的关怀和维护》。该书指出人类及其生产技术对环境和资源的巨大冲击是前所未有的，人类对自然资源的过度耗用致使地球无法承受，人类尚未找到一种能够调节人类日益增长的需求与地球有限的承载能力的组织体系。该书系统分析了发达国家和发展中国家在经济发展中对环境的破坏和困境，包括环境污染、土地利用问题、人口压力等，指出要加强对环境相互依存性的认识，呼吁世界各国人民团结起来共同保护我们赖以生存的地球。[②] 同年，罗马俱乐部发表了著名的研究报告《增长的极限》，该书指出人口、粮食生产、工业化、污染和不可再生资源的消耗均是按照指数形式增长的，而地球上的资源是有限的，通过世界模型（系统动力模型）的分析，世界必然会达到增长的极限。而且由于排放的污染物质进入环境和对生态系统显示出消极的结果之间存在滞后性，导致这类系统难以控制，很难判断何时到达了极限，而超过极限后的灾难不可想象。因此有必要自觉抑制指数增长，使增长过渡到全球均衡。这本书指出二氧化碳和热能也是按指数增长速率输送到环境中的，当时有 97% 的工业能源是煤、石油和天然气等矿物燃料，每年释放 2000 亿吨二氧化碳，并按照 0.2% 的指数速度增加。同时按照热力学定律，人类利用的一切能源最终会消散为热，因此大气变暖的速度会加快。由于地球

---

① ［美］蕾切尔·卡逊著，吕瑞兰、李长生译：《寂静的春天》，吉林人民出版社 1997 年版。

② ［美］芭芭拉·沃德、［美］勒内·杜博斯著，《国外公害丛书》编委会译：《只有一个地球——对一个小小行星的关怀和维护》，吉林人民出版社 1997 年版。

温室效应后果的显现和温室气体的排放之间存在滞后，所以控制这类系统需要把现在的行动建立在对遥远未来的预期结果上。[①]可以说这种思想是后来低碳经济研究的重要方法——情景研究的萌芽。

1981 年由国际自然和自然资源保护联合会撰写的《世界自然资源保护大纲》首次提出了“可持续发展”一词。1987 年，世界环境与发展委员会发表的研究报告《我们共同的未来》，对“可持续发展”的概念进行了界定，指出可持续发展是既满足当代人的需求，又不对于后代人满足其需要的能力构成危害的发展。[②]1992 年联合国环境与发展大会通过了《21 世纪议程》，标志着可持续发展理论的最终形成并得到了世界各国人民的共识。

沿袭着可持续发展的理念，循环经济、生态经济、绿色经济和低碳经济的概念和理论相继提出，可以说这些理论思想是一脉相承的。

二、低碳经济政策的相关理论综述

为了发展低碳经济，许多国家出台了促进低碳经济发展的政策，主要包括制定明确的碳减排目标、提高能源效率、发展可再生能源、气候变化立法、技术创新的资金支持、碳税、碳排放交易系统、补贴、标签计划等。其中制定明确的碳减排目标、提高能源效率、发展可再生能源和气候变化立法可以看成是低碳经济发展的目标政策；技术创新的资金支持、碳税、碳排放交易系统、补贴、标签计划等可以看成是低碳经济发展的促进政策。

低碳经济政策的理论基础主要是能源经济学理论和市场失灵理论。从能源的角度来看，低碳经济政策的理论基础主要涉及可耗竭资源经济理论。可耗竭资源是指满足以下四个特征的资源：(1) 只要资源正在被使用，其存量就会不断减少；(2) 在一定时间内，其存量不会增加；(3) 资源存

---

① [美] 丹尼斯·米都斯等著，李宝恒译：《增长的极限——罗马俱乐部关于人类困境的报告》，吉林人民出版社 1997 年版。

② 世界环境与发展委员会编著，邓延陆编选：《我们共同的未来》，湖南教育出版社 2009 年版，第 79 页。

量的减少速度是资源使用速度的单调递增函数；(4) 只有存在一定的存量，资源才可能被使用。[①] 资源耗减问题的理论研究以霍特林（Hotelling，1931）论文为经典。其主要结论说明了资源不可再生性对资源价格的影响，即霍特林法则：即使在完全竞争条件下，资源价格也不等于边际开采成本，两者的差额（社会净价值）是稀缺租金（霍特林租金），社会最优开采路径上的霍特林租金增长率等于利率。[②] 煤、石油、天然气等传统化石能源是可耗竭资源，根据霍特林法则，传统化石能源的价格不应该以其开采成本为准。而长期以来，化石能源的价格主要以开采成本为基础，因此是被人为低估的。要实现化石能源价格的实际回归，需要有政府的干预才能实现。因此政府采取碳 / 能源税、碳排放交易系统等政策措施调整化石能源的价格可以以能源经济学为理论基础。关键的问题是资源的实际价格和开采成本之间的差额由政府以税收、碳排放交易系统等政策措施拿走之后，应当用于减缓化石能源的耗竭速度，要用于提高能源效率、发展可再生能源和促进相关技术的发展。

从温室气体排放的角度来看，无限制地排放温室气体导致全球气候变暖是市场失灵的表现。市场失灵是指市场机制在很多场合无法导致资源的有效配置，或市场力量无法满足公共利益，从而不能实现帕累托最优状态。发展低碳经济、降低温室气体排放仅仅依靠市场是不行的，必须有政府的干预和引导才能够实现。总体上说，低碳经济政策的理论基础是市场失灵理论，具体又分为外部性、公共物品和信息不对称等理论。

排放温室气体存在负外部性。外部性（Externality）[③] 指单个生产者或消费者的经济行为对社会上其他人的福利造成影响，但是其成本与后果却不完全由该行为人承担，即单个经济单位从其经济行为中产生的私人成本和私人利益不等于该行为所造成的社会成本和社会利益。负外部性指某个生产者或消费者的一项经济活动给社会其他成员带来危害，但他自己却并

---

① ［美］阿兰 ·V· 尼斯、［美］詹姆斯 ·L· 斯威尼主编，李晓西、史培军等译、校：《自然资源与能源经济学手册》第三卷，经济科学出版社 2010 年版，第 5 页。

② 林伯强、牟敦国编：《高级能源经济学》，中国财政经济出版社 2009 年版，第 52 页。

③ 盛洪：《外部性问题和制度创新》，《管理世界》，1995 年第 2 期，第 195—201 页。

不为此支付足够抵偿这种危害的成本，即单个经济单位为其活动所付出的私人成本小于该活动所造成的社会成本。排放温室气体造成的全球气候变化，不仅会对一个地区、一个国家的居民造成负的外部性，而且会对全人类带来危害。因此，排放温室气体造成的负外部性的影响范围最为广泛。解决该问题的一个方法是把排放温室气体的负外部性内在化，由此产生了碳税、碳排放交易系统的低碳经济政策工具。

反过来说，“降低温室气体排放”可以被看作是一种“公共物品”。公共物品是可以供社会成员共同享用的具有非竞争性和非排他性物品。[①]非竞争性是指某人对公共物品的消费并不会影响别人同时消费该产品及其从中获得的效用，即在给定的生产水平下，为另一个消费者提供这一物品所带来的边际成本为零。非排他性是指某人在消费一种公共物品时，不能排除其他人消费这一物品（不论他们是否付费），或者排除的成本很高。降低温室气体排放、减缓气候变化不仅会使减排的个体获得效用，而且会使全人类受益，而为除去减排个体的其他人提供良好空气和气候的边际成本为零，排除其他人受益是不可能的。因此，“降低温室气体排放”具有纯粹的非竞争性和非排他性。提供“降低温室气体排放”这种“公共物品”的成本完全由单个生产者或消费者承担是不公平的，政府应该采取措施提供这种公共物品或者支持单个生产者或者消费者提供这种公共物品，措施包括：支持或者直接投资低碳技术的研发和推广、对可再生能源企业进行补贴、对居民的节能减排行为进行补贴、设立碳基金帮助企业节能减排和采用低碳技术等。

培育低碳产业需要解决信息不对称的问题。信息不对称（Asymmetric Information）指交易中的各方拥有不同的产品信息，一般而言，卖家比买家拥有更多关于交易物品的信息。[②]由于目前高能耗产品的生产成本往往低于低能耗产品的生产成本，因此前者的价格也会低于后者。在消费者不知道产品生产过程中的能耗差异的情况下，消费者只能根据价格高低选择

① 陈共著：《财政学》，中国人民大学出版社 2009 年版。

② 参见余永定、张宇燕、郑秉文主编：《西方经济学（第三版）》，经济科学出版社 2003 年版。

同类产品。在这种情况下，低能耗产品是很难竞争过高能耗产品的，高价的低能耗产品会逐渐退出市场，最终的演绎结果是市场中充斥着价格低廉的高能耗产品。为了解决信息不对称问题，一些国家政府要求企业在产品上贴上耗能标签、“生态效率”标签等，使消费者能够分辨出节能环保产品，从而提高低能耗产品的竞争力，激励厂商和消费者减少由于信息不对称导致的“逆向选择”。

三、研究低碳经济的方法论综述

目前研究低碳经济的方法主要涉及脱钩研究和情景分析。

（一）脱钩研究

“脱钩”（Decoupling）通常指打破“环境有害”和“经济有利”之间的联系，特别是指要打破经济增长和环境压力之间的关系，要用少于以往的物质消耗产生多于以往的经济财富。[①]这个概念是针对长期以来经济增长严重依赖物质消耗的“耦合”（Coupling）[②]状态提出的。“脱钩”一词最初是用来描述新兴市场发展问题的，后来被应用于环境经济领域，用来研究经济增长和环境污染的关系。环境领域的脱钩研究主要是基于“环境库兹涅茨曲线”（Environmental Kuznets Curve，EKC）。本来库兹涅茨曲线是指收入的不平等程度是随着经济增长先上升，后下降，呈倒“U”型的曲线。[③]环境库兹涅茨曲线是关于环境破坏和人均收入之间关系的假说，认为最初随着经济的增长，环境污染加剧，但是当人均收入超过一定的水平，这种现象会发生逆转，经济增长反而会促进环境质量的改善，因此环境质量同经济增长呈倒“U”型曲线关系。该理论是格鲁斯曼（Grossman）和克鲁格（Krueger）在1991年研究自由贸易将会对墨西哥的环境造成

---

① OECD,“Indicators to measure decou-pling of environmental pressure from economic growth”, 2002, P11. http://www.olis.oecd.org/olis/2002doc.nsf/LinkTo/NT00002ADA/$FILE/JT00126227.PDF.

② 耦合是指两个不同的个体或者体系，因为密切相关而在运动发展中相互干预、相互牵制的现象。

③ Kuznets, S.,“Economic growth and income inequality”, *American Economic Review*, 1955(49), P1-28.

怎样的影响时发表的美国国家经济研究局（National Bureau of Economic Research，NBER）的研究报告中提出的。该报告指出当一个国家的人均收入达到4000—5000美元的时候，经济增长将会导致环境污染问题的减轻。[①] 经济学家对环境库兹涅茨曲线的存在有不同的解释。托比（Tobey）（1990）[②]、格鲁斯曼（Grossman）和克鲁格（Krueger）（1993）[③] 认为拐点的发生是因为随着国家的发展，这些国家会停止生产一些污染密集型产品，开始从环境保护法律较为宽松的国家进口这类产品。但是这种发展模式是不可持续的，发展中国家并不总是能够找到更为贫穷落后的国家生产污染密集型的产品，已有的研究结果表明环境标准并不是国际贸易的重要因素。经济合作与发展组织（Organisation for Economic Co-operation and Development，OECD）（2001）认为收入和污染的紧密联系是政策诱导的结果。随着一个国家或者区域的不断繁荣，居民将更加重视生活条件中非经济的方面，富裕的国家会比中等收入和低收入的国家更倾向于追求相对更加清洁的城市空气和水域，同时会有相对更加严厉的环境标准和更加严格的环境法律的执行。帕纳约托[④]（Panayotou）（2003）认为拐点之所以发生是因为产业结构的调整和新政策的采用。对于发达的市场经济体而言，很多发达国家都经历了从原料和资源密集型产业向服务和技术密集型产业的转变，使工业废物排放大幅减少，导致环境质量的改善。对于转轨经济体而言，脱钩的发生很大程度上是工业的重组和市场改革使能源、原材料和其他资源的价格更接近它们的实际经济和国际成本。[⑤]

---

① Grossman, G. M. and Krueger, A. B., “Environmental Impacts of a North American Free Trade Agreement”, *National Bureau of Economic Research Working Paper 3914*, NBER, Cambridge MA, 1991. http://www.nber.org/papers/w3914.pdf?new_window=1.

② Tobey and James A., “The Effects of Domestic Environmental Policies on Patterns of World Trade: An Empirical Test”, Kyklos. XLIII(1990), P191-209.

③ Grossman G. M. and Krueger A. B., “Environmental Impacts of a North American Free Trade Agreement”, *National Bureau of Economic Research Working Paper 3914, NBER*, Cambridge MA, 1991.

④ Grossman G.M. and Krueger A.B., “Economic Growth and the Environment”, *The Quarterly Journal of Economics*, 1995,110(2), P353-377.

⑤ Panayotou T., “Economic Growth and the Environmental”, *Economic Survey of Europe*, 2003(2), P60.

2002年，经济合作与发展组织（OECD ）发表的可持续发展报告界定了脱钩的定义，并指出脱钩分为相对脱钩和绝对脱钩：相对脱钩是指环境恶化的速度小于经济增长的速度；绝对脱钩是指经济增长强劲，而环境质量不变或者有所改进。该报告表明，除了一些环境压力会阻碍脱钩现象的出现，相对脱钩在OECD国家中是普遍存在的，而绝对脱钩也比较常见，而且进一步的脱钩是可能的。[①]2005年，达彪（Tapio）进一步将脱钩分为脱钩、连接和负脱钩，并根据不同的弹性细分为弱脱钩、强脱钩、弱负脱钩、强负脱钩、扩张负脱钩、扩张连接、衰退脱钩与衰退连接八类。[②]

随着气候变化问题的日益严重，对于经济增长与温室气体排放关系的脱钩研究越来越多，较多的是针对单个国家的实证研究，大多数结论支持环境库兹涅茨曲线假说。施马莱赛（Schmalesee）（1998）[③]、加莱奥迪（Galeotti）（1999）[④]、博尔盖泽（Borghesi）（2001）[⑤]、经济合作与发展组织（OECD）（2002）、丁达（Dinda）（2004）[⑥]、按卡姆（Ankarhem）（2005）[⑦]、海（He）（2007）[⑧]、海伦金·岩田（Hiroki Iwata）（2010）[⑨]等的研究都验证了环境库兹涅茨曲线的存在。但也有一些经济学家的研究结果

① OECD, "Indicators to Measure Decou-pling of Environmental Pressure from Economic Growth", 2002, P4.

② Tapio P., "Towards a Theory of Decoupling: Degrees of Decoupling in the EU and the Case of Road Traffic in Finland between 1970 and 2001", *Transport Policy*, 2001,(12), P137-151.

③ Schmalensee R., Stoker T.M. and Judson R.A., "World Carbon Dioxide Emissions: 1950-2050", *The Review of Economics and Statistics*, 1998,80(1), P15-27.

④ Galeotti M., Lanza A., Richer and Cleaner, "A Study on Carbon Dioxide Emissions in Developing Countries", *Energy Policy*, 1999,27(10), P565-573.

⑤ Borghesi S., "The environmental Kuznets Curve: a Critical Survey". In: Franzini M., Nicita A. (Eds.), Economic Institutions and Environmental Policy, *Ashgate Publishing*, 2001, P201-224.

⑥ Dinda S., "Environmental Kuznets Curve Hypothesis: a Survey Ecological Economics", *Ecological Economics*, 2004,49(4), P31-455.

⑦ Ankarhem M., "A Dual Assessment of the Environmental Kuznets Curve: The Case of Sweden", *Umea Economic Studies*, 2005, P660.

⑧ He J., "Is the Environmental Kuznets Curve Hypothesis Valid for Developing Countries? A survey", *Working Paper, Université de Sherbrooke*, 2005.

⑨ Iwata H., Okada K. and Samreth S., "Empirical Study on the Environmental Kuznets Curve for CO_2 in France: The role of Nuclear Energy ", *Energy Policy*, 2010,38(8), P4057-4063.

表明经济增长和温室气体排放之间的关系不仅仅是呈“U”型那么简单，例如弗瑞德（Friedl）（2003）[①]、格拉布（Grubb）（2004）[②]等。

对于环境库兹涅茨曲线也存在一些质疑：欧美等发达国家出现这种现象很大程度上是由于经济结构调整，特别是产业结构调整，比如制造业向新兴经济体转移的结果。而碳排放量是一个公共物品，一个国家碳排放量的减少并不代表世界碳排放总量的降低，因此研究具体一个国家低碳经济的时候应该结合经济结构综合考虑，同时更应该加强对全球碳排放量的整体研究。

（二）情景分析

由于气候变化的未来后果、减缓气候变化政策实施的效果以及各国发展低碳经济的利弊都尚未显现，因此关于低碳经济的很多研究都是基于对未来假设的基础上的，常常需要运用情景分析的方法。“情景”（Scenario）一词最早出现在 1967 年赫尔曼·卡恩（Herman Kahn）和维纳（Wiener）合著的《2000 年》一书中，是指对未来情形以及能使事态由初始状态向未来状态发展的一系列事实的描述。情景分析（Scenario Analysis）是 20 世纪 70 年代兴起的一种预测技术，与传统的预测技术有所不同。传统的预测方法一般以趋势外推作为基础，用现在或者近期的数据来预测未来的状况。能源危机的爆发显示出传统预测方法的弊端，使人们意识到“趋势外推”的预测方法难以应对不确定的系统环境，无法综合归纳和反映决策者对于未来发展的意图，很难达到人类有意识规划未来蓝图的需求。情景分析方法随之兴起。情景分析是指在对未来的某种现象或者趋势做出假定的基础上，通过对未来详细地、严密地推理和描述来构造一个未来的社会情景。情景分析法和趋势外推法的区别在于，情景分析必须先做一个基础假定，也就是构造一个未来的社会情景。[③]

低碳经济研究领域非常有影响力的著作是《斯特恩报告》和政府间

① Fridel B., Getzner M., “Determinants of CO_2 Emissions in a Small Open Economy”, *Ecological Economics*, 2003,45(1), P133-148.

② Grubb M., Muller B. and Butter L. “The Relationship between Carbon Dioxide Emissions and Economic Growth”, *Oxbridge study on C02-GDP relationships, Phase I results*, 2004.

③ 宗蓓华：《战略预测中的情景分析法》，《预测》，1994 年第 2 期，第 50—55 页。

气候变化专门委员会（IPCC）的研究报告，这些著作都采用了情景分析的方法。2006 年 10 月 30 日，英国发布了由尼古拉斯·斯特恩（Stern Nicolars）牵头完成的《气候变化的经济学》（简称《斯特恩报告》），该报告指出气候变化给经济学带来了挑战，气候变化是世界上最大和最广泛的市场失灵，经济学的分析必须着眼于全球和长期，而且要建立在风险和不确定的基础之上。该报告以气候科学为基础，用“成本——效益分析”方法对欧盟提出的全球 2℃升温上限进行了学术和方法论的阐释，指出尽早和强有力地应对气候变化的行动能够使收益大于成本，可以使成本控制在每年全球 GDP 的 1% 左右。不采取行动的话，气候变化的总代价和风险将相当于每年至少损失全球 GDP 的 5%，并且年年如此。如果考虑到更广泛的风险和影响的话，估计损失将上升到 GDP 的 20% 或者更多。斯特恩呼吁世界各国在多个领域进行更加深入的国际合作，采取切实可行的应对气候变化行动，使世界经济模式尽早向低碳经济转型。① 政府间气候变化专门委员会（IPCC）搜集、整理和汇总全世界在气候变化领域的最新研究成果，提出科学评价和政策建议，已经发布了四次评估报告。IPCC 在 1992 年发布了全球第一套温室气体排放情景 IS92，用于未来气候变化的预估和影响评估等方面，1994 年对 IS92 情景进行了评价，指出了其中的问题，1996 年决定开发新的排放情景，2000 年新开发的排放情景特别报告（SRES）完成，应用于 IPCC 的第三次和第四次评估报告中，是目前使用最广泛的排放情景。目前 IPCC 已经开发了新的“基准排放情景”——“典型浓度路径（RCPs）”，并将用于第五次评估报告的编写当中。②

随着人们对气候变化重视程度的不断加深，采用情景分析法研究低碳经济的著作日益增多，归纳起来，可以分为以下 6 个方面：

---

① Nicolars S.,“Stern Review on the Economics of Climate Change”, *Cambridge University Press*, 2007.

② 王伟光、郑国光主编：《应对气候变化报告 2009》，社会科学文献出版社 2009 年版，59—60 页。

第一，对碳排放的研究。巴思琴·古罗德（Bastien Girod）① 分析了IPCC分别于1990年、1992年和2000年公布的三个情景的结构、描述、处理过程和前提的变迁，并明确最重要的变化及其科学方法和政治原因。基格密（KeiGomi）② 开发了京都市的低碳情景，发展一个估计模型来展现未来关键点的量化管理和一致性。理查德·托拉（Richard S.J. Tola）③ 利用SRES情景模型开发预测美国未来的情景变化。汤姆·卡姆（Tom Kram）④ 等开发了全球性和地区性温室气体（GHG）排放情景，对比分析了发达国家与发展中国家减排的情况。沙拉·曼德（Sarah.L.Mander）⑤ 介绍了一个情景项目（Tyndall脱碳情景）开发方法与过程，以逆推的方法来生成发展情况，分析英国政府为了实现2050年二氧化碳排放量减少60%的目标所能够采取的替代途径。

第二，构建碳汇分析模型。理查德·米德尔顿（RichardS. Middleton）⑥ 构建了一个可以升级的碳汇基础设施模型，即Sim CCS模型。艾·弗莫（A. Fornel）⑦ 评估了卡萨布兰卡地区二氧化碳的存储容量，针对卡萨布兰卡地区的长期行为和碳汇情况进行了建模，采用组分模型（Compositional Model）模拟三个二氧化碳注入情景。杰弗瑞·布兰福德

---

① Girod B. and Wiek A., "The evolution of the IPCC's Emissions Scenarios IPCC", *Environmental science&policy*. 2009, (12), P103-118.

② KeiGomi, KoujiShimada and Matsuok Y., "A Low-carbon Scenario Creation Method for a Local-scale Economy and its Application in Kyoto City", *Energy Policy*, 2009,(1), P1-14.

③ Richard S.J. and Tola, "Carbon Dioxide Emission Scenarios for the USA", *Energy Policy*, 2007,(35), P5310-5326.

④ KRAM T. and Morita T., "Global and Regional Greenhouse Gas Emissions Scenarios", *Technological Forecasting and Social Change*, 2000,63(2-3), P335-371.

⑤ Mander S.L. and Bows A., "The Tyndall Decarbonisation Scenarios-Part I: Development of a Backcasting Methodology with Stakeholder Participation", *Energy Policy*, 2008,(36), P3754-3763.

⑥ Middleton R.S., Bielicki J.M., "A Scalable Infrastructure Model for Carbon Capture and Storage: Sim CCS", *Energy Policy*, 2009,(37), P1052-1060.

⑦ Fornel A. and Vallaure T., "Modelling of CO_2 Storage and Long Term Behaviour in the Casa Blanca Field", *Energy Procedia*, 2009,(1), P2919-2927.

（Geoffrey J. Blanford）[①] 模拟了未来的 CO_2 浓度变化的影响、自然生态系统和陆地碳汇的土地使用。

第三，对减排成本的情景分析。国际社会普遍认为减排要趁早，因为减排越晚，成本越高。福尔克·克雷（Volker Krey）[②] 构造了 EMF22 国际研究情景的一部分，研究主要排放国延迟参与减排的各方面影响。安德鲁·格尼（Andrew Gurney）[③] 从全球减排情景模型的角度，开发了全球贸易与环境模型来模拟减排情景。理查德·路罗（Richard Loulou）[④] 将国家分成不同的组，分析不同的情景。

第四，利用情景分析确定未来减排的关键部门。基沃·里赫（Keywan Riahi）[⑤] 通过情景研究指出未来能源部门仍将是温室气体排放量最大的部门。基格·阿吉姆托（Keigo Akimotoa）[⑥] 开发了一个由三个子模型（能源系统、宏观经济和气候变化模型）组成的 DNE21 综合模型，研究结果表明电力节能部门是 21 世纪最重要的部门。

第五，能源消耗重点部门的情景研究。戴维·克鲁姆（David Mc

---

① Blanford G.J., Richels R.G. and Rutherford T.F., "Feasible Climate Targets: The Toles of Economic Growth, Coalition Development and Expectations", *Energy Economics*, 2009,(31), PS82-S93.

② Krey V. and Riahi K., "Implications of Delayed Participation and Technology Failure for the Feasibility, Costs, and Likelihood of Staying below Temperature Targets-Greenhouse Gas Mitigation Scenarios for the 21st Century", *Energy Economics*, 2009,(31), PS94-S106.

③ Gurney A. and Ahammad H., "The Economics of Greenhouse Gas Mitigation: Insights from Illustrative Global Abatement Scenarios Modeling", *Energy Economics*, 2009,(31), PS174-S186.

④ Loulou R., Labriet M. and Kanudia A., "Deterministic and Stochastic Analysis of Alternative Climate Targets under Differentiated Cooperation Regimes", Energy Economics, 2009,(31), PS131-S143.

⑤ Riahi K., Grübler A. and Nakicenovic N., "Scenarios of Long-term Socio-economic and Environmental Development under Climate Stabilization", Technological Forecasting & Social Change, 2007,(74), P887-935.

⑥ Akimotoa K., Tomodaa T., Fujiib Y. and Yamajic K., "Assessment of Global Warming Mitigation Options with Integrated Assessment Model DNE21", *Energy Economics*, 2004,(26), P635-653.

Collum）[①]探讨了美国交通运输部门大幅削减温室气体排放量的潜力。阿比格·布里斯托沃（Abigail L. Bristowa）[②]制定了英国面向2050年的陆客运交通的低碳情景途径。乔纳斯·阿克曼（Jonas Akerman）[③]构造了2050年瑞典可持续发展路径。乔治普罗（E. Georgopoulou）[④]评价了促进建筑行业的温室气体减排措施的经济支持政策的必要性。伊万杰罗斯·茨马斯（Evangelos Tzimas）[⑤]构造了面向2050年欧洲电力部门的减排情景。朱尼施厄·奥德（Junichiro Oda）[⑥]通过密集而深入调查现有钢铁生产设施和节能技术，修改了全球能源系统模型。

第六，新技术、新能源在减排中的情景分析。法伯尔·艾登布格（Faber, A.M. Idenburg）[⑦]构建了动态投入产出模型，描述了一个部门生产和排放之间的动态关系，指出减少运输部门温室气体排放的一种方法是生物燃料取代化石燃料。但是生物燃料的生产也会排放温室气体。莎马卡里奥（S. Soimakallio）[⑧]评估了芬兰大规模化生产的生物燃料和能源的平衡。玛丽琳（Marilyn）[⑨]总结了未来清洁能源的情景研究结果。

---

① Collum D.M. and Yang C., "Achieving Deep Reductions in US Transport Green House Gas Emissions: Scenario Analysis and Policy Implications", *Energy Policy*, 2009,(37), P5580-5596.

② Bristowa A.L., Tight M., "Developing Pathways to Low Carbon Land-based Passenger Transport in Great Britain by 2050", *Energy Policy*, 2008,(36), P3427-3435.

③ Akerman J., Hojer M., "How Much Transport can the Climate Stand?-Sweden on a Sustainable Path in 2050", *Energy Policy*, 2006,(34), P1944-1957.

④ Georgopoulou E., Sarafidis Y. and Mirasgedis S., etc., "Evaluating the Need for Economic Support Policies in Promoting Greenhouse Gas Emission Reduction Measures in the Building Sector: The Case of Greece", *Energy Policy*, 2006,(34), P2012-2031.

⑤ Tzimas E., Georgakaki A., Peteves S., "Reducing CO_2 Emissions from the European Power Generation Sector-Scenarios to 2050", *Energy Procedia*, 2009,(1), P4007-4013.

⑥ Oda J. and Akimoto K., "Diffusion of Energy Efficient Technologies and CO_2 Emission Reductions in Iron and Steel Sector", *Energy Economics*, 2007,(29), P868-888.

⑦ Faber A., Idenburg A.M. and Wilting H.C., "Exploring techno-economic Scenarios in an Input-output Model", Futures, 2007,39(1), P16-37.

⑧ Soimakallio S., Mäkinen T. and Ekholm T., ets., "Green House Gas Balances of Transportation Biofuels, Electricity and Heat Generation in Finland-Dealing with the Uncertainties', *Energy Policy*, 2009,37(1), P80-90.

⑨ Browna M.A., "Scenarios for a Clean Energy Future 2001", *Energy Policy*, 2001,29(14), P1179-1196.

四、国内低碳经济及低碳产业的相关理论综述

中国对低碳经济的研究是随着国际社会对气候变化重视程度的不断加深和国际气候谈判的日益激烈而逐渐兴起的。文献当中较有影响力的著作是由国务院发展研究中心产业经济研究部、国家发展和改革委员会能源研究所和清华大学核能与新能源技术研究院组成的“2050中国能源和碳排放研究课题组”发布的《2050中国能源和碳排放报告》，该报告较为全面地研究了中国低碳经济领域的各个前沿课题，包括：在全球气候变化背景下中国如何实现新型工业化和建设低碳城市；中国经济市场化对能源供求和碳排放的影响；中国进出口贸易与经济、能源的关系和对策，如何推动可再生能源和能源效率投融资体系的发展；碳税的效果分析；二氧化碳封存的可行性研究；应对全球气候变化的各国行动；应对气候变化给中国带来的挑战和机遇；2050年中国低碳经济发展的情景研究等。[①] 近年来出版和发表了大量关于低碳经济的书籍和文章。综合来看，主要集中在以下三个方面：

第一，介绍和评价国外低碳经济的理论和实践经验。潘家华等对斯特恩的两次报告进行了分析和比较研究，指出两份报告的思路是一脉相承的，2008年的新报告的政策性更强，要求温室气体稳定浓度指标更高，并且强调发展中国家也要参与减排和国际排放贸易。[②] 钟茂初对环境库兹涅茨曲线的正确性提出了质疑，指出发达国家的环境改善是建立在发展中国家的环境恶化的基础上的，用类似于森林覆盖率之类的指标来代替环境质量水平的高低是有问题的，环境库兹涅茨曲线只存在于短期内的某些环境影响，在长期内针对环境的综合影响不存在。[③] 孙桂娟等介绍了低碳经济的相关理论，包括理论基础、政策体系、能源技术、实现路径等。[④] 周

① 中国能源和碳排放研究课题组:《2050中国能源和碳排放报告》，科学出版社2009年版。

② 王伟光、郑国光主编:《应对气候变化报告2009》，社会科学文献出版社2009年版，第297—305页。

③ 钟茂初著:《可持续发展经济学》，经济科学出版社2006年版，第307—308页。

④ 孙桂娟等著:《低碳经济概论》，山东大学出版社2010年版。

冯琦分析了碳约束对能源部门的影响。[①]张焕波对中国、美国和欧盟的气候政策进行了分析。[②]蔡林海分析了欧、美、日的低碳经济政策、技术和产业创新状况。[③]徐汉国、杨国安分析了欧盟、伞形集团、金砖四国、77国集团及其他发展中国家低碳经济发展的政策。[④]邢继俊、黄栋、赵刚对欧盟、美洲国家、亚洲的主要国家的低碳经济发展进行了归纳总结。[⑤]

第二，结合中国实际探索中国的低碳经济发展之路。国家发展和改革委员会能源研究所分析了应对气候变化对中国的影响，用情景分析的方法预测了2050年中国的能源需求暨碳排放情况，指出中国未来能源需求和碳排放持续增长的趋势仍将继续，并主要集中在建筑物和交通部门，未来的能源供应会存在严峻挑战，建议中国选择合理的消费模式、转变经济发展方式和生产方式、大力推进技术进步和发展高效的能源供应体系。[⑥]中国人民大学气候变化与低碳经济研究所解读了中国承诺的减排目标，提出中国要发展低碳技术和低碳产业，利用金融杠杆撬动低碳经济。[⑦]樊纲等用经济学的理论分析了中国减排的制度安排、能源战略和技术政策，设计了中国减排的经济激励机制，并提出要积极开展国际合作，实现全球减排目标。[⑧]庄贵阳用脱钩的方法分析了世界主要国家温室气体排放和经济发展的关系，指出中国处在环境库兹涅茨曲线这一倒"U"形曲线的爬坡阶段，但是中国不能无所作为地等待拐点的出现。[⑨]

第三，分析国际气候谈判。庄贵阳和陈迎从国际政治、经济的视角

---

① 周冯琦著：《上海可持续发展研究报告——低碳经济专题研究2009》，学林出版社2009年版。

② 张焕波著：《中国、美国和欧盟气候政策分析》，社会科学文献出版社2010年版。

③ 蔡林海著：《低碳经济、绿色革命与全球创新竞争大格局》，经济科学出版社2009年版。

④ 徐汉国、杨国安著：《绿色转身——中国低碳发展》，中国电力出版社2010年版。

⑤ 邢继俊、黄栋、赵刚编：《低碳经济报告》，电子工业出版社2010年版。

⑥ 国家发展和改革委员会能源研究所课题组：《中国2050年低碳发展之路：能源需求暨碳排放情景分析》，科学出版社2009年版。

⑦ 中国人民大学气候变化与低碳经济研究所编著：《低碳经济——中国用行动告诉哥本哈根》，石油工业出版社2010年版。

⑧ 樊纲著：《走向低碳发展：中国与世界：中国经济学家的建议》，中国经济出版社2010年版。

⑨ 庄贵阳著：《低碳经济：气候变化背景下中国的发展之路》，气象出版社2007年版。

分析了国际气候谈判的发展态势，并结合中国的实际情况，对中国参与国际气候谈判和国内政策的制定提供了政策建议。[①]高云等分析了IPCC在国际应对气候变化谈判中的地位和作用，指出IPCC的评估报告对国际气候谈判的影响很大，未来将更侧重于影响、适应和减缓的问题，建议发展中国家通过IPCC这一平台，从科学上把握气候变化的自然、政治和经济“脉搏”，最大限度地从科学上赢得国际气候和环境外交的主动权。[②]杨兴从国际法和比较法的视角对“气候变化框架公约”进行了深入的研究。[③]

产业结构与碳排放存在密切的关系。刘再起等（2010）选择全球具有代表性的7个国家（美、日、德、法、英、俄、中）的面板数据，运用不相关回归方法(Cross- section SUR)对各国产业结构调整对二氧化碳排放量影响的变系数不变截距模型进行实证分析。他们认为，各国产业结构的变化对碳排放量的影响程度不一，而且几乎所有产业的发展均会增加二氧化碳排放量，但第一、二、三产业的影响度逐次递减。因此要发展低碳经济，必须视国情合理选择主导产业，加快产业结构调整。谭丹（2008）等运用灰色关联度方法分析了我国工业行业碳排放量与产业发展之间的关系。研究结果表明工业行业中碳排放量大的行业主要是黑色金属冶炼及压延加工业、非金属矿物制造业、化学原料及化学制品制造业、电力煤气及水生产供应业等重工业行业，而诸如皮革、毛皮、羽绒及其制品业，医药制造业，塑料制品业等行业的碳排放较小。鲍健强（2008）等认为，产业结构的调整是发展低碳经济的重要途径。知识密集型和技术密集型产业属于低碳行业，如信息产业的能耗和物耗是十分有限的，对环境的影响也是微乎其微；IT产业是低碳经济中最具发展潜力的产业；现代服务业也是一个能耗低、污染小、就业容量大的低碳产业。并进一步强调，农业方面要降低对化石能源的依赖，走有机、生态、高

① 庄贵阳、陈迎著：《国际气候制度与中国》，世界知识出版社2005年版。

② 王伟光、郑国光主编：《应对气候变化报告2009》，社会科学文献出版社2009年版，第297—305页。

③ 杨兴著：《“气候变化框架公约”研究——国际法与比较法的视角》，中国法制出版社2007年版。

效农业的新路子；工业方面要优化能源结构，提高能源效率，减少二氧化碳排放。[①]

五、与欧盟低碳经济相关的理论综述

国外对于欧盟低碳经济的研究范围较广，程度也较深。IPCC 的报告和《斯特恩报告》[②]论述了气候变化对欧洲的影响，并进行了经济损失上的计算。欧盟委员会和欧洲政策研究中心发表了一系列关于欧盟及其成员国实施低碳经济的文件，包括欧洲战略能源技术计划[③]、欧洲应对气候变化的行动[④]等。从学术文章来看，关于欧盟低碳经济的情景研究较多，[⑤]对单个欧盟成员国的低碳经济研究也较多，特别是研究英国低碳经济[⑥]的文献较多，研究领域集中在新能源[⑦]、碳税、[⑧]碳排放交易系统[⑨]等方面。

国内对于欧盟低碳经济的研究主要集中在欧盟及其成员国发展低碳经济的经验上，其中分析研究英国低碳经济的文献较多，研究国际气候谈判中欧盟及其成员国的作用和地位的文献也有一定数量。[⑩]王伟中对欧盟

---

① 卫华：《低碳经济与低碳产业发展文献综述》，《北方经贸》，2012 年第 12 期，第 24—26 页。

② Nicolars S., “Stern Review on the Economics of Climate Change”, *Cambridge University Press*, 2007.

③ Commission of the European Communities, A European Strategic Energy Technology Plan (SET-Plan)——Towards a low carbon future, COM(2007) 723 final, Brussels, 22/11/2007.

④ European Commission, “EU action against climate change: EU emissions trading——an open scheme promoting global innovation”, 2005.

⑤ Strachan N. and Kannan R., “Hybrid modelling of long-term carbon reduction scenarios for the UK”, *Energy Economics*, 2008, 30(6), P2947-2963.

⑥ Kannan R, “Uncertainties in key low carbon power generation technologies – Implication for UK decarbonisation targets”, *Applied Energy*, 2009, 86(10), P1873-1886.

⑦ Grubb M., Butler L. and Twomey P., “Diversity and Security in UK Electricity Generation: The Influence of Low-carbon Objectives”, *Energy Policy*, 2006, 34(18), P4050-4062.

⑧ Kamat R., Rose A. and Abler D., “The Impact of a Carbon Tax on the Susquehanna River Basin Economy”, *Energy Economics*, 1999, 21(4), P363-384.

⑨ Egenhofer C., Fujiwara N. and Gialoglou K., “Business Consequences of the EU Emissions Trading Scheme”, *Centre for European Policy Studies*, 2005.

⑩ 庄贵阳、陈迎著：《国际气候制度与中国》，世界知识出版社 2005 年版。

的可持续发展战略和行动做了系统的论述。[①] 王伟男对欧盟应对气候变化的基本经验做了总结。[②] 崔宏伟探讨了欧盟气候政策对欧洲一体化的推动作用。[③] 王鑫、陈迎等以欧盟为例分析了碳关税问题的原因和政策走向[④]。潘家华、庄贵阳等对英国的低碳经济发展进行了阐述。[⑤] 姚良军、孙成永等介绍了意大利发展低碳经济的政策措施。[⑥] 李俊峰、马玲娟介绍了丹麦向低碳经济转型的进程。[⑦]

---

① 王伟中主编:《从战略到行动:欧盟可持续发展研究》,社会科学文献出版社 2008 年版。

② 王伟男:《欧盟应对气候变化的基本经验及其对中国的借鉴意义》,上海社会科学院博士学位论文,2009 年 7 月。

③ 崔宏伟:《欧盟气候新政及其对欧洲一体化的推动》,《欧洲研究》,2010 年第 6 期。

④ 王鑫、陈迎:《碳关税问题刍议——基于欧盟案例的分析》,《欧洲研究》,2010 年第 6 期。

⑤ 潘家华、陈迎、庄贵阳等:《英国低碳发展的激励措施及其借鉴》,《中国经贸导刊》,2006 年第 18 期。

⑥ 姚良军、孙成永:《意大利的低碳经济发展政策》,《中国科技产业》,2007 年第 11 期。

⑦ 李俊峰、马玲娟:《低碳经济是规制世界发展格局的新规则》,《世界环境》,2008 年第 2 期。

第二章　欧盟发展低碳经济的原因和历程

第一节　欧盟发展低碳经济的原因

一、欧盟发展低碳经济的目的

（一）应对气候变化

欧洲的地形气候特点使得欧洲国家对于气候变化更加敏感，欧洲发展低碳经济的一个主要目的就是为了应对气候变化。

欧洲是世界上地势最低的洲，平均高度只有 340 米，高度在 200 米以下的平原约占全洲总面积的 60%，而且缺乏纵深发展的腹地，人口密度高，因此，冰川融化、海平面上升将会影响很多人口和地区。欧洲大多数的沿海国家都将会受到海平面上升的威胁，目前欧洲海拔不足 1 米的地区有 140000 平方千米，根据目前的人口分布和 GDP 状况，气候变暖将会影响 2000 万人，并可能使 3000 亿美元的财产遭受损失。荷兰的处境尤其危险，如果海平面上升 1 米，70% 的荷兰人口将会受到威胁。

欧洲气候温和，降水分布均匀，大部分地区为温带海洋性气候，气候变暖会使欧洲宜居的气候发生改变。据 IPCC 第四次评估报告估计：气候变化会扩大欧洲在自然资源上的地区差异，增大内陆山洪的风险，使海岸带洪水的发生更加频繁，加重海水侵蚀（由于风暴和海平面的上升）；山区将面临冰川退缩、积雪和冬季旅游减少、大范围物种丧失（在高排放情景下，到 2080 年，某些地区物种损失高达 60%）；在欧洲南部，气候变化会使那些生态环境脆弱的地区的条件更加恶劣（高温和干旱），使可用水量减少、水力发电潜力降低、夏季旅游减少以及农作物生产力普遍下降；由于热浪以及野火的发生频率增加，气候变化也会加大健康方面的风险。[①]《斯特恩报告》指出，2003 年在欧洲发生的热浪已经导致了 35000 人死亡和 150 亿美元的农业损失，而这种热浪到了本世纪中期将会变得十分常见。对于英国而言，气候变暖将使洪水和暴风雪对基础设施的破坏更为严重，用水变得紧张，旱灾更易发生，热浪导致的死亡率上升，城市夏天难以度过。如果全球气温上升 3—4℃的话，英国每年由于洪水导致的损失将从 2006 年占 GDP 的 0.1% 上升到 0.2%—0.4%。对于欧洲大陆而言，气候变暖将会使地中海沿岸国家出现更多的热浪和森林火灾，西班牙、葡萄牙和意大利受到的影响尤其严重，夏季旅游、农业和生态系统整体北移。南欧的粮食产量会有所增加，冬天取暖的能源消耗也会减少，但是夏天空调耗能将会增加。阿尔卑斯山冰雪的融化和更多的降雨量会导致多瑙河、莱茵河等主要江河流域洪水灾害的频繁发生，冬季旅游也会受到巨大影响。[②]欧洲政策研究中心从极端天气造成的直接损失、洪灾、供水、生物多样性、健康等 11 个方面分析总结了气候变化对欧洲的未来影响，指出气候变化对欧洲不同区域的影响是不同的，南欧会遭受极端天气、海岸潮水和河水泛滥的困扰；地中海沿岸居民会面临水荒、干旱、森林火灾、沙漠化、农业减产、沿海洪灾和生物多样性的缺失。[③]以上研究均指出任凭气候变暖所要付出的代价太大，必须采取行动减缓气候变化。

（二）能源安全的挑战

欧盟的能源安全问题日益严重。总体来看，西欧国家除煤炭资源比较丰富外，石油、天然气储量严重不足。西欧各国能源资源的分布是不

---

① 政府间气候变化专门委员会（IPCC），《气候变化 2007：综合报告》。政府间气候变化专门委员会第四次评估报告第一、第二和第三工作组的报告 [核心撰写组：Pachauri R.K 和 Reisinger A.（编辑）]。IPCC，第 11 页。

② Nicolars S., "Stern Review on the Economics of Climate Change", *Cambridge University Press*, 2007, P122-139.

③ Behrens A., Georgiev A. and Carraro M., "Future Impacts of Climate Change across Europe", *CEPS Working Document*, No. 324/February 2010.

均衡的，联邦德国和英国的煤炭资源比较丰富，而法国、意大利等国则资源贫乏。欧洲的石油资源主要分布在挪威、英国、丹麦和罗马尼亚等少数几个国家，其中挪威和英国已探明的石油储量占这一地区石油储量的77.5%，但只占全球石油总储量的0.9%。这里并不是全球的油气生产中心，却是传统的油气消费中心。欧盟油气储量占全世界总量的比重少于4%，消费量将近全球的1/4。在过去以煤炭为主要能源的年代，西欧能源基本上还能自给。但从20世纪50年代末起，石油取代煤炭成为主要能源，西欧便成为世界上最大的石油进口地区，消费的石油几乎全部依赖中东、北非的供应。廉价、充裕的石油供应，曾经成为西欧国家战后经济高速增长的重要因素之一。但是，随着1973年第一次能源危机的爆发，西欧能源的脆弱性充分暴露出来。1973—1974年和1979—1980年两次能源危机给西欧经济带来了严重的冲击。

随着气候变化和能源安全问题的日趋严峻，欧盟的能源安全理念也逐渐发生变化，由消极的保障外部油气能源供给安全转变为积极利用欧盟自身的可再生能源，从而将内部能源供给安全与应对气候变化的目标结合起来。IPCC的报告指出，降低温室气体排放，应对气候变化的关键环节在于减少化石燃料的燃烧。欧盟的温室气体排放中有80%是来自能源的使用，欧盟的初级能源供应中又有80%来自化石能源，①降低温室气体的排放要依靠增加可再生能源的比例，减少化石能源的使用和提高使用效率，因此发展低碳经济可以大大降低欧盟的能源对外依存度，同时实现应对气候变化和保障能源安全的双重目标。

（三）应对金融危机，促进经济发展

金融危机发生后，欧盟更加强调低碳经济的发展，以期帮助欧盟走出金融危机的阴影，实现新的经济转型。

金融危机的爆发对欧盟经济造成了巨大冲击，经济增长率下降，失业率和财政赤字迅速攀升。突如其来的金融危机使得从20世纪90年代以来保持增长态势的工业产出到了2008年急转直下，一度下降20%。2009

① Commission of the European Communities, "Investing in the Development of Low Carbon Technologies(SET-Plan)", Brussels, 7/10/2009, COM(2009) 519 final.

年全年欧盟国内生产总值增长率为 –4.2%，欧元区为 –4.1%，几乎所有成员国都是负增长。[①]2010 年欧盟经济有所复苏，但是速度缓慢，2010 年欧盟全年的增长率为 1.8%，欧元区为 1.7%。欧盟的失业人口也一度高达 2300 万。[②]

目前，欧盟经济虽然整体处于复苏态势，但全球经济复苏乏力、总体需求疲软、失业率和债务高企、投资与贸易低迷以及难民危机等因素使欧盟经济复苏进程的不确定性增加。欧盟急切寻找新的经济增长点，然而欧盟已经很难从传统的高碳经济增长模式中挖掘出新的经济增长点。已经处于“后工业化”社会的欧盟追求环境、社会和经济和谐发展的理念，提出向低碳经济社会转型的要求，而突如其来的金融危机恰恰又成为发展低碳经济的刺激性因素，两大方面的因素使得欧盟国家希望通过发展低碳经济实现欧盟经济的快速发展。

（四）解决经济结构老化的长期问题

欧盟经济结构老化突出表现在研发投入不足和全要素生产率低下两个方面。欧盟始终希望能够依靠知识和技术进步来拉动经济增长和就业，然而即使不考虑金融危机的影响，从 2000 年到 2008 年，欧盟研发支出占 GDP 的比例仅从 1.82% 上升到了 1.9%，仅仅上升了 0.08 个百分点，[③]而 2008 年美国为 2.6%，日本为 3.4%。欧盟的技术进步依旧缓慢。同时，欧盟的劳动生产率继续恶化，全要素生产率对于经济增长的贡献十分有限。[④]欧盟委员会指出欧盟曾经依靠贸易获得繁荣，但是面对出口市场的巨大压力，欧盟需要依靠更高的生产率获取竞争优势，以拉动经济增长和就业。

---

① *Economic Forecast Spring 2010*, EUROPEAN ECONOMY 2/2010, European Commission, Directorate-General for Economic and Financial Affairs. http://ec.europa.eu/economy_finance/publications/european_economy/2010/pdf/ee-2010-2_en.pdf.

② *Interim forecast, September 2010*, European Commission, Directorate-General for Economic and Financial Affairs.

③ European Commission, “Lisbon Strategy evaluation document”, Brussels, February 2, 2010, SEC(2010) 114 final.

④ 秦爱华：《里斯本战略评述——从经济增长角度分析欧盟经济》，《欧洲研究》，2008 年第 6 期。

许多国家把温室气体减排和经济增长看成是相互矛盾的关系，但是欧盟认为发展低碳经济和经济增长是可以相互促进的。从温室气体排放和经济增长的脱钩研究来看，欧盟的温室气体排放量和人均收入之间的正相关关系越来越弱，人均 GDP 增长而温室气体排放强度下降，结果是人均温室气体排放量下降。[①] 欧盟的目标是努力使经济增长和能源使用脱钩，使欧盟成为一个更有资源使用效率的经济体，降低欧盟原材料和商品生产对国外资源的依赖，大大增强欧盟的国际竞争优势。

（五）解决潜在经济增长率低、人口日益老龄化的问题

欧盟还面临应对人口老龄化的长期挑战。欧盟已经步入老龄化社会。大约每年新增 200 多万老年人口。欧盟的劳动力人口将在 2020 年大约减少 200 万。在劳动力人口迅速减少的同时，老年人口抚养比迅速提高，目前欧盟 65 岁以上的老年人口与劳动年龄人口的比例为 1 ∶ 4，如果人口状况和退休制度不发生变化，2060 年该比例将恶化为 1 ∶ 2。劳动力规模的减少将对欧盟的经济增长能力产生持续的负面影响，欧洲的社会福利模式也将遭受严峻挑战。[②]

由于欧盟人口结构日趋老龄化将对未来的经济增长潜力造成严重影响，欧盟迫切需要谋划能够促进经济增长和解决长期就业问题的举措。对于欧盟来说，增加低碳领域投资、促进低碳技术转化将会增加大量新的就业机会以及促进经济增长。

二、欧盟发展低碳经济的优势

（一）较低的减排成本

欧盟的减排成本相对较低。欧盟较为发达的成员国已经进入了后工业化时代，高能耗的公路、铁路、建筑等基础设施的大规模建设已经完成，现在每年在这些方面的投入相对于发展中国家而言已经非常小，而

---

① 庄贵阳著：《低碳经济：气候变化背景下中国的发展之路》，气象出版社 2007 年版，第 27 页。

② European Commission, Europe 2020 Background Information for the Informal European Council，February 11, 2010.

且这些国家的许多高碳产业已经成功转移。同时新入盟的中东欧国家的碳排放水平相对较低，2008 年，新欧盟 12 国的温室气体排放量为 9.69265 亿吨二氧化碳当量（CO_2 eq.），① 仅占了欧盟温室气体排放总量的 19.62%，而且新入盟的中东欧国家的能源效率较低（参见本书第四章），这些国家能源效率提高的空间较大，进而增加了欧盟整体降低温室气体排放的余地。

从产业结构来看，欧盟 27 国的第一产业和第二产业所占比重小，第三产业较为发达，已经成为国民经济的主导产业。据欧盟委员会 2009 年的统计数据显示，2007 年，欧盟 27 国的第一产业、第二产业和第三产业增加值占国内生产总值的比重分别是 1.8%、26.6% 和 71.6%。其中耗能较大的采矿业、制造业和建筑业占 GDP 的比重分别为 0.8%、17.1% 和 6.5%。② 从这些数据可以看出，与第二产业占主导的发展中国家相比，欧盟的产业结构是有利于发展低碳经济的。发展低碳经济的实质是改善能源结构和提高能源效率，这要求企业，特别是高耗能的工业企业采用可再生能源和先进的节能技术，这意味着需要淘汰高耗能的机器设备，购买新的能够配套使用可再生能源和更为节能的机器设备，而工业企业的固定成本往往较高，且具有“锁定效应”③，更新机器设备的成本较高，代价很大，因此发展低碳经济对于工业的影响较大。而欧盟的工业占 GDP 的比重较小，所以发展低碳经济的成本相对较小。

近年来，欧盟人口增长缓慢，一些国家甚至出现负增长，经济发展趋于稳定和成熟，外延型发展的余地不大。欧盟在可再生能源技术等领域拥有世界领先的技术优势。通过内部分担协议，利用德国和英国的特殊

① 数据来源：Eurostat 数据库，Weighted Emissions of Greenhouse Gases (ten00072). http://epp.eurostat.ec.europa.eu/portal/page/portal/climate_change/data/main_tables.

② European Commission, Enterprise and Industry, EU Industrial Structure 2009-Performance and Competitiveness, P82.

③ “锁定效应”是指在事物发展过程中，人们对初始路径和规则的选择具有依赖性，一旦作出选择，就很难更改，以至在演进过程中进入一种类似于“锁定”的状态。高碳的“锁定效应”是指生产设施具备资本密集度高、排放强度大、使用寿命长等特点，一旦装备了低效率、高排放的生产设备，其高排放的特性将在很长时间内被锁定，否则将导致巨大的重置成本。

减排机会，[①] 进一步降低了减排成本。根据欧洲气候变化计划（ECCP）的结论，欧盟实现减排承诺的总成本为37亿欧元，相当于2010年GDP的0.06%。40项成本低于20欧元/吨二氧化碳的减排措施，可以减少6.64亿吨—7.65亿吨二氧化碳当量的温室气体排放，[②] 大约是京都目标的两倍，其中8项措施是优先实施的，其减排潜力为2.4亿吨二氧化碳当量（相当于减排需求量的71%）。[③] 因此，欧盟发展低碳经济对经济增长的负作用较小，而对于培育新的经济增长点的作用却非常明显。

（二）适合发展低碳经济的能源资源禀赋

从整体来看，欧盟国家的传统化石能源较少，可再生能源相对较为丰富，这为欧盟调整能源结构、发展可再生能源提供了物质基础。例如，法国拥有较多的铀矿资源，氧化铀储量为5万—10万吨，主要分布在卢瓦尔河流域，自1973年能源危机以来，法国就把发展核能置于优先地位，大力推行核能发展计划，核能工业迅速发展起来。[④] 德国的铀矿和风能较为丰富，核电站供应了德国27%的电力，风电满足了该国6%的能源需求，德国已经成为世界上最大的风电使用者，约2万台风轮机日夜旋转。德国还是世界上最大的太阳能光伏发电者，太阳能生产能力约占欧洲的80%[⑤]。北欧和南欧的多数国家以及瑞士的水利资源较为丰富，适合发展水电。

---

① 德国和英国的特殊减排机会是指：发现北海油田后，英国在20世纪80年代起开始大规模的开采石油和天然气，撒切尔夫人关闭了大量的煤矿，主要能源从煤向石油和天然气的转变使英国降低了大量的温室气体排放。1990年两德合并，东德从计划经济向市场经济转化过程中，经历了经济结构转型，许多高耗能企业倒闭。

② 二氧化碳当量（Carbon Dioxide Equivalent）是一种用作比较不同温室气体排放的量度单位。不同温室气体对地球温室效应的贡献度不同。为了统一度量整体的温室效应，规定以二氧化碳当量为度量温室效应的基本单位。一种气体的二氧化碳当量是通过把该气体的吨数乘以其温室效应值（GWP）后得出（这种方法可把不同温室气体的效应标准化）的数值。各种温室气体对自然温室效应增强的贡献，可以按CO_2的大气浓度来计算，也可以按CO_2的排放率来计算，这种折算量就叫作二氧化碳当量。

③ 庄贵阳、陈迎著：《国际气候制度与中国》，世界知识出版社2005年版，第68—69页。

④ 东北师范大学地理系主编：《世界经济地理》，北京师范大学出版社1984年版，第165页。

⑤ [英]安东尼·吉登斯著，曹荣湘译：《气候变化的政治》，社会科学文献出版社2009年版，第87页。

（三）较大的国际影响力

欧盟在国际上具有比较大的影响力，特别是在国际规则的制定方面有着举足轻重的地位。欧共体从建立之初就一直通过共同贸易政策、发展援助和正式的双边多边合作协议来发展与世界其他国家的经济关系，并在国际经济事务中逐渐成为有影响力的规则制定者。在多边经济合作中，欧盟委员会代表欧盟成员国参加多边经济论坛和国际金融组织，如 8 国集团、经济发展合作组织、国际货币基金组织、世界银行等。其中最重要的是欧盟委员会作为谈判和签约方，代表欧盟成员国参加世界贸易组织的组织活动，成为国际贸易自由化的规则制定者。1999 年西雅图会议后，世界贸易组织形成了事实上的“G-2”管理结构，欧盟作为世界贸易组织决策体制中的“双寡头”之一，是事实上的多边主义的领导者。①

在与联合国的关系方面，欧盟力图通过联合国这一多边活动平台提高国际地位，扩大国际影响力。欧盟与联合国已经形成了广泛的合作与互动关系。欧盟委员会代表欧盟，与联合国在一系列政策领域开展了密切的合作。欧盟向联合国的很多合作项目和工程提供了财政支持，欧盟委员会还在各种联合国论坛上积极参与，并开展了政策对话，将其与联合国的关系定位为“广泛伙伴关系”。在联合国框架内，欧盟遵守《联合国宪章》的宗旨和原则，在国际冲突和危机的预防和解决、人道主义援助、经济社会发展、人权、民主和法治、环境保护等问题上发挥着不可忽视的作用。②

在国际环境问题领域，欧盟起着重要的示范性作用并逐步成为主导力量。据统计，在 2002 年之前，关于环境（包括气候变化）的国际协议有 1/3 是出自欧盟的相关政策。联合国环境规划署（UNEP）的统计资料显示，2006—2008 年，在联合国环境规划署环境基金捐助份额最多的前 20 名国家中，有 15 个国家来自欧洲。1990 年以来，世界范围内签署多

---

① 王鹤：《欧盟的经济力量》。周弘主编：《欧盟是怎样的力量——兼论欧洲一体化对世界多极化的影响》，社会科学文献出版社 2008 年版，第 8—9 页。

② 张茂明著：《欧洲联盟国际行为能力研究》，当代世界出版社 2003 年版，第 214—217 页。

边环境条约最多的国家（集团）是欧盟。①

随着气候变化问题的日益严峻，减缓气候变化、发展低碳经济成为联合国环境保护和可持续发展政策的重中之重。欧盟凭借着自己在国际上的影响力一直试图成为世界应对全球气候变化的引领者，成为低碳经济的"规则制定者"。在双边政策上，欧盟通过贸易政策对生产出口高碳产品的国家和企业施加压力；在多边政策上，欧盟在联合国历次国际气候大会中积极推进全球温室气体减排，在一系列相关国际条约的制定和通过上，发挥了巨大的作用。例如，在《京都议定书》的谈判过程中，欧盟积极提出具体的谈判方案，谋求发达国家与发展中国家的合作，以推动议定书的达成。2001 年在第七次缔约方会议上，欧盟在美国退出《京都议定书》，加拿大、俄罗斯和日本等国对《京都议定书》的执行机制提出异议的情况下，为了使《京都议定书》得以延续，欧盟和七十七国集团加中国进行磋商，说服七十七国集团加中国同意对以上国家作出非原则性妥协，达成了" 马拉喀什协定"，使得第六次缔约方会议达成的《波恩政治协议》得以具体落实，提高了议定书生效的可能性，从而挽救了全球气候变化多边治理的进程和模式。由于《京都议定书》的生效条件之一是要求批准该议定书的缔约方二氧化碳排放量至少占附件一所列缔约方 1990 年排放总量的 55%，虽然当时已经有 100 多个国家批准了《京都议定书》，但是这些国家的排放份额仅占 43.9%，离《京都议定书》生效的必要指标仍然存在 11.1%的差距，由于占 1990 年全球温室气体排放份额 25%的美国已经退出《京都议定书》，要使议定书生效，就必须争取占 17%份额的俄罗斯的加入，欧盟委员会主席普罗迪曾多次试图说服俄罗斯总统同意批准这个国际协议，布鲁塞尔在三年多的时间内也多次向莫斯科施压，最后俄罗斯以欧盟支持其加入世界贸易组织为条件批准了《京都议定书》（2004 年 10 月），《京都议定书》随之正式生效（2005 年 2 月 16 日）。②

① 李慧明：《欧盟在国际气候谈判中的政策立场分析》，《世界经济与政治》，2010 年第 2 期，第 62 页。

② 薄燕：《"京都进程"的领导者：为什么是欧盟不是美国？》，《国际论坛》，2008 年第 10 卷第 5 期，第 1—7 页。

第二节 欧盟整体发展低碳经济的历程

由于欧盟是一个具有“超国家”性质的联盟，其治理体现出多层级治理的理念，因此本章从欧盟整体和欧盟成员国两个层面探讨欧盟发展低碳经济的历程。由于低碳经济是为了应对气候变化，降低温室气体排放，本质是可持续发展经济，实质是提高能源效率和改善能源结构，因此本章侧重于论述欧盟的能源政策、环境政策、应对气候变化政策以及可持续发展政策。而促进低碳经济发展的手段主要是技术改进和制度创新，欧盟的相关政策将在下一章详细论述。

一、初始阶段——传统能源政策的转变和环境政策的形成与发展（1970s—1990 年）

尽管低碳经济的概念在 2003 年才提出，但是从低碳经济要求降低温室气体排放、提高能源效率和改善能源结构的内涵来看，欧盟发展低碳经济的历程可以追溯到 20 世纪 70 年代初欧盟传统能源政策的转变和环境政策的形成。

（一）传统能源政策的转变

欧共体的能源政策开始于 20 世纪 50 年代的《欧洲煤钢共同体条约》（1951）和《欧洲原子能共同体条约》（1957），在 20 世纪 70 年代以前，欧共体的能源政策重点是建设共同市场。随着 20 世纪 70 年代初世界能源形势的严峻，欧共体的能源政策重点逐步转向了供给安全。

1973 年，第一次能源危机的爆发给严重依赖进口石油的欧共体国家以沉重打击，彻底暴露了共同体对外部能源高度依赖的脆弱性，共同体各国意识到廉价石油的时代已经过去，共同体必须改变能源供应模式，加大节能增效的力度，更多地使用本土资源和开发石油替代能源，降低能源对外依存度。

欧共体出台了一系列政策措施以保障共同体的能源安全。1973 年 4

月，欧委会提交了《共同体能源政策的指导方针和优先行动》的文件，指出要加强核能的开发利用。[①]1974年1月30日，欧共体成立了能源委员会。1974年9月17日，理事会通过了《关于制定一项共同体能源政策新战略的决议》，确定了发展共同体能源政策的三项原则：（1）在能源需求方面，通过合理使用能源和节能措施，降低能源消耗的增长速度；（2）在能源供给方面，发展核电生产、充分利用共同体本土的油气和固体燃料资源、促进外部供应的多元化和可靠性、加强各种能源的研究和技术的开发；（3）考虑与能源生产和使用有关的环境保护问题。[②]

1974年12月17日，理事会通过了《关于1985年共同体能源政策目标的决议》，该决议制定了共同体到1985年所要达到的能源政策目标，并指出要开发多样化的能源资源。共同体到1985年所要达到的能源政策总目标是共同体能源对外依存度由1973年的63%降低到1985年的50%，如果有可能则降低到40%。决议还从能源需求和能源供应两个方面对1985年共同体的总目标进行了量化。在能源需求方面，要求降低共同体能源消费增长速度，将1973年对1985年能源需求量的预测数降低15%；改变能源消费模式，更多地依赖电力（特别是核电），将电力在最终能源消费中的比重提高到35%。在能源供应方面，（1）固体燃料：将共同体的煤产量保持在1.8亿吨油当量（180mtoe[③]）；从第三国增加4000万吨油当量的煤炭进口；将褐煤和泥煤产量提高到3000万吨油当量。（2）天然气：加强共同体研究和生产，将天然气产量提高到1.75亿—2.25亿吨油当量；确保第三国天然气进口达到9500万—1.15亿吨油当量。（3）核能：将核能装机发电量增加到160—200GW。（4）水电和地热能：建立和发展水电和地热能生产基地，将其产量提高到4500万吨油当量。（5）石油：限制石油消费，代之以其他经济的能源；加强研究，将共同

---

① European Commission, Guidelines and Priority Actions under the Community Energy Policy. SEC (73) 1481.final, April 19, 1973. Bulletin of the European Communities, Supplement 6-73.

② Council of the European Communities, Council Resolution of 17 September 1974 concerning a new energy policy strategy for the Community, O.J. C 153, 09/07/1975.

③ Mtoe：million tons of oil equivalentm（百万吨油当量）。

体的石油产量提高到 1.8 亿吨油当量；将第三国石油进口量从 1973 年的 6.4 亿吨油当量减少到 1985 年的 5.4 亿吨油当量，进口石油在能源总需求的比例从 1973 年的 61% 降低到 1985 年的 38%—28%，或者将石油消费量从 1973 年的 98% 降低到 1985 年的 75%—70%。（6）其他能源：通过实施一项技术研发政策，更好地利用传统能源，但从长期来看，传统能源要被新能源所取代。[①]1975 年 2 月 13 日，理事会通过《关于实现 1974 年理事会通过的共同体能源政策目标所需实施的措施的决议》，对实施 1985 年共同体能源政策目标的方式进行了细化。[②]

1974 年共同体能源战略实施后，欧委会一直对成员国能源政策与 1985 年目标的兼容情况进行监测，直到 1979 年第二次世界能源危机的爆发，欧共体决定对能源政策进行调整。1979 年 6 月欧共体通过了《关于 1990 年能源目标及成员国政策趋同的决议》，为 1990 年的能源政策目标制定了一系列政策目标和指导方针：[③]（1）把能源消费弹性系数[④]降到 0.7 以下；（2）把共同体石油消费在一次能源消费总量中的比重降到 40% 左右；（3）电力生产中一次能源需求的 70%—75% 由固体燃料和核能来替代；（4）鼓励和扩大可再生能源的使用，增加其在共同体能源供应中的比例；（5）奉行有利于实现共同体能源目标的能源价格政策。这些主导方针是基于共同体的三个基本考虑：一是使经济增长与能源消耗的增长脱钩；二是对石油进口设置一个最高限额；三是为更遥远的未来创造一个更加令人满意的能源供应。[⑤]

---

① Council Resolution of 17 December 1974 concerning Community energy policy objectives for 1985, in Community Energy Policy: Texts of the Relevant Legislation, P25-27.

② Council of the European Communities, Council Resolution of 13 February 1975 concerning measures to be implemented to achieve the Community energy policy objectives adopted by the Council on 17 December 1974, in Community Energy Policy: Texts of the Relevant Legislation, P28-30.

③ 冯建中著：《欧盟能源战略——走向低碳经济》，时事出版社 2010 年版。

④ 能源消费弹性系数（elasticity coefficient of energy consumption）是反映能源消费增长速度与国民经济增长速度之间比例关系的指标。它等于能源消费量年平均增长速度与国民经济年平均增长速度之比。

⑤ Office for Official Publications of the European Communities, "The European Community and the Energy Problem", 3rd Edition. European Documentation 1/1983, P27-28.

1973年到1982年，欧共体12国能效提高了20%，但是随着20世纪80年代石油供应形势的缓和，欧共体国家政府和公众对能源供应问题的兴趣大减，燃料替换和节能增效工作出现了很大程度的减缓。1982年到1986年能效仅提高了2%左右。①

鉴于《关于1990年能源目标及成员国政策趋同的决议》即将到期，1986年9月15日，欧共体通过了《关于1995年共同体能源目标的决议》。该决议体现了欧共体在20世纪80年代后期追求的两个能源目标，即创建以竞争为导向的单一能源市场和环境保护。但是由于受两次石油危机的影响和对未来能源供应不确定性的担忧，该决议的重点依然是供应安全。②该决议制定了八个横向目标和六个部门目标。横向目标包括：（1）通过以下方式创造更加安全的供应条件、减少能源价格骤然波动的风险：在令人满意的经济条件下开发共同体能源；促进共同体外部能源供应地理上的多元化；发展必要的网络联接，提高能源系统的灵活性；制定有效的危机措施，特别是在石油方面；实施一项强有力的节能和合理使用能源的政策；实现能源的多样化。（2）在落实能源政策措施时强调成本效益。（3）在所有消费部门和各种形式的能源中实施理事会批准的共同体能源价格形成原则。（4）消除贸易障碍，扩大内部能源市场的一体化，以增强供应安全；减少成本、提高经济竞争力。（5）充分利用现有最佳、经济可行的技术，改进能源效率，在能源和环境之间寻找平衡的解决办法；同时要在共同体环境事务中采取更加协调的办法，限制能源市场上的竞争扭曲现象。（6）在贫困和边缘地区采取措施，建设能源基础设施，改善共同体能源平衡。（7）通过研究、开发和示范以及成果在共同体的迅速推广，不断促进技术创新。（8）在成员国和欧委会之间定期开展磋商，协调共同体在能源领域的对外关系。部门目标包括：（1）到1995年至少提高能效20%。（2）通过石油替代政策和加强共同体石油勘探和生产，使来自第三国的

---

① European Commission, The Main Findings of the Commission's Review of Member States' Energy Policies. The 1995 Community Energy Objectives. Communication from the Commission. COM (88) 174 final Vol. I, May 3, 1988.

② 冯建中著：《欧盟能源战略——走向低碳经济》，时事出版社2010年版。

石油进口保持在合理的比例范围，进口石油不超过33%；降低石油在一次能源消费中的比例，到1995年，这一比例应限制在40%以内。(3) 保持天然气在能源平衡中的比例，确保天然气供应稳定和多元化，加强共同体内部的天然气勘探和生产。(4) 促进固体燃料的消费，改善共同体固体燃料生产的竞争力。(5) 尽可能减少油气在电力生产中的比例，油气在发电中的比例不得超过15%。(6) 继续发展新能源和可再生能源，包括常规水电，使其在能源总结构中占有重要比例。①

（二）环境政策的形成与发展

20世纪70年代以前，环境政策由各成员国自主制定并实施。随着欧盟的不断发展壮大和人类对环境问题重视程度的不断加深，环境保护和治理逐渐成为欧盟的一个重要政策领域。从1973年起，欧共体开始推出一系列环境行动计划，表明环境政策在欧共体层面的确立。但是最初这些行动计划是指导性的，对成员国并不具有约束力。②

1973年，欧共体通过了第一个环境行动计划（Environmental Action Program），首次提出将环境问题纳入共同体政策领域。③ 该行动计划指出经济发展和环境保护是相互依存的，环境保护是共同体一项至关重要的工作，制定的目标包括：环境破坏的预防、减少和控制，生态平衡的保护和自然资源的合理使用等。该行动计划主要侧重于水资源的保护，同时也提到了要对气体排放进行预防和控制。

1977年，欧共体颁布了第二个环境行动计划（1977—1981年），该计划本质上沿袭了第一个行动计划的目标和路径，并对其进行了扩展，强调欧共体环境政策中的预防政策，特别是要注意自然保护和自然资源的合理利用。

1982年至1986年，欧共体实施了第三个环境行动计划，与以上两个

① Council of the European Communities, Council Resolution of 16 September 1986 concerning new Community energy policy objectives for 1995 and convergence of the policies of the Member States, OJ C 241, 25/9/1986.

② 张健雄著：《欧盟经济政策概论》，中国社会科学出版社2006年版，第343页。

③ 王伟中主编：《从战略到行动：欧盟可持续发展研究》，社会科学文献出版社2008年版，第3页。

环境行动计划相比，该计划出现了两个转变：第一，开始将环境政策与统一市场的发展联系在一起，强调环境政策对统一市场的潜在风险和收益；第二，实现环境保护的路径发生了改变，从质量导向型转变为排放导向型。该计划提议制定排放限值，采用更好的过滤技术来减少终端的排放，其主要目标包括减少废气物排放、提高资源利用效率和共同环境技术等。

1987年，欧共体开始执行第四个环境行动计划（1987—1992年），1987年通常被看作欧共体环境政策的转折点，因为从这一年开始环境保护在条约中有了独立的一章，一些早期的原则和政策被编成法典。由于质量导向型和排放导向型的环境保护路径都存在缺陷，第四个环境行动计划将两者结合了起来，并且环境保护不再被认为是一种附加政策，而是被看作经济决策制定的综合考虑因素，在整个生产过程中都需要给予考虑。结合路径包括要降低能源和原材料的输入和实现闭循环。污染控制是指对包括水、空气和土壤的所有环境介质的系统污染控制。该计划开始探讨部门路径，分析重要经济部门对环境的影响，首次提出激励政策工具的作用，如税收、补贴或可交易的排放许可证等。

20世纪80年代欧共体的环境政策的一个显著特点是非常侧重清洁空气政策。这种政策的转变主要是由于德国的强大压力所致。德国政府决定要制定清洁空气政策，要求降低植物燃烧和汽车排出的废气。为了避免这项政策导致竞争力的扭曲，德国工业和政府成功地游说了欧共体制定相应的欧洲排放控制政策。并且其他在环境政策领先的国家也成功地输出了国内的创新政策到欧共体层面。①

20世纪七八十年代，欧共体环境政策之所以形成和发展的一个重要政治原因是欧洲绿党②的形成和壮大。1973年欧洲第一个绿党——英国绿党成立；之后比利时绿党（1981）、德国绿党（1983）、芬兰绿党（1983）相继进入全国性议会，欧洲绿党进入了快速发展时期，对国内国际的政治

① European Environmental Bureau(EEB), EU Environmental Policy Handbook: A Critical Analysis of EU Environmental Legislation.

② 绿党是指以生态环境问题为契机，以政治观念、组织结构和活动方式创新为基础，主张全面改造既存的经济社会结构以最终创建人与自然、人与人和谐相处的新社会的新型政党。参见郇庆治著：《欧洲绿党研究》，山东人民出版社2000年版，第26页。

影响不断扩大，对欧共体环境保护政策的制定起到了推动作用。①

（三）分析总结

从 20 世纪七八十年代欧共体的能源政策来看，欧共体为了保证能源供给安全，采取了一系列政策措施开展能源技术研发、提高能源利用效率和开发利用可再生能源，事实上起到了节约能源、提高能效、改善能源结构的效果。从环境政策来看，欧共体的环境保护路径经历了从质量导向型向排放导向型的转变，而且对于空气质量的重视程度不断加深，事实上已经包含了降低温室气体排放的内容。因此，这一阶段可以看成是欧共体发展低碳经济的初始阶段。

这一阶段的主要特征有：（1）欧共体的能源政策目标以保证供给安全为主，同时附加一些环境目标。（2）欧共体的能源安全观念不断深化，1979 年以前，以降低能源的对外依存度为主，1979 年以后，欧共体的政策目标是试图摆脱经济增长对石油的依赖，实现经济增长和能源消费增长的脱钩。（3）欧共体尚未明确提出应对气候变化和降低温室气体排放的目标②，但是其关于提高能源使用效率和改善能源结构的政策措施已经起到了发展低碳经济的效果。（4）欧共体的能源政策和环境政策分离，但是两者之间又存在着很多交叉。

总而言之，这一阶段欧盟发展低碳经济的政策措施暗含在能源政策和环境政策当中，应对气候变化的目标尚不明朗，发展低碳经济的意图尚不明确。

二、形成阶段——环境政策和能源政策的结合，应对气候变化政策的提出（1990—2000 年）

1990 年，欧委会的能源政策和环境政策开始结合，同时欧共体明确提出应对气候变化和降低温室气体排放的目标，标志着欧盟的低碳经济发

① 郇庆治著：《欧洲绿党研究》，山东人民出版社 2000 年版，第 4 页。

② 欧委会在 1985 年的“政策研究综述”中提出将应对气候变化列入欧委会的议程，在 1988 年提出共同体应对气候变化最好的中期策略是提高能源效率和发展可再生能源。但是在 1990 年以前，欧共体尚未明确提出应对气候变化和降低温室气体排放的目标。

展进入了形成阶段。

（一）环境政策和能源政策的结合

1990年2月8日，欧委会发表了《能源与环境》政策文件，发起了欧共体应对温室效应的讨论，并且第一次将环境问题纳入欧共体的能源政策加以考虑，标志着欧共体能源政策和环境政策的结合。该文件指出能源的生产和使用会对环境造成影响，特别是化石燃料的燃烧会导致CO_2、CH_4、N_2O等温室气体的排放。欧委会分析了能够降低CO_2等温室气体排放的能源政策选择，提出要提高能源利用效率、增加非化石能源的使用和考虑碳税的征收等。最后，欧委会提出了解决与能源相关的环境问题的4项计划：（1）提高能源技术（THERMIE）；（2）节能行动计划（Special Action Program for vigorous Energy Efficiency，SAVE）；（3）起草共同体能源工业行为规范；（4）建立由成员国专家组成的委员会，帮助欧委会研究能同时满足能源、环境和财税要求的成员国税收制度。①

（二）应对气候变化政策的提出

1990年6月，欧洲理事会在都柏林会议中发出了明确温室气体减排指标的倡议。会后，与气候事务有关的欧委会各相关总司都加入了由欧委会环境总司、能源总司和税务总司牵头的气候问题大讨论。讨论的成果是欧委会提出了减少10%—20% CO_2排放量的目标。同年10月欧共体环境部长和能源部长联席会议做出决议，指出共同体在2000年时应将温室气体的排放量稳定在1990年的水平。②

1990年的大讨论本希望能够将CO_2减排指标在各成员国间进行分配，但是遭到一些成员国的反对，于是欧委会在1992年6月出台了《共同体限制CO_2排放和提高能源效率战略》的政策文件，建议理事会采取"一揽子措施"降低温室气体排放，措施包括能源效率框架指令（Framework directive on Energy efficiency，SAVE）、促进可再生能源发展行动、共同

① Commission of the European Communities, Energy and the Environment, Communication from the Commission to the Council, COM(89) 369 final, Brussels, February 8, 1990, P3, P28-29.

② 傅聪：《欧盟应对气候变化治理研究》，中国社会科学院研究生院博士学位论文，2010年7月，第32页。

体温室气体排放的监测机制和碳 / 能源税指令。[①] 该计划的前三个措施得到了广泛的支持，但是关于征收碳 / 能源税的措施遭到了欧委会的产业总司、内部市场总司、欧洲能源行业游说集团和波斯湾石油生产国的反对。[②] 经历了诸多争论后，1994 年 12 月召开的部长理事会最终放弃了碳 / 能源税措施。

1997 年，欧盟签署了《京都议定书》，承诺在 2008 年至 2012 年间（《京都议定书》第一承诺期）将温室气体排放量减少 8%（相对于 1990 年的水平）。

（三）提高能源效率政策

1991 年，欧共体出台了“共同体提出提高能源效率的 SAVE 计划”（Specific Actions for Vigorous Energy Efficiency）。该计划的实施期为 5 年（1991 年 10 月 29 日—1995 年 12 月 31 日），预算为 3500 万欧洲货币单位（其中 1991—1992 年的预算为 1400 万欧洲货币单位），资金主要用于四个方面：（1）技术标准鉴定；（2）支持成员国提高能源效率方面的基础设施建设；（3）建设能效问题信息交流网络；（4）提高电能的利用效率。[③]

关于 SAVE 计划，欧共体共出台了三个新的指令，分别是热水锅炉指令（1992 年 5 月）、家用电器耗能标签指令（1992 年 9 月）和 SAVE 综合指令（1993 年 9 月）。其中 SAVE 综合指令是欧共体最重要的节能法规，欧委会指出该指令能够减少 3%（合计 8000 万吨）CO_2 排放量，否则欧共体的 CO_2 排放量将可能增加 12%。减排措施主要涉及以下 7 个领域：（1）能源鉴定（减排 300 万吨）；（2）基于实际消费的取暖、空调和热水花费的收费（减排 300 万吨）；（3）第三方在公共部门领域对能源效率的投资（减排 600 万吨）；（4）新建筑物的隔热层（减排 600 万吨）；

① Commission of the European Communities, A Community Strategy to Limit Carbon Dioxide Emissions and to Improve Energy Efficiency, Communication from the Commission, COM(92) 246 final, Brussels, June 1, 1992, P10.

② Cormick J.M., “Environmental Policy in the European Union”, *Palgrave*, 2001, P283.

③ COUNCIL DECISION of 29 October 1991 concerning the promotion of energy efficiency in the Community (SAVE programme), 91/565/EEC.

（5）锅炉的定期检查（减排 4000 万吨）；（6）高能源消费的能源审查（减排 1600 万吨）；（7）机动车的定期检查（减排 800 万吨）。[①] 但是，SAVE 计划的实施效果并不理想，主要是因为许多规制性内容在成员国实施过程中受到辅助性原则的重新解释而被废弃。

1996 年，欧盟启动了 SAVE II 计划，该计划指出由于 1986 年石油价格回落，欧盟成员国在能源效率领域的努力有所减弱，欧盟远远没有达到 1986 年提出的“在 1995 年实现能源利用效率至少提高 20%”的目标，因此要增强欧盟成员国在能源使用管理上的主动性。SAVE II 计划的实施期也为 5 年（1996 年 1 月 1 日—2000 年 12 月 31 日），预算是 4500 万欧洲货币单位，一方面用于加强已经存在的行动计划，另一方面用于四个新增行动：（1）监测国家和欧盟层面的能效提高进展情况；（2）采取特别行动支持成员国间在能源效率管理政策方面的融合；（3）采取特别行动提高地区和城市的能源管理水平；（4）在欧盟现有的战略规划中增设能源效率标准。[②]

1997 年《京都议定书》的签订使欧盟更加重视能源效率的提高。1998 年，欧盟通过了《欧共体能源效率：迈向一项能源合理使用的战略》。文件指出欧共体始于 1973 年能源危机的节约能源政策是为了保证供给安全，降低石油进口，以应对高能源价格。随着这些压力的消退，欧盟提高能源的努力将有着更多的目标。比如，实现经济增长和能源消耗增长的脱钩、应对气候变化等。该文件估计 1998 年至 2010 年欧盟所有部门改进能源效率的经济潜力相当于 1995 年最终能源消费的 18%。但是截止到 1995 年，欧盟整体的能源利用效率仅提高了 12%，欧盟及其成员国都尚未克服能源效率投资方面的障碍，主要障碍存在于以下五个方面：（1）能源价格信号不准；（2）不完全信息；（3）机构和法律障碍；（4）技术障碍；（5）资金障碍。该文件确定了优先行动的领域，包括建筑节能、家电和

① Lyons P.K., “Energy policies of the European Union” , *A BUSINESS INTELLIGENCE REPORT*, September 1994, P61-62.

② Commission of the European Communities, Communication from the Commission Concerning the Promotion of Energy Efficiency in the European Union(SAVE II Programme). COM(95) 225 final.

其他终端设备的节能、最低能效要求协议、增强信息交流、第三方融资、成效担保等。①

（四）发展可再生能源政策

1992 年，欧委会出台了《发展可再生能源特别行动（ALTENER)》的政策文件（ALTENER 计划，从 1993 年 1 月 1 日开始执行），提出了欧共体 2005 年的减排目标：到 2005 年，要减少 CO_2 排放量 1.8 亿吨，实现途径有以下三个方面：(1) 将欧盟可再生能源在总能源需求中的比例从 1991 年的 4% 提高到 2005 年的 8%，这需要将可再生能源的产量从 1991 年的 4300 万吨油当量（43Mtoe）提高到 2005 年的 1.09 亿吨油当量（109Mtoe）；(2) 将可再生能源（不包括大型水力发电厂）的发电量提高到 1991 年的三倍，这需要将使用可再生能源作为原料的发电厂的装机容量和发电量从 1991 年的 8 GW 和 25 TWh 提高到 2005 年的 27 GW 和 80 TWh；(3) 确保生物燃料能够在机动车总燃料消费中占 5% 的市场份额。为实现上述目标，欧共体将实施 ALTERNER 计划，该计划的实施期为 5 年（1993—1997 年），预算为 4000 万欧洲货币单位，主要用于以下 4 个方面行动：(1) 促进可再生能源市场发展，使其融入内部能源市场；(2) 财政和经济措施；(3) 培训、信息和推广活动；(4) 与第三国开展合作。②

随着 ALTENER 计划的实施期即将结束，1997 年 3 月 12 日，欧委会向理事会提交了《共同体发展可再生能源多年度计划（ALTENER II)》，指出欧共体需要发展可再生能源的多种原因，包括：环境保护、能源的供给安全、竞争力的提高、区域发展、社会和经济的凝聚以及促进就业。ALTENER II 计划前两年的预算为 3000 万欧洲货币单位，主要目标有两个，分别是：(1) 为共同体可再生能源的行动计划创造必要条件，特别是法律、社会经济和行政条件；(2) 鼓励私人和公共部门在可再生能源生产

① Commission of the European Communities, Energy Efficiency in the European Community-Towards a Strategy for the Rational Use of Energy, Brussels, 29/04/1998 COM(1998) 246 final.

② Commission of the European Communities, Specific actions for greater penetration for renewable energy sources (ALTENER), COM(92) 180 final, Brussels, June 29, 1992.

和使用方面投资。[①]1998 年 5 月 5 日，理事会对 ALTENER II 计划做出了决议，确定该计划的实施期从 1998 年 1 月 1 日到《能源部门措施的多年度框架计划》生效[②]为止（最迟不得超过 1999 年 12 月 31 日），预算为 2200 万欧洲货币单位，主要用于支持以下行动和措施：(1) 共同体和成员国开发可再生能源潜力的相关研究和行动；(2) 共同体开发、拓展可再生能源发展的试验行动；(3) 发展可再生能源的信息交流、教育和培训；(4) 支持可再生能源和技术向市场渗透的行动；(5) 检测和评估行动。[③]

1997 年 11 月 26 日，欧盟通过了《未来的能源：可再生能源》白皮书，提出了 2010 年欧盟的可再生能源发展目标：将欧盟可再生能源占总能源消耗的比例从 1997 年的 6% 提高到 2010 年的 12%，将使用可再生能源作为原料的发电量从 1997 年的 14.3% 提高到 2010 年的 23.5%。白皮书还提出了各种可再生能源（包括风能、水能、太阳能、生物质能、地热能）的具体发展目标，并且指出生物质能是最有潜力的可再生能源；风能是第二有潜力的可再生能源；太阳能的潜力也比较大；而光电、地热和水能的发展潜力较小（虽然水能是第二大可再生能源，但是进一步发展的前景较小）。白皮书对实现这些目标的成本和收益做了评估：在成本方面，从 1997 到 2010 年的总投资预计为 1650 亿欧洲货币单位，净投资预计是 950 亿欧洲货币单位；在收益方面，将会创造 50 万—90 万个工作岗位；从 1997 年到 2010 年，节省共计 210 亿欧洲货币单位的燃料成本，到 2010 年一年就可节省 30 亿欧洲货币单位的燃料成本；降低 17.4% 的燃料进口；每年减少 4.02 亿吨 CO_2 排放。促进可再生能源的行动计划主要涉及内部市场措施、加强共同体的相关政策、加强成员国之间的合作和

① Commission of the European Communities, Proposal for a Council Decision concerning a multiannual programme for the promotion of renewable energy sources in the Community(ALTENER II), COM (97) 87 final, March 12, 1997.

② 《能源部门措施的多年度框架计划》，2000 年生效。

③ Commission of the European Communities, Re-examined proposal for a Council Decision concerning a multiannual programme for the promotion of renewable energy sources in the Community-ALTENER II, COM(98) 301 final, May 5, 1998.

支持性措施。①

（五）分析总结

在 1990 年至 2000 年这 10 年间，气候变化问题得到了欧委会的高度关注，但是实现欧盟全面系统和大幅度的减排以及将 CO_2 减排指标在各成员国中进行分配仍然存在一定的困难，究其原因，有以下 4 个方面：第一，气候变化对部门和地区影响的因果关系仍存在科学不确定性；第二，由于经济发展水平、人均 CO_2 排放量和能源结构与需求的不同，在成员国间公平地实施减排措施存在一定难度；第三，一些成员国担心失去更多主权；第四，传统能源行业的反对。② 因此，这一时期欧盟发展低碳经济的重点是提高能源效率和发展可再生能源，这是因为其相关政策不容易遭受成员国反对，同时能够实现降低温室气体排放和增强能源供给安全的目标。

三、发展阶段——多项政策并举、全面发展低碳经济（2000—2010 年）

2000 年之后，欧盟启动了一系列应对气候变化、降低温室气体排放、提高能源效率和发展可再生能源的政策措施，标志着欧盟全面系统地展开了低碳经济的发展。

（一）应对气候变化的长期政策框架

欧盟目前已经形成了欧盟整体应对气候变化的长期可行政策框架，这些政策以 2000 年出台的欧盟气候变化计划（ECCP）为基础，主张用实际行动来防止未来平均温度升高超过 2℃。

1. 欧盟气候变化计划（ECCP）

2000 年，为了实现在《京都议定书》中承诺的温室气体减排目标，欧盟启动了《欧盟气候变化计划》（European Climate Change Programme，ECCP），标志着欧盟实施气候变化战略、发展低碳经济的全面开始。该

① European Commission, Communication from the Commission, Energy for the future: renewable sources of energy, White Paper for a Community Strategy and Action Plan, COM(97) 599 final, 26/11/1997.

② 傅聪：《欧盟应对气候变化治理研究》，中国社会科学院研究生院博士学位论文，2010 年 7 月，第 33 页。

计划指出过去的年份中欧盟的温室气体排放量实际上是增加的，如果不加强减排措施，在一切照旧的情景（Business-as-usual-scenario）下，欧盟很可能是增加6%—8%的温室气体排放，而不是减少8%（相对于1990年的水平）。[①] 该计划确定和实施了约30项措施，包括建立欧盟碳排放交易系统（EU emissions trading scheme，EU ETS），[②] 促进利用可再生能源发电指令、促进生物燃料运输指令（Directive on promoting biofuels for transport）等。[③]

ECCP计划分为两个阶段，从2000年到2004年是第一阶段，由ECCP筹划指导委员会协调，设了11个工作小组，负责11个方面的降低温室气体排放的政策事宜，包括排放交易机制、联合履约和清洁发展（Joint Implementation and Clean Development）、能源供应、能源需求、终端设备和工业流程的能源效率、交通、工业、研究、农业、农业土壤碳汇以及森林碳汇。每个工作组均基于"成本——效益"的研究方法确定减排的潜力和可供选择的措施，同时将其他相关政策的影响考虑在内。[④]

2005年10月，欧盟启动了第二阶段的欧洲气候变化计划（ECCP II），ECCP II计划在与欧盟"里斯本战略"的目标——促进经济增长和创造就业——相协调的前提下继续探索基于"成本——效益"研究方法的降低温室气体排放的有效措施。ECCP II计划的首要任务是支持第一阶段ECCP计划制定的重点措施的实际执行，同时合并和新增了一些降低温室气体排放的事宜，由6个工作组负责，内容涉及以下6个方面：ECCP I阶段回顾（分为交通、能源供应、能源需求、非二氧化碳气体和农业5个子工作组负责），碳捕获和储存、轻型车辆的CO_2排放、航空的温室气体

① Commission of the European Communities, Communication from the Commission to the Council and the European Parliament on EU policies and measures to reduce greenhouse gas emissions: towards a European Climate Change Programme (ECCP), COM(2000) 88 final.

② 欧盟碳排放交易系统（EU Emissions Trading Scheme，简称EU ETS）是ECCP计划提出的最关键、最具有创新性的措施，将在下一章详细论述。

③ http://www.euractiv.com/en/climate-environment/eu-climate-change-policies-linksdossier-188215.

④ http://ec.europa.eu/clima/policies/eccp/first_en.htm.

排放、气候变化影响的适应措施。①

2. “里斯本战略”

步入21世纪后，欧盟开始制定中长期发展战略，欧盟发展战略的时间跨度为10年。2000年，欧盟通过了首份10年经济发展规划，即“里斯本战略”，这是引领欧盟经济发展的纲领性文件。

里斯本战略的提出是为了应对全球化和老龄化的挑战，②内容主要包括经济和社会两方面，总体目标是使欧盟成为世界上最有活力和竞争力的以知识为基础的经济体，能够在提供更多、更好的就业和增强社会凝聚力的基础上实现可持续的经济增长，具体指标是实现年均经济增长3%，在2010年使就业率从2000年的61%提高到70%，女性就业率从2000年的51%提高到60%，研究和开发资金占GDP的比例从2000年的1.82%提高到3%。③

2001年6月在哥德堡召开的欧盟理事会为里斯本战略增加了环境方面的内容，指出欧盟要正确处理经济、社会和环境的关系，制定的相关政策要使经济、社会和环境能够相互促进，协调发展。可持续发展会带来技术创新和投资的新浪潮，从而促进增长和就业。欧盟理事会鼓励能源、交通等部门广泛采用新的环境友好型技术，强调经济增长与资源使用脱钩的重要性，指出4个优先发展领域是气候变化、交通、公众健康和自然资源。④

前5年里斯本战略实施的效果较差，⑤于是欧盟决定对里斯本战略进行调整，2005年出台了《为增长和就业共同努力：重启里斯本战略》的报告，该报告把重点放在经济增长与就业上，同时强调经济、社会、环境三个目标。该战略指出资源和环境的挑战若不加以遏制，会成为欧盟未来经济增长的障碍，欧盟必须应对该挑战，支持资源的可持续使用，促进生

① http://ec.europa.eu/clima/policies/eccp/second_en.htm.

② European commission, “Lisbon Strategy evaluation document”, Brussels, February 2, 2010, SEC (2010) 114 final.

③ Lisbon European Council 23 and 24 March 2000, “Presidency conclusions”.

④ Göteborg European Council, “Presidency Conclusions”, 15 and 16 June 2001.

⑤ “A new start for the Lisbon Strategy”, Brussels, February 2, 2005, MEMO/05/34, P1.

态创新，特别是交通和能源部门的生态创新，发展环境技术，利用低碳技术，使欧盟成为世界向更可持续的生产和消费方式转变的引领者。①

重启的“里斯本战略”以三年为一个实施期，第一个三年规划实施效果较好，欧盟经济增长率从 2005 年的 1.8% 上升到 2007 年的 2.9%，新增了 650 万个就业岗位，就业率达到 66%。欧盟决定把第二个三年规划的重点定为知识创新、商业环境改善、劳动力市场改革以及能源和气候变化这 4 个优先发展领域。2007 年春季召开的欧盟理事会指出欧盟要实现向低碳经济的转型，保障安全、可持续和有竞争力的能源供给，到 2020 年实现降低温室气体排放，提高能源使用效率和促进可再生能源使用的目标。② 受金融危机和经济周期影响，到 2010 年欧盟并未达到里斯本战略的主要目标。

3. 欧盟可持续发展战略

2001 年 5 月 15 日，欧委会出台了《为了世界更美好，实现可持续发展的欧洲：欧盟可持续发展战略》的政策文件，指出欧洲面临的 6 大可持续发展威胁之首是全球气候变暖，要减缓气候变化和增加清洁能源的使用。欧盟的总体目标有两个：第一，在完成《京都议定书》承诺目标的基础上，努力实现平均每年降低温室气体排放 1% 的目标（相对于 1990 年的水平），直到 2020 年。第二，坚决要求其他主要工业化国家履行京都议定书的承诺。欧盟将采取措施实现以上目标，具体涉及以下 6 个方面：（1）在 2002 年之前，采用能源生产税指令；（2）在 2010 年之前，逐步取消化石燃料生产和消费的补贴；（3）基于 ECCP 计划的温室气体减排措施；（4）在 2010 年之前使替代燃料（包括生物燃料）至少占汽车和卡车燃料消费的 7%，2020 年至少达到 20%。（5）降低能源需求的清洁行动；（6）

---

① Communication from President Barroso in agreement with Vice-President Verheugen, “Working together for growth and jobs: A new start for the Lisbon Strategy”, Brussels, February 2, 2005, COM(2005) 24 final.

② Commission of the European Communication, “Strategic report on the renewed Lisbon strategy for growth and jobs: launching the new cycle (2008-2010)”, Brussels, December 11, 2007,COM(2007) 803 final.

支持清洁能源和可再生能源以及安全核能的研究、开发和技术推广。①

4."20/20/20"气候能源目标

2007年1月10日，欧委会向欧盟理事会和欧洲议会提交了《欧洲能源政策》和《将全球气候变化限制在2℃以内——通向2020年及之后的路径》的通告。《欧洲能源政策》通告提出了欧洲能源政策的三大要点是：应对气候变化、降低欧盟对外部烃类原料进口的外部脆弱性、促进增长和就业，并提出了欧盟降低温室气体排放的目标：到2020年，将温室气体排放量在1990年的基础上至少削减20%（若其他发达国家相应减排，发展中国家也根据其责任和能力全力减排，欧盟的减排目标则为30%）；到2050年，温室气体排放要比1990年减少60%—80%。②《将全球气候变化限制在2℃以内——通向2020年及之后的路径》通告提出，到2020年，将欧盟的可再生能源在最终能源消费中的比例提高到20%，将能源利用效率提高20%，发展安全可靠的碳捕获和储存政策。③以上三个2020年要实现的20%的目标构成了欧盟的"20/20/20"气候能源目标。

（二）能源政策

1. 能源领域的综合政策

2000年11月29日，欧委会公布了《迈向欧洲能源供给安全战略》绿皮书，指出欧盟50%的能源需求依赖进口，如不采取措施，在未来20—30年将达70%，会使欧盟面临能源供应、经济、社会和环境上的风险，因此欧盟要采取措施实现可持续的能源发展：在能源需求方面，绿皮书呼吁消费行为的真正改变，强调通过税收措施实现有利于环境保护的有节制的消费需求；在能源供给方面，首要任务是应对全球气候变暖，发展

---

① Commission of the European Communication, COMMUNICATION FROM THE COMMISSION. A Sustainable Europe for a BetterWorld: A European Union Strategy for Sustainable Development, COM(2001) 264 final.

② Commission of the European communities, "An energy policy for Europe", Brussels, 10/1/2007, COM(2007) 1 final, P5.

③ Commission of the European communities, Limiting Global Climate Change to 2 degrees Celsius-The way ahead for 2020 and beyond, Brussels, 10/1/2007, COM(2007) 2 final.

新能源和可再生能源。[①]

2006 年，欧盟发布了《欧洲可持续、有竞争力和安全的能源战略》绿皮书，该绿皮书是欧盟能源政策发展的一个里程碑。绿皮书指出如果欧洲要实现其经济、社会和环境目标，就必须解决诸如严重依赖能源进口、油气价格上涨、气候变化、能源需求增加等与能源相关的问题。欧盟必须发挥其作为世界第二大能源市场地位和世界能源需求管理引领者的作用，促进可再生能源的发展。绿皮书提出了欧盟能源政策的三大目标，即可持续、竞争力和供给安全。可持续性指积极通过促进可再生能源发展和提高能源效率以应对气候变化；竞争力指通过建立一个真正的有竞争力的内部能源市场来提高欧洲能源电网（Energy Networks）的效率；供应安全指在国际范围内更好地协调欧盟的能源供给和需求。[②]

2. 提高能源效率政策

2000 年 4 月 26 日，欧盟出台了《欧共体提高能源效率行动计划》。该计划指出欧盟至少存在能效提高 18% 的经济潜能，这项潜能没有发挥的主要原因是市场障碍阻碍了相关技术的扩散。如果欧盟的能源强度（Energy intensity）能够每年提高 1%，那么到 2010 年欧盟就能实现该潜能的 2/3，这将减少 1 亿吨油当量（100Mtoe）的能源消费，每年减少 1 亿吨 CO_2 排放，实现《京都议定书》40% 的目标。该计划提出三项提高能效的机制：（1）将提高能源效率的措施融入其他欧盟非能源的政策和项目中。（2）加强现行成功的共同体能源政策措施。（3）新的共同和协调政策和措施。[③] 同年欧盟理事会通过决议，将 SAVE II 纳入《1998—2002 共同体能源领域行动框架计划》，预算为 6600 万欧洲货币单位，相当于

---

① Commission of the European Communication, Green Paper-Towards a European Strategy for Energy Supply Security, COM(2000) 769 final, November 29, 2000.

② Commission Green Paper of 8 March 2006: "A European strategy for sustainable, competitive and secure energy", COM(2006) 105 final.

③ Commission of the European Communication, Communication from the Commission to the Council, theEuropean Parliament, the Economic and Social Committee and the Committee of the Regions. Action Plan to Improve Energy Efficiency in the European Community, Brussels, 26/04/2000, COM(2000) 247 final.

延长了 SAVE II 计划的实施期，行动领域与 SAVE II 计划相同。[①]

2005 年，欧委会发布《能源效率绿皮书：用更少的资源做更多的事》，指出尽管没有高油价的困扰，欧盟仍然需要采取高强度的措施提高能源利用效率，这主要是出于三点考虑：(1) 竞争力的提高和里斯本战略的要求；(2) 环境保护和欧盟在《京都议定书》中的承诺；(3) 能源供给安全。欧盟至少存在节能 20% 的潜力，如果能够实现的话，每年能够节约 600 亿欧元。《能源效率绿皮书》总结了欧盟提高能源效率的障碍，包括：缺乏有效的金融支持、价格体系不能反映产品的相关能源价值、节能知识宣传培训不够等，并从欧盟、欧盟成员国、工业部门、交通部门、区域、对外战略 6 个方面提出了欧洲需采取的具体行动计划，包括：促进节能技术的研究和扩散、更好地发挥税收调节的作用、政府采购时注重采购节能的环保产品，加强金融支持，提高建筑、家电、机动车的节能，优化电网，加强能源效率方面的国际合作等。[②]

2006 年 10 月 19 日，欧委会公布了《能源效率行动计划：实现潜能》的通告，该计划以《能源效率绿皮书》为基础，进一步指出实现节能 20% 的潜力相当于节省 3.9 亿吨油当量（390Mtoe），能够减少 7.8 亿吨（780Mt）CO_2 排放量，是《京都议定书》2012 年欧盟减排目标的 2 倍。行动计划旨在动员公众、各级政府决策者和市场主体改变内部能源市场，使之成为能够为欧盟公民提供世界上能效最高的基础设施、建筑、电器、工艺、交通手段和能源系统的市场。该计划提出了欧盟 10 大优先行动，包括机械设备标签和最小化能源实施标准、建筑实施要求和低能源建筑、使电能的生产和传输更有效率、汽车燃料节能、对中小企业和能源服务企业提高能源效率投资的金融支持、促进欧盟新成员国能效的提高、税收的

① European Parliament and the Council, Council Decision No 647/2000/EC of the European Parliament and of the Council of 28 February 2000 adopting a multiannual programme for the promotion of energy efficiency(SAVE), (1998 to 2002), OJ L 79, 30/03/2001.

② European Commission, "Doing More with Less: Green Paper on energy efficiency", 2005.

协调使用、提高节能意识、城市建成区的节能、促进世界共同节能。[①]

3. 发展可再生能源政策

2000年，欧盟启动了可再生能源起飞行动（2000—2003年），旨在落实《未来的能源：可再生能源》白皮书（1997年）提出的2010年欧盟的可再生能源提高到12%的阶段目标，即到2003年完成总目标的15%—25%。起飞行动侧重太阳能、风能和生物能三个部门，并且对这三个部门确定了量化指标：（1）100万套光伏系统；（2）1500万平方米太阳能集热器；（3）1万兆瓦风力涡轮发电器；（4）1万兆瓦的生物质能热电联供设施；（5）100万套由生物质能供热的住宅；（6）1000兆瓦的生物沼气设施；（7）500万吨液体生物燃料；（8）100个100%依靠可再生能源供能的社区。[②]

2005年，欧委会发起了"可持续能源欧洲（2005—2008年）——提高能源意识和改变能源状况运动"，该运动的目标有四个：（1）提高地方、地区、国家和欧盟层面决策者的可持续能源意识；（2）推广最优做法；（3）确保公众对可持续能源的认识、理解和支持；（4）促进私人对可持续能源技术的投资。该运动主要支持和促进9个领域的行动，分别是促进地区、城市、岛屿和农村的可持续能源社区建设、实现社区100%的可再生能源供应、交通可持续能源建设、建筑可持续能源建设、照明系统和电器的可持续能源建设；与发展中国家的可持续能源合作、可持续能源推广和交流活动。[③]

2007年1月10日，欧委会向欧盟理事会和欧洲议会提交了《可再生能源路线图——21世纪的可再生能源：创造更加可持续的未来》的通告，指出欧盟和世界都走在未来能源的十字路口，气候变化、化石能源的严重依赖、能源成本的不断提升使得欧盟的社会和经济更加脆弱，因此欧

---

① Commission of the European Communication, Action Plan for Energy Efficiency: Realizing the Potential, COM(2006) 545 final, Brussels, 19/10/2006.

② 冯建中著：《欧盟能源战略——走向低碳经济》，时事出版社2010年版，第133—134页。

③ European Commission, Sustainable Energy Europe Campaign 2005-2008——A European campaign to raise awareness and change the landscape of energy.

盟要调整能源结构，发展可再生能源。该文件建议将“欧盟可再生能源在 2020 年的比例提高到 20%”定为有法律约束的目标（其中生物燃料在交通汽油和柴油消费总量中的比例达到 10%）。并提出了实现这一目标的原则和路径。原则主要有以下 7 点：(1) 制定长期强制性目标和保持政策框架的稳定性；(2) 增强各部门制定目标的灵活性；(3) 确保全面性，尤其要覆盖供暖和制冷；(4) 消除可再生能源推广中存在的障碍；(5) 考虑环境和社会因素；(6) 确保政策符合成本效益原则；(7) 和统一能源市场相协调。路径包括欧盟立法、成员国制定目标和行动计划、实施欧洲战略能源技术计划（European Strategic Energy Technology Plan，SET-Plan）、生物质能行动计划（Biomass Action Plan）、欧洲明智能源（Intelligent Energy for Europe）等 10 余项。①

2008 年，欧盟公布了“气候变化和可再生能源一揽子执行措施”，该执行措施确定了各成员国的减排目标和可再生能源在最终能源中的比例（见表 2.1）。同年，欧盟排放贸易机制（EU ETS）已经覆盖了欧盟（27 国）40% 的温室气体排放量，未包含在 EU ETS 部门的温室气体排放量主要涉及交通、建筑、服务、农业和废弃物等部门。②

表 2.1 具有法律约束的欧盟成员国 2020 年温室气体减排目标一览表

欧盟成员国	未包含在欧盟排放贸易机制内的部门相对于 2005 年③的减排目标	可再生能源在最终能源中的比重
DK 丹麦	-20%	30%
IE 爱尔兰	-20%	16%
LU 卢森堡	-20%	11%

① Commission of the European Communication, Renewable Energy Road Map——Renewable energies in the 21st century: building a more sustainable future, Brussels, 10/1/2007, COM(2006) 848 final.

② Package of Implementation measures for the EU' s objectives on Climate Change and Renewable Energy for 2020, http://ec.europa.eu/energy/climate_actions/doc/2008_res_ia_en.pdf.

③ 选择 2005 年作为基期的原因：首先，欧盟在温室气体排放的影响评估中，2005 年已经被用作基准年，继续以 2005 年作为基期为以后的计算和比较带来方便。其次，所有的温室气体减排目标要在 EU ETS 和未包含在 EU ETS 的部门中分配，只有 2005 年的 EU ETS 和欧盟成员国的温室气体排放的数据是可获得和可核实的，因此选择 2005 年作为基期。

续表

SE 瑞典	-17%	49%
AT 奥地利	-16%	34%
FI 芬兰	-16%	38%
NL 荷兰	-16%	14%
UK 英国	-16%	15%
BE 比利时	-15%	13%
FR 法国	-14%	23%
DE 德国	-14%	18%
IT 意大利	-13%	17%
ES 西班牙	-10%	20%
CY 塞浦路斯	-5%	13%
EL 希腊	-4%	18%
PT 葡萄牙	1%	31%
SI 斯洛文尼亚	4%	25%
MT 马耳他	5%	10%
CZ 捷克	9%	13%
HU 匈牙利	10%	13%
EE 爱沙尼亚	11%	25%
SK 斯洛伐克	13%	14%
PL 波兰	14%	15%
LT 立陶宛	15%	23%
LV 拉脱维亚	17%	42%
RO 罗马尼亚	19%	24%
BG 保加利亚	20%	16%

资料来源：Package of Implementation measures for the EU's objectives on Climate Change and Renewable Energy for 2020, P21.

注：用黑体字标出的国家为原欧盟 15 国。

由表 1 可以看出原欧盟 15 国的减排力度较大，在欧盟排放贸易机制以外，除了葡萄牙可以增加 1% 的碳排放量，其他国家均需降低温室气体排放；而对于新入盟的 12 国除了塞浦路斯要减排 5% 以外，其他国家可以适当增加温室气体的排放。欧盟做出上述制度安排一方面是为了照顾经济欠发达国家的经济发展；另一方面是因为新欧盟12国温室气体排放量所占比重较小。2008年，原欧盟15国的温室气体排放量为39.70473亿吨二氧化碳当量，[①] 占了欧盟温室气体排放总量的80.38%，而新欧盟12国仅占19.62%。

（三）分析总结

2000年至2010年，欧盟提出和启动了一系列关于低碳经济发展的目标和政策，其主要特点有以下两点：第一，目标的多样性。欧盟发展低碳经济的目标包括应对气候变化、保障能源供给安全、提高研发水平、促进经济增长和就业以及应对金融危机等。这使得欧盟低碳经济的发展已经不仅仅是一个环保议题，而是涉及欧盟能源和经济结构转型、实现长远可持续发展的重大战略举措。因此低碳经济对于欧盟未来发展的意义重大，欧盟也赋予了低碳经济发展更多的任务。第二，多种政策之间相互交叉、关联和结合，共同构成了欧盟发展低碳经济的战略框架。正是因为欧盟发展低碳经济目标的多样性，使得实现这些目标不可能仅仅采用单一的政策工具，因此欧盟采取了多个领域的政策。从总体上可以归纳为两大类：一类是关于低碳经济发展的目标政策，主要涉及欧盟的环境政策和能源政策，这些政策在这一章已经进行了详细的梳理。另一类是关于低碳经济发展的促进政策，主要是关于技术改进和制度创新，例如，碳税、温室气体排放贸易机制（ETS），这些政策将在下一章展开全面深入的研究和分析。

第三节　欧盟成员国发展低碳经济的历程

欧盟成员国与欧盟发展低碳经济的历程类似，最初都是基于保障能源供给安全的考虑制定了一系列提高能源效率和改善能源结构的目标和政策，后来随着气候变化问题的日益严峻，应对气候变化、降低温室气体排放的目标逐步提上日程，最终形成了应对气候变化、保障能源供给安全、

① 数据来源：Eurostat 数据库，Weighted emissions of greenhouse gases (ten00072), http://epp.eurostat.ec.europa.eu/portal/page/portal/climate_change/data/main_tables.

促进经济增长和就业的多目标战略和政策框架。由于欧盟成员国较多，每个国家低碳经济发展的情况不同，很难面面俱到逐个分析，因此本书以在低碳经济领域较为先进的欧盟成员国为例进行探讨。本书将重点对英、法、德、意4个国家发展低碳经济的历程进行梳理和分析，选择这4个国家作为欧盟的代表有两个主要原因。第一，这4个国家在低碳经济发展领域走在欧盟前列。第二，这4个国家是欧盟27国中温室气体排放量最大的国家，其减排措施和效果对欧盟的温室气体排放总量影响较大。2008年欧盟（27国）的温室气体排放量为49.39738亿吨二氧化碳当量，英国为6.28206亿吨二氧化碳当量，德国为9.58061亿吨二氧化碳当量，法国为5.27026亿吨二氧化碳当量，意大利为5.41485亿吨二氧化碳当量，分别占欧盟整体温室气体排放总量的12.7%、19.4%、10.67%、10.96%。英法德意4国的温室气体排放量之和为26.54788亿吨二氧化碳当量，占了欧盟温室气体排放总量的53.74%。

一、英国

英国最早提出了低碳经济的概念，也是最早实践低碳经济发展的国家之一。如果说欧盟是世界低碳经济的领导者，那么英国就是欧盟发展低碳经济的“领头羊”。

英国发展低碳经济的历程可以追溯到20世纪80年代撒切尔夫人对能源行业实施的两大举措。其一，由于北海油田的发现和煤矿企业的效率低下，撒切尔夫人决定关闭大量煤矿。英国的煤产量从1988年的8400万吨降到了1995年的3500万吨，之后又下降了一半。英国实现了能源结构从以煤为主向以石油和天然气为主的转变，由于石油和天然气的碳排放系数[①]小于煤的碳排放系数，因此这项举措大大降低了英国的温室气体排放量，其贡献率为20%。其二，撒切尔夫人决定对大型国有能源垄断企业进行私有化改造，大大提高了这些企业的能源利用效率，对降低温室

① 碳排放系数是指每一种能源燃烧或使用过程中单位能源所产生的碳排放数量。一般在使用过程中，根据IPCC的假定，可以认为某种能源的碳排放系数是不变的。国际能源机构（1EA）的测算结果表明，煤炭、石油和天然气的碳排放系数分别为0.702、0.478和0.389。

气体排放量的贡献率为 40%。[①]

2000 年，英国政府发布了《英国气候变化规划》(UK Climate Change Programme)，引入了气候变化税、气候变化协议、英国碳排放贸易机制、可再生能源强制条例、能源效率承诺和交通部门 10 年规划等多项降低温室气体排放的政策措施。[②]

2003 年 2 月，英国政府发布了《我们能源的未来：创建低碳经济》白皮书[③]，提出了低碳经济的概念和英国的减排目标，即到 2010 年降低 20% 的二氧化碳排放量；到 2050 年降低 60% 的二氧化碳排放量，实现向低碳经济国家的转变。

为了实现《能源白皮书》的目标，2006 年英国更新了《气候变化规划》，制定了详细的减排措施，主要包括以下 12 项：(1) 与世界银行和其他多边开发银行合作促进可再生能源的投资；(2) 欧盟排放贸易机制第二阶段的国家分配计划；(3) 与汽车制造商合作提高燃油效率；(4) 提高建筑规程；(5) 建立一个新的额度为 2000 万英镑的周转性贷款基金，通过清洁能源投资框架 (Clean Energy Investment Framework) 支持有关能效提高、可再生能源和适应气候变化的项目；(6) 采用提供信息和气候变化税 (climate change levy) 的手段促进工业提高能源效率；(7) 发展热电联产 (CHP)；(8) 对 25 万个家庭安装隔热层提供补贴；(9) 发起一项提高消费者对能源效率需求的倡议；(10) 提供更多产品的能源效率信息和管理能源使用产品指令的生态设计 (Eco-design of Energy Using Products Directive)；(11) 提高能源的计量和计费；(12) 继续履行能源效率承诺，开展为低收入家庭提供能源效率措施的“暖风和宜居”计划 (Warm Front and Decent Homes programme)。

2007 年 5 月 23 日，英国政府发布了新版《能源白皮书》，为了向低

---

① [英] 安东尼·吉登斯著，曹荣湘译：《气候变化的政治》，社会科学文献出版社 2009 年版，第 91—92 页。

② 庄贵阳著：《低碳经济：气候变化背景下中国的发展之路》，气象出版社 2007 年版，第 104 页。

③ UK, Energy white paper, Our energy future-creating a low carbon economy, http://www.dti.gov.uk/files/file10719.pdf.

碳社会转型，英国将采取以下措施降低温室气体排放：(1) 扩大能源效率承诺（Energy Efficiency Commitment，EEC）计划，制定2008年至2011年的减排新目标；(2) 对大型商业机构制定“碳减排承诺”强制性法规以减少其排放量；(3) 加强能源监测，促进针对企业和个人的节能信息传播；(4) 能源法案（Energy bills）必须包括与上一年的分季度能源对照表。

2008年11月26日，英国政府通过了《气候变化法案2008》（Climate Change Act 2008），要求英国政府到2020年降低34%的温室气体排放，到2050年降低80%的温室气体排放（相对于1990年的基期水平）。该法案将通过建立有法律约束的目标、创建碳预算体系和成立气候变化委员会三项措施帮助英国实现向低碳经济的转型和提高“碳”管理水平。[①]2008年，英国还通过了《能源法》（Energy Act），其主要目的是发展和推广可再生能源。

2009年7月，英国发布了《英国低碳转换计划》（UK Low Carbon Transition Plan），其目的是为了实现2020年降低34%的温室气体排放。该计划旨在完成以下6个目标：(1) 创造120万个绿色就业机会；(2) 对700户家庭实行节能改造；(3) 实现超过150万个家庭能够自我利用可再生能源的目标；(4) 实现40%的电力来自可再生能源、核能和清洁煤；(5) 汽油进口量比“一切照旧”情景下减少50%；(6) 减少40%来自新车的二氧化碳排放量。

目前，英国已经形成了以市场为基础，以政府为主导，以企业、公共部门和居民为主体的互动减排体系，在低碳技术研发推广、政策创新和执行等方面都走在世界前列。[②]

英国的温室气体减排目标更是显示出了英国发展低碳经济的决心和信心。欧盟15国在《京都议定书》第一承诺期（2008年至2012年）的减排目标是将温室气体排放量减少8%（相对于1990年的水平），英国在

① http://www.lowcarboneconomy.com/Low_Carbon_World/Data/Country/FromMap/232/PolicySummary.

② 何毅亭著、陶良虎编：《中国低碳经济：面向未来的绿色产业革命》，研究出版社2010年版，第57页。

欧盟内部的“减排分担协议”（The burden sharing agreement of the EU）中承诺减排 12.5%。截止到 2009 年，英国已经降低了 21% 的温室气体排放。而英国降低温室气体排放的主要目标有以下 8 个：（1）2008 年至 2012 年，降低温室气体排放量 22%；2013 年至 2017 年，降低 28%；2018 年至 2022 年，降低 34%（均相对于 1990 年的基期水平）。（2）2020 年，降低温室气体排放量 34%，2050 年降低 80%（均相对于 1990 年的基期水平）。（3）2016 年，所有新建房屋实现零碳排放。（4）2010 年，英国政府实现“碳中性”。（5）2020 年，超过 150 万户居民能够生产自己的可再生能源。（6）2020 年，40% 的电力供应来自可再生能源、核能和清洁煤能源。（7）2020 年，汽油进口量比“一切照旧”情景下的进口量减少 50%。（8）2020 年，减少 40% 来自新车的二氧化碳排放量。①

二、德国

德国是绿色运动的发源地，也是环境保护的领跑者。从 20 世纪 80 年代中期开始，德国各党派就在降低温室气体排放方面达成了一致意见。1984 年德国议会委员会发布了报告《地球大气层的保护》（Protection of the Earth’s Atmosphere），呼吁进行实质性减排。②1990 年两德合并导致东德许多高耗能企业倒闭，使德国整体温室气体排放量有了大幅度的减少，这为德国未来完成温室气体减排目标、进一步发展低碳经济创造了契机。

为了应对气候变化、减低温室气体排放，德国在 2000 年制定了《国家气候保护计划》（National Climate Protection Programme）。2002 年 5 月 31 日，德国批准了《京都议定书》，在欧盟内部的“减排分担协议”中德国承诺在 2008—2012 年间减排 21%（相对于 1990 年的水平）。为了实现该目标，德国在 2005 年更新了气候保护计划，减排重点定为交通部门

① http://www.lowcarboneconomy.com/Low_Carbon_World/Data/Country/United_Kingdom/232.

② ［英］安东尼·吉登斯著，曹荣湘译：《气候变化的政治》，社会科学文献出版社 2009 年版，第 87 页。

和家庭。

德国的能源政策力求提高能源利用效率和促进可再生能源的发展。在提高能效方面主要有以下措施：（1）鼓励企业实行现代化能源管理。德国规定企业是否享受税收优惠与是否企业实行现代化能源管理挂钩。为了提高中小企业的能源效率，2008 年 1 月德国联邦经济技术部（Federal Ministry of Economics and Technology，BMWi）与德国复兴信贷银行（KfW bank）建立节能专项基金，为中小企业接受节能咨询指导和采取节能措施提供资金。（2）推广热电联产技术。德国政府制定了《热电联产法》（2002 年 4 月生效），规定了以热电联产技术生产出来的电能获得补贴额度，例如 2005 年年底前更新的热电联产设备生产的电能，每千瓦·时可获补贴 1.65 欧分。（3）建筑节能改造。德国政府计划每年拨款 7 亿欧元用于现有民用建筑的节能改造，另外还有 2 亿欧元用于地方设施改造，目的是充分挖掘建筑及公共设施的节能潜力。①

在可再生能源发展方面，德国制定了一系列法案支持各种可再生能源的发展。其中最重要的是在 2004 年实行并在 2009 年修订的《可再生能源法案》（Renewable Energy Sources Act，EEG），该法案的主要目标是：到 2010 年将可再生能源在电力供应中的比例提高到 12.5% 以上，到 2020 年提高到 20% 以上。② 德国还制定了《可再生能源发电并网法》，对可再生能源发电的并网与价格提供保护，鼓励沼气能的发展；制定了《可再生能源供暖法》，促进可再生能源用于供暖；制定了《热电联产法》，积极推广热电联产技术，规定了以热电联产技术生产的电能获得补贴。另外，德国国内要求重新发展核电的呼声渐高。③

2007 年，德国政府内阁开始实施综合气候变化与能源计划（Integrated Climate Change and Energy Programme），目的是增强能源供给安全、提高经济效率和环境保护，量化目标是在 2020 年削减温室气体排放

---

① 邢继俊、黄栋、赵刚编：《低碳经济报告》，电子工业出版社 2010 年版，第 51—55 页。

② http://www.lowcarboneconomy.com/Low_Carbon_World/Data/Country/FromMap/81/PolicySummary.

③ 徐汉国、杨国安著：《绿色转身——中国低碳发展》，中国电力出版社 2010 年版，第 15 页。

40%（相对于 1990 年的水平）。该计划涉及众多议题，包括热电联产、发展可再生能源，碳捕获和储存（CCS）技术，精确测量和现代能源管理。

德国已经在 2007 年完成了《京都议定书》第一承诺期的减排分担目标（减排 21%）。德国发展低碳经济的主要目标有以下 8 个：（1）2008 年至 2012 年，降低温室气体排放量 21%（相对于 1990 年的基期水平）。（2）2020 年，降低温室气体排放量 40%。（3）未来家庭实现节能 30%。（4）2020 年，将房屋供暖采用可再生能源的比例提高到 14%。（5）到 2020 年，电力供应来自可再生能源的比例至少达到 20%。（6）使热电联产产生的电能提高 2 倍，达到总电能供给的 25%。（7）生物燃料占发动机燃料的比例达到 5.75%。（8）工业部门降低 35% 的二氧化碳排放量（相对于 1990 年的基期水平）。①

三、法国

尽管法国人均温室气体排放量比欧洲平均水平低 21%，但法国仍然积极采取措施减少温室气体排放和推动全球应对气候变化的进程。1989 年 3 月，在法国、西班牙、荷兰三国倡导下，第一次在海牙召开了有 80 个国家参加的关于全球气候变化的国际会议。②

2000 年 1 月，法国政府推出了“国家应对气候变化计划 2000/2010”（National Programme for Tackling Climate Change 2000/2010），措施主要包括以下两项：（1）按照严格的标准对能源和排放征税，措施涵盖农业、交通等部门；（2）通过发展可再生能源降低温室气体排放，建立供暖和隔热层的建筑规范来降低能源的消耗。同年 12 月，法国启动了国家能源效率计划（Programme National d'Amélioration de l'Efficacité Energétique，PNAEE），旨在促进家庭、小企业和地方政府降低能源消费，主要采取了两项措施：（1）能源效率的信息网络建设和保护运动；（2）提高运输业、

---

① http://www.lowcarboneconomy.com/Low_Carbon_World/Data/Country/FromMap/81/PolicySummary.

② 徐汉国、杨国安著：《绿色转身——中国低碳发展》，中国电力出版社 2010 年版，第 15 页。

建筑业和工业的能源效率以及发展可再生能源。

2001年，法国成立了法国环境能源管理署（French Agency for Environment and Energy Management，ADEME），为中小企业投资在提高能效和可再生能源的项目建立了信用体系。

2002年，法国批准了《京都议定书》，在欧盟内部的“减排分担协议”中法国被要求在2008—2012年间的温室气体排放量减少到1990年的水平。为了超过该目标，法国制定了“气候计划2004”（Plan Climate 2004），计划投入9000万欧元以期每年减少7200万吨CO_2排放量（直到2010年）。措施主要包括：（1）降低交通部门的温室气体排放；（2）增加更加清洁的生物燃料的使用；（3）鼓励购买更加节能的电器和房屋；（4）要求在所有能源消费产品上贴上“生态效率”标签，鼓励空调的更加可持续的使用；（5）增加研究项目，特别侧重交通和建筑部门。

2005年，法国出台了“2005能源框架”，主要制定了以下6项能源政策：（1）鼓励提高能源效率的白色认证计划（White Certificate Program）；（2）支持区域和市政的能源管理项目；（3）针对学生和消费者的节能宣传倡议；（4）鼓励可再生能源生产的财政支持计划；（5）确保电力和天然气充足供应的计划；（6）建立专门管理能源部门的高级能源理事会。

2007年7月，法国政府成立了6个工作组重新定义法国的环境政策，提出了以下建议：（1）在4年投资10亿欧元用于清洁能源，征收生态税以减少温室气体排放；（2）到2020年降低法国20%的能源消费；（3）在2020年，提高可再生能源比例达到20%；（4）使用新的高速铁路和水路代替高速公路运输货物；（5）征收一系列绿色税。

2008年，法国出台了第一个国家能源效率计划（French National Energy Efficiency Action Plan，NEEAP），确定了法国在2020年要实现的4个能源效率方面的目标，制定的主要措施包括建筑、运输、服务和工业部门的需求管理与白色认证方案（White certificate scheme）。

法国发展低碳经济的主要目标有以下7个：（1）2008年至2012年，降低温室气体排放量达到1990年的水平。（2）2020年，降低能源消费

20%。(3) 2008 年至 2016 年，至少节省能源（energy savings）9%。(4) 2015 年，降低能源强度[①]（energy intensity）2%，2030 年降低 2.5%。(5) 2020 年，交通部门降低温室气体排放 20%。(6) 2010 年，可再生能源占能源供给的比例达到 10%，2020 年达到 23%。(7) 2011 年，生物燃料占燃料的比例达到 5.75%。[②]

最后，值得一提的是法国核能的发展。法国缺乏石油、天然气和煤炭这类化石能源，但是铀矿资源丰富，因此法国非常重视核电的开发利用。法国在核电技术方面具有优势，现拥有核电站 58 座，另有 1 座正在诺曼底建设，能源生产和消费主要以核能为主，因此，法国的一次能源碳排放较低。

四、意大利

意大利 80% 以上的能源依靠进口，因此意大利非常注重提高能源效率，促进可再生能源和新能源的开发与利用，同时为了应对气候变化，采取了一系列政策措施促进低碳经济的发展。

意大利在《京都议定书》第一承诺期（2008 年至 2012 年）的减排目标是到 2012 年降低 6.5% 的温室气体排放量（相对于 1990 年的水平）。2005 年 11 月，意大利宣布了“京都议定书履约计划”(Kyoto Protocol Compliance Plan)，制定了总投入为 20 亿欧元的“七年期减排战略”(Seven-year emissions reduction strategy)。该战略将 15 亿欧元用于清洁发展机制（Clean Development Mechanism，CDM）和联合履约机制（Joint Implementation，JI），以期能够实现意大利 60% 的减排目标。

2007 年 6 月，意大利议会环境委员会发布了“气候变化行动计划”(Climate Change Action Plan)，措施包括禁止非节能设备和灯泡的销售、

① 能源强度亦称单位产值能耗，是指一个国家或地区、部门或行业单位产值一定时间内消耗的能源量，通常以吨（或公斤）油当量（或煤当量）/ 美元来表示。一个国家或地区的能源强度，通常以单位国内生产总值耗能量来表示。它反映经济对能源的依赖程度，受一系列因素的影响，包括经济结构、经济体制、技术水平、能源结构、人口等。

② http://www.lowcarboneconomy.com/Low_Carbon_World/Data/Country/FromMap/74/PolicySummary.

提高废物回收利用、用铁路运输船舶货物等。

2007 年 7 月，意大利出台了“国家能效行动计划”（National Energy Efficiency Action Plan），提出了针对工业、住宅和交通部门提高能效的措施，具体包括：用更为节能的产品更换耗能大的旧家电；增加房屋的隔热层；采用能效更高的供暖系统等。

除了《京都议定书》第一承诺期目标，意大利的低碳经济目标还包括：从 2007 年到 2013 年每年增加可再生能源 0.75% 的比例，在 2013 年使可再生能源占总能源供应的比重达到 7.55%；到 2016 年，节省能源 9.6%；在 2010 年，使交通工具达到新的碳排放标准，即每行走 1 千米仅排放 120 克 CO_2。①

五、其他国家

欧盟一些国家（例如荷兰、瑞典和丹麦）的低碳经济发展也是非常先进的，但是由于这些国家面积较小，碳排放量在欧盟整体中所占比例较小，其减排措施对于欧盟整体碳排放量的影响不大，因此本书对这些国家不详细论述，只作简单介绍。

荷兰是应对气候变化问题最为积极的国家之一。荷兰认为《京都议定书》规定的目标远不足以阻止气候变化趋势。根据《京都议定书》，荷兰的目标是到 2012 年温室气体排放量比 1990 年降低 6%。但是，荷兰制定了更为积极的政策《清洁与效率计划》②，该计划提出的主要目标是：（1）2020 年温室气体排放量较 1990 年减少 30%；（2）能源使用效率每年提高 2%；（3）2020 年可再生能源比重达到 20%（高于欧盟制定的 14%）。《计划》的内容涉及所有的部门，考虑到各部门的成本曲线不同，各部门的具体任务取决于该部门的技术能力与成本，以公平有效地分摊任务。其中，建筑环境部门、能源公司、制造业、交通运输业与农业要与荷兰政府就所要实现的目标签订协议。为了达到上述目标，政府将综合运用多种手

① http://www.lowcarboneconomy.com/Low_Carbon_World/Data/Country/Italy/108.

② New Energy for Climate Policy: The ‘Clean and Efficient’ Programme, Available at http://www2.vrom.nl/docs/internationaal/New%20Energy%20for%20Climate%20Policy.pdf.

段，包括：(1) 市场激励，即欧洲排放交易机制（ETS）；(2) 制订标准，对落后部门提出最低要求；(3) 鼓励创新；(4) 临时激励，例如对可再生能源的使用进行补贴；(5) 国际气候与能源外交。

瑞典的环境绩效指数排名位列第一，是有效脱离化石燃料路径依赖走得最远的国家。瑞典最初的低碳经济发展也是出于能源安全的考虑，1973 年 OPEC 石油禁运后，瑞典几个大的地区分别宣布了通过提高分片供暖的保温和散热水平来减少家庭和商业能源消费的计划。随着气候变化等环境问题的日益严重，瑞典提出了到 2020 年成为世界上第一个无石油的经济体的宏伟目标，并制定了主要侧重于减少碳排放的 16 项环境质量目标（包括 72 项临时目标），这些目标的执行由“环境目标委员会”（Environmental Objectives Council）进行监督。瑞典为了实现这些目标，在能源方面大力发展核电、水电和生物质能。开发了 6 座新的核反应堆，使核能占总发电量的比例提高了两倍多；广泛使用产自广大林区的生物燃料和来自于木浆中的生物质能。[①] 在居民生活方面出台了一系列政策措施鼓励国民使用环保型汽车。2006 年财政拨款 3850 万美元发起为期 3 年的“绿色汽车—2 号”计划，推动本国汽车制造商研制环保型汽车；对国民购买清洁燃料车提供税收优惠；在各地加油站出售汽油和乙醇混合燃料，以方便环保型汽车用户。[②]

丹麦低碳经济发展最突出的成就是能源结构的改善。20 世纪 70 年代初的石油危机对丹麦冲击较大，当时丹麦的能源几乎完全依靠石油的进口。1988 年，丹麦制定了能源行动计划，突出可持续发展的原则。在综合考虑农业、运输、能源和环境等协调发展的基础上，制定了多部门参与的行动计划。1990 年以后，丹麦政府相继推出了“能源 2000”和“能源 21”国家计划。政策着眼点包括：提高能源效率，扩大热电联产，用可再生能源和天然气替代煤和石油，鼓励消费者节约能源。经过 30 多年的努力，丹麦优化了本国能源结构，减少了化石燃料的消费量和二氧化碳排

① [英] 安东尼·吉登斯著，曹荣湘译：《气候变化的政治》，社会科学文献出版社 2009 年版。

② 邢继俊、黄栋、赵刚编：《低碳经济报告》，电子工业出版社 2010 年版，第 56 页。

放量，增加了可再生能源的比重。尤其是丹麦的风能发电量已经约占了全部电力消耗的 20%，政府期望这一比例到 2025 年达到 30%。丹麦风产业协会更是提出了雄心勃勃的《“风力 50”计划》，建议到 2025 年丹麦风力发电占全部电力消耗的 50%。[①]

① http://www.lowcarboneconomy.com/Low_Carbon_World/Data/Country/Denmark/59#energy.

第三章　欧盟及其成员国发展低碳经济的政策手段及对产业的影响

第一节　欧盟发展低碳经济的政策手段及对产业的影响

低碳经济的核心是技术创新和制度创新，制度创新又分为强制法律手段和经济手段。低碳经济的强制法律手段可以看成是低碳经济发展的目标政策，关于欧盟这方面的政策已经在上一章详细论述了。低碳经济的技术创新政策和经济手段可以看成是低碳经济发展的促进政策，关于欧盟这方面的政策将在这一章进行全面的分析研究。

一、欧盟发展低碳经济的技术创新政策

欧盟的低碳技术促进政策主要涉及欧盟研究和技术开发框架计划（Framework Programme for Research and Technological Development，FPs，简称“研发框架计划”）和能源技术政策。

（一）欧盟研发框架计划

研发框架计划是欧盟的综合性科技研发政策，涵盖范围最大，包含领域最广。从 1984 年欧共体制定第一个研发框架计划至今，已经出台了多个研发框架计划。在历次框架计划中，能源领域的研究开支都占据了很大的比重，主要用于核能、非核能可再生能源和提高能源效率方面的研究和技术开发。环境保护和可持续发展方面的研发自第二个框架计划

（1987—1990年）提出之后，在欧盟科技政策中的地位不断提高，并且逐渐向应对气候变化方面倾斜。[①]欧盟支持的关于气候变化领域的研究包括以下三个方面：（1）认识、监控和预测气候变化及其影响；（2）分析和评估减缓气候变化和适应气候变化系列政策的效果、成本和收益；（3）促进、展示和推广已经存在的气候友好型技术（Climate-friendly technologies），研究未来可能出现的新技术。[②]

在欧盟第六个框架计划（FP6，2002—2006年）中，有超过20亿欧元的资金用于直接或者间接的气候变化技术研发，其比例超过了总预算（175亿欧元[③]）的10%，另外还有12亿资金用于核能研究，占总资金的6.9%。资金支持的研究项目主要涉及5大领域：（1）政策需求相关模型研究，具体包括两个项目，即未来气候预测的ENSEMBLES项目（2004—2009年）、碳源和碳汇的CARBOEUROPE项目（2004—2009年）；（2）气候变化影响和成本的评估，具体包括5个项目，分别是研究水和全球变化的WATCH项目（2007—2011年）、交通部门碳排放和气候影响的QUANTIFY项目（2005—2010年）、适应和减缓战略的ADAM项目（2006—2009年）、地球观察的DAMOCLES项目（2005—2009年）、碳源和碳汇的CARBOOCEAN项目（2005—2009年）；（3）实现更可持续的能源体系，具体包括6个项目，分别是光电转换的CRYSTAL CLEAR项目（2004—2008年）、生物燃料的RENEW项目（2004—2008年）、二氧化碳的全球贮存的CO_2 SINK项目（2004—2008年）、氢贮存的NESSHY项目（2006—2010年）、燃料电池的FURIM项目（2004—2008年）以及分析工具、模型和数据库的发展项目；（4）地球观测系统的合作与协调，具体包括全球观测系统的GEOSS项目（2005—2015年）、环境和安全的全球监测的GMES项目（2002—2008年）、海洋观测的MERSEA项目（2004—2008年）、空基观测项目（Space-based

① 欧盟气候变化方面的科技研发是从属于研发框架计划的。

② European Communities, "EU action against climate change: Research and development to fight climate change", 2007.

③ 薛彦平著：《欧洲工业创新体制与政策分析》，中国社会科学出版社2009年版，第45页。

observation)、大气观测的气溶胶世界数据中心项目（World Data Centre for Aerosols）；(5) 国际合作，具体包括气候变化和非洲季风的 AMMA 项目（2005—2009 年）、欧洲和南美洲气候变化合作的 CLARIS 项目（2004—2007 年）、亚马逊河生态系统的泛亚马逊——PAN-AMAZONIA 项目（2004—2007 年）、气候成分变化的 EUCAARI 项目（2007—2010 年）。[①]

第七次研发框架计划（FP7，2007—2013 年）[②] 更加突出了欧盟对低碳技术的重视。FP7 总预算为 515 亿欧元，关于低碳技术的预算就高达 84 亿欧元。[③]FP7 确定的 10 项优先发展领域有 3 项是关于低碳技术的，分别是能源、环境（包括气候变化）和运输领域的低碳技术。

FP7 的能源技术总预算为 23.5 亿欧元，目标是将目前以化石燃料为基础的能源体系转变为以多种能源为基础和高能效的更可持续的能源体系，以应对能源安全和气候变化的挑战，同时提高欧洲工业的竞争力。FP7 框架支持的能源技术研究主要包括 9 项活动：(1) 氢能和燃料电池；(2) 可再生能源发电；(3) 可再生燃料生产；(4) 可再生能源取暖和制冷；(5) 实现零排放发电的二氧化碳捕获和储存技术；(6) 清洁煤技术；(7) 智能能源网；(8) 能源效率和节能；(9) 能源政策决策知识。

FP7 的环境技术总预算为 18.9 亿欧元，目标是通过提高对生物圈、生态系统和人类行为之间相互作用的认识以及发展新技术、工具和服务来实现环境和资源的可持续管理。其重点是气候、生态、陆地和海洋系统的预测，采用技术和工具监控、预防和减缓环境压力和风险，保护自然环境和人为环境。FP7 框架支持的环境技术主要涉及 4 个方面的研究活动：(1) 气候变化、污染和风险，分别是环境和气候压力、环境与健康、自然

---

① 目前欧盟在气候变化领域的研究项目除了本书列出的以外，还有许多项，详情参见 European Commission, "Directorate-General for Research Environment: European Research Framework Programme——Research on Climate Change", 2009.

② DECISION No 1982/2006/EC OF THE EUROPEAN PARLIAMENT AND OF THE COUNCIL of 18 December 2006，concerning the Seventh Framework Programme of the European Community for research, technological development and demonstration activities (2007-2013).

③ European Communities, "EU action against climate change: Research and development to fight climate change", 2007.

灾害。（2）资源的可持续管理，分别是自然和人为环境的保护与可持续管理、海洋环境的改善。（3）环境技术资源的可持续管理，分别是自然和人为环境的观测、预防、减缓、适应、补救和恢复的环境技术；文化遗产（包括人类栖息地）的保护、保存和提高；技术的评估、验证和测试。（4）地球观测和评估工具，分别是陆地海洋观测系统、环境与持续发展的监测方法、可持续发展的预测方法和评估工具。

FP7 的运输技术总预算为 41.6 亿欧元，目标是以技术和业务上的优势以及欧洲运输政策为基础，发展一体化的、更加安全、绿色和智能的泛欧运输体系，使全体公民、社会和气候政策获益，确保和进一步提高欧洲工业在全球市场上的竞争力。FP7 框架支持的运输技术主要涉及 3 个方面的研究活动：（1）航空技术，分别是空运的绿色化、提高时效、确保顾客满意和安全、提高成本效率、飞机和乘客的保护、未来航空技术。（2）可持续的水陆运输（铁路、公路、水运），分别是水路运输的绿色化、鼓励和提高模式转变以及贯通运输通道、确保城市交通的可持续发展、提高运输系统的内在安全性、提高竞争力。（3）支持欧洲全球卫星导航系统，即伽利略（Galileo）和 EGNOS 计划。

（二）能源技术政策

欧洲能源政策的技术支柱是《欧洲战略能源计划——通向低碳未来》（A European Strategic Energy Technology Plan——Towards a low carbon future，SET-Plan），该计划支持多项能源技术的研究，包括可再生能源（生物能、太阳能、风能、潮汐能、氢能、地热能）、化石燃料（碳捕获与储存技术 CCS、清洁煤）、电网建设、提高能源效率、社会经济研究、原料和未来可能产生的技术研究等。[①]

2007 年 11 月，欧委会公布了 SET 计划，指出技术是实现 2020 年和 2050 年欧盟减排目标的关键，但是如果不采取措施，欧盟目前和未来的技术将不能支持完成欧盟的能源政策目标，因此要立即采取行动克服能源创新的内在弱点，发展低碳能源技术，使欧盟走在世界能源技术的前列。

---

① http://ec.europa.eu/research/energy/eu/index_en.cfm.

首先，欧盟要提高能源转换、供应和终端使用中的能源利用效率，要继续推动在该领域已经实行的政策措施，包括“能效行动计划”“生态设计指令”“耗能产品能源标签指令”“能源服务指令”“建筑节能指令”，同时探索新的政策措施，如汽车 CO_2 排放、城市机动性行动计划、ETS 新阶段；可持续生产和消费倡议、可持续工业政策倡议等。

为了实现 2020 年的减排目标，欧盟将在以下 7 个方面大力发展低碳能源技术：(1) 使第二代生物燃料成为可与化石燃料竞争的替代燃料，同时实现生物燃料生产的可持续性；(2) 通过工业规模的示范，实现 CO_2 捕获、运输和储存技术的商业化使用；(3) 使最大的风力涡轮机发电容量翻一番；(4) 示范大规模光电（PV）和集中性太阳能的商用能力；(5) 启动一个能够容纳可再生能源和分散式能源的单一智能电网；(6) 在建筑、交通和工业市场中广泛采用更加高效的能源转化装置和终端设备；(7) 保持核裂变技术的竞争力。

为了实现 2050 年的减排目标，欧盟将在以下 7 个方面大力发展低碳能源技术：(1) 提高下一代可再生能源技术的市场竞争力；(2) 在能源储存技术的成本效率方面获得重大突破；(3) 发展氢燃料电池汽车技术，并创造条件使其商业化；(4) 完成新一代（第四代）核裂变反应堆示范项目的准备工作，增加可持续发展能力；(5) 完成 ITER 核聚变装置的建造工作，确保工业界在早期参与示范行动的准备工作；(6) 为发展支持未来低碳经济所需要的跨欧能源网络及其他相关系统制定详细的替代规划和过渡战略；(7) 实现能源效率研究的重大突破。

实现以上目标需要欧盟各方的共同努力，SET 计划制定了私营部门、欧盟成员国和欧盟层面发展低碳能源技术的具体行动计划，并且提出了 4 项举措：第一，建立联合战略规划，包括建立欧共体战略能源技术指导小组和欧洲能源技术信息系统。第二，在欧盟整体建立更有效的实施方式。包括欧洲工业倡议（确定的 2008 年后发起的优先倡议是欧洲风能倡议，欧洲太阳能倡议，欧洲生物能倡议，欧洲二氧化碳捕获、运输和储存倡议，欧洲电网倡议，可持续核裂变倡议）、创建欧洲能源研究联盟和泛欧能源网络系统。第三，增加低碳能源技术领域的投资，培养相关高科技人才。第四，加强国际合作。[①]

二、欧盟发展低碳经济的经济手段

欧盟发展低碳经济的经济手段主要是通过碳预算、碳排放交易机制和碳税等工具调整不同能耗产品的价格进而实现其真实社会成本的回归。在欧盟，征税的权利隶属各成员国，而非欧委会。欧委会一直建议统一税收，在2世纪90年代，欧委会曾一度大力劝说欧盟成员国同意建立一个欧盟层面的碳/能源税收体系，但该提案被否决。《京都议定书》签订之后，为了兑现减排目标的承诺，欧委会开始高度关注碳排放交易，在《京都议定书》的灵活机制下，欧盟建立了统一的碳排放交易系统。[②]目前，欧盟碳排放交易系统建设已经步入第三阶段。而统一碳/能源税的进展依旧缓慢，目前仅制定了最低能源消费税。由于碳排放交易系统和能源消费税的一体化程度较高，发展较为成熟，因此本节将对这两大政策工具进行详细介绍，对仍主要由各成员国制定和实施的碳减排政策，将重点在下一节介绍。

（一）碳预算

"碳预算"（Carbon Budget）是借用财政学中预算的概念，关于它的确切含义现在还没有公认的说法，《人类发展报告》中的碳预算含义类似于温室气体的排放限额，是一种应对气候变化、发展低碳经济的管理工具。[③]碳预算的"限额"可以分为全球、国家、区域、企业、个人这5个层面。全球层面的碳预算限额是指为了保护全球气候，经科学论证和政治认同的温室气体排放总量，目前的全球碳预算限额是保证全球升温不超过2℃的人类能够排放温室气体的最高上限。国家层面的碳预算限额是指根据一国人口占全球比例所分配的温室气体排放最高限额。区域层面的碳

---

① Commission of the European Communities, A European Strategic Energy Technology Plan (SET-Plan)——Towards a low carbon future, COM(2007) 723 final, Brussels, 22/11/2007.

② Andersen M.S. and Ekins P., "Carbon-Energy Taxation——Lessons from Europe", *Published in the United States by Oxford University Press Inc.*, New York, 2009, P251-252.

③ Human Development Report 2007/2008: Fighting climate change: Human solidarity in a divided world.

预算限额是指一定区域的国家联盟（或者一个国家的不同地区）根据成员国（或地区）的具体情况制定的区域总体和各个国家（或者一个国家及其各个地区）的温室气体排放最高限额。企业层面的碳预算限额是从生产者角度来说，是指在国家碳预算框架下，一个企业分到的或者购买到的碳配额。个人层面的碳预算限额是从消费者角度来说，从理论上说，碳预算限额可以落实到每一个人，指一个人能够排放温室气体的最高限额。

欧盟碳预算属于区域层面的碳预算。目前欧盟的碳预算分为两个阶段，即实现《京都议定书》第一承诺期（2008—2012 年）的碳预算和实现 2020 年减排目标（2013—2020 年）的碳预算。

根据《京都议定书》，原欧盟 15 国共同承诺在 2008 年至 2012 年间将温室气体排放量减少 8%（相对于 1990 年的水平）。2002 年 4 月 25 日，欧盟及其成员国出台了《京都议定书》第一承诺期的内部“减排分担协议”（burden sharing agreement）。之后，新欧盟 12 国也分别提出了各自的减排目标。具体欧盟成员国减排目标和碳排放限额如表 3.1 所示。

表 3.1 《京都议定书》第一承诺期的欧盟成员国减排目标和碳排放限额一览表

欧盟及其成员国	京都议定书的减排目标（单位：%）	京都阶段可排放的温室气体最高限额（单位：吨 CO_2 当量）
原欧盟 15 国	-8	19682555325
卢森堡	-28.0	45677304
丹麦	-21.0	273827177
德国	-21.0	4868520955
奥地利	-13	343473407
英国	-12.5	3412080630
比利时	-7.5	679368682
意大利	-6.5	2428495710
荷兰	-6.0	1008565720
芬兰	0	355480975
法国	0	2819626640
瑞典	4.0	375864317

续表

爱尔兰	13.0	315158338
西班牙	15.0	1633967412
希腊	25.0	694087947
葡萄牙	27.0	386956503
新欧盟 12 国		
保加利亚 *	-8.0	-
捷克共和国	-8.0	902890649
爱沙尼亚	-8.0	197902558
拉脱维亚	-8.0	119113402
立陶宛	-8.0	221275934
罗马尼亚 *	-8.0	-
斯洛伐克	-8.0	337456459
斯洛文尼亚 *	-8.0	92934961
匈牙利 *	-6.0	578260222
波兰 *	-6.0	2673496300
塞浦路斯	-	-
马耳他	-	-

资料来源：[1]Commission decision of 14/XII/20062006 determing the respective emission levels allocated to the Community and each of its Member States under the Kyoto Protocol pursuant to Council Decision 2002/358/EC.

[2]EEA 官方网站：http://www.eea.europa.eu/data-and-maps/indicators/greenhouse-gas-emission-trends.

注：大多数欧盟成员国以 1990 年为基准年，但是有 5 个成员国（“*”号标出的国家）例外：保加利亚的基准年是 1988 年；匈牙利是以 1985—1987 年的温室气体排放量的平均数作为参照；波兰的基准年是 1988 年；罗马尼亚的基准年是 1989 年；洛文尼亚的基准年是 1986 年。

由表 3.1 可以看出，在京都阶段，原欧盟 15 国的减排力度在不同国家之间存在很大差别，总体上是经济较为发达的国家承担的减排比例较大，经济上稍弱的国家承担的减排比例较小。新欧盟 12 国主动承诺的减排比例居中。

2008 年，欧盟出台了实现 2020 年减排目标的欧盟内部“减排分担方案”(欧盟碳排放交易系统覆盖范围以外的各国减排目标和碳排放限额)。①具体欧盟成员国的减排目标和碳排放限额如表 3.2 所示。

表 3.2 欧盟成员国 2020 年温室气体减排目标和碳排放限额一览表

欧盟成员国	未包含在欧盟排放贸易系统内的部门相对于 2005 年的减排目标	2020 年欧盟成员国温室气体排放量的最高限额（单位：吨 CO_2 当量）
丹麦	-20%	29868050
爱尔兰	-20%	37916451
卢森堡	-20%	8522041
瑞典	-17%	37266379
奥地利	-16%	49842602
芬兰	-16%	29742510
荷兰	-16%	107302767
英国	-16%	310387829
比利时	-15%	70954356
法国	-14%	354448112
德国	-14%	438917769
意大利	-13%	305319498
西班牙	-10%	219018864
塞浦路斯	-5%	4633210
希腊	-4%	64052250
葡萄牙	1%	48417146
斯洛文尼亚	4%	12135860
马耳他	5%	1532621
捷克	9%	68739717
匈牙利	10%	58024562
爱沙尼亚	11%	8886125
斯洛伐克	13%	23553300
波兰	14%	216592037

① Proposal for a Decision to the European Parliament and of the Council on the effort of Member.

States to reduce their greenhouse gas emissions to meet the Community’s greenhouse gas emission reduction commitments up to 2020, COM(2008) 17 final.

续表

立陶宛	15%	18429024
拉脱维亚	17%	9386920
罗马尼亚	19%	98477458
保加利亚	20%	35161279

资料来源：[1] Proposal for a Decision to the European Parliament and of the Council on the effort of Member.

[2] States to reduce their greenhouse gas emissions to meet the Community's greenhouse gas emission reduction commitments up to 2020, COM(2008) 17 final.

注：用黑体字标出的国家为原欧盟 15 国。

从表 3.2 可以看出原欧盟 15 国的减排力度较大，在欧盟排放贸易机制以外，除了葡萄牙可以增加 1% 的碳排放量，其他国家均需降低温室气体排放；而对于新欧盟 12 国除了塞浦路斯要减排 5% 以外，其他国家可以适当增加温室气体的排放。欧盟做出上述制度安排一方面是为了照顾经济欠发达国家的经济发展；另一方面是因为新入盟的 12 国温室气体排放量所占比重较小。

分析以上两个表的异同可以看出：不论是京都阶段，还是 2020 年，排在前 4 位的可排放温室气体量最多的国家都是德、英、法、意。和表 3.1 相比，表 3.2 指出欧盟成员国 2020 年的减排目标和碳排放限额是在欧盟碳排放交易系统覆盖范围之外的，这是因为欧盟在 2005 年实施了欧盟碳排放交易系统，该系统覆盖了一定比例的欧盟温室气体减排量（或者碳排放限额），因此 2005 年之后欧盟的碳排放限额需要在 EU ETS 内部和外部进行分配。

（二）碳排放交易系统

碳排放交易（Emissions Trading，ET）是 1997 年《京都议定书》提出的实现全球温室气体减排的三大机制之一。另外两个是联合履约机制（Joint implementation）和清洁发展机制（Clean development mechanism），简称为 JI 和 CDM。联合履约和清洁发展机制均是基于项目的机制，即高减排成本的发达国家提供资金和先进技术，在低减排成本的发展中国家或地区实施减排项目。其中 JI 在附件 I 国家内进行，主要是发达国家和经济转轨国家之间进行合作，其特点是合作国都有减排义务，其减排计量单位是“减排单位”（Emission Reduction Unit，简称 ERU），等于 1 公吨 CO_2 当量。清洁发展机制是附件 I 发达国家和非附件 I 发展中国家的项目合作机制，但发展中国家不承担减排义务，其减排计量单位是“经核实的减排量”（Certified Emission Reductions，简称 CERs），等于 1 公吨 CO_2 当量。[①]

欧盟在《京都议定书》生效之前就开始运行欧盟碳排放交易系统。2000 年，欧盟出台了《欧盟气候变化计划》（ECCP），提出要建立欧盟碳排放交易系统。同年，欧盟委员会发布了《欧盟内部温室气体排放交易绿皮书》，[②] 对欧盟内部温室气体排放交易系统的相关政策和措施提出了建议，引发了关于在欧盟内部实施温室气体排放交易系统的适用性和可行性的争论。2003 年 10 月，欧盟出台了《在共同体内建立温室气体配额交易机制》的指令，[③] 制定了欧盟碳排放交易系统的相关规则。2005 年 1 月欧盟开始运行欧盟碳排放交易系统。

欧盟碳排放交易系统是一种“限额——贸易系统”（Cap and Trade System）。EU ETS 的核心是类似“货币”的排放配额（Emission allowances）的交易，一个排放配额代表在指定期间内排放一吨二氧化碳当量的权利。首先，欧盟分配 EU ETS 的碳排放配额给各个成员国。然后，各个成员国将分配到的 EU ETS 碳排放配额分配给国内相关企业。企业可以使用这些配额，也可以将配额拿到市场上交易。排放配额的价格根据供求关系决定。

欧盟碳排放交易系统的一个重要特点是企业可以通过《京都议定书》制定的联合履约机制和清洁发展机制实现减排目标，这不仅为欧盟企业提供了成本一有效的减排方法（Cost-effective means），而且增加了企业投

---

① 庄贵阳、陈迎著：《国际气候制度与中国》，世界知识出版社 2005 年版，第 102 页。

② Council of the European Communities, Green Paper on greenhouse gas emissions trading within the European Union, COM(2000) 87 final.

③ Directive 2003/87/EC of the European Parliament and of the Council of 13 October 2003, establishing a scheme for greenhouse gas emission allowance trading within the Community and amending Council Directive 96/61/EC.

资国外减排项目的动力。欧盟计算 EU ETS 使得欧盟实现《京都议定书》目标的成本在每年 29 亿欧元和 37 亿欧元之间，要少于欧盟总体 GDP 的 0.1%，如果没有 EU ETS，欧盟的减排成本将达每年 68 亿欧元。

EU ETS 分为三个阶段：第一阶段从 2005 年 1 月 1 日至 2007 年 12 月 31 日，是系统的试运行阶段；第二阶段从 2008 年 1 月 1 日至 2012 年 12 月 31 日，是《京都议定书》的第一承诺期；第三阶段从 2013 年 1 月 1 日至 2020 年 12 月 31 日，长达 8 年的运行期是为了进一步提高可预知性，以鼓励在碳减排领域的长期投资，因为可预期性对于长期投资是必要的。在 EU ETS 的第一、二阶段许多排放配额是免费发放给企业的，意味着这些企业可以没有成本地排放一定数量的温室气体，但是超过分配到限额后，就要去市场上进行购买新的配额，否则再排放温室气体就会遭受处罚。但是，在 EU ETS 的第三阶段，排放配额主要通过市场竞拍获得。

2005 年，欧盟 25 个成员国开始运行第一期的碳排放交易系统。[①] 欧盟称 EU ETS 第一阶段为“试行阶段”（Pilot phase），主要目的是通过“边做边学”的方式（Learning by doing）建立和确立 EU ETS 的相关制度。[②] 在这一阶段，至少有 95% 的碳排放配额是免费发放的，超过排放配额又没有购买新配额的企业每多排放一吨二氧化碳当量将遭受 40 欧元的罚款。EU ETS 的主要实施对象是一些碳排放量大的热电生产设施和一些能源密集型行业，具体包括燃烧设备、炼油厂、焦炉、钢铁厂、水泥厂、玻璃厂、石灰厂、砖厂、陶器厂、造纸厂等。EU ETS 涵盖了欧盟将近 11500 个单位，覆盖了约 45% 的 CO_2 排放总量和约 30% 的温室气体排放总量。[③] 具体数据如表 3.3 所示。

---

① 2007 年 1 月 1 日罗马尼亚和保加利亚才加入欧盟，因此 2005 年的时候欧盟共 25 个成员国。

② 蔡林海著：《低碳经济、绿色革命与全球创新竞争大格局》，经济科学出版社 2009 年版，第 55 页。

③ European Commission, “EU action against climate change: EU emissions trading——an open scheme promoting global innovation” , 2005.

表 3.3　2005—2007 年欧盟成员国在 EU ETS 中的 CO_2 排放额度一览表

欧盟成员国	分配到的 CO_2 排放额度（单位：百万吨）	占欧盟总额的比例（单位：%）	涵盖的企业个数
比利时	188.8	2.9	363
捷克	292.8	4.4	435
丹麦	100.5	1.5	378
德国	1497	22.8	1849
爱沙尼亚	56.85	0.9	43
希腊	223.2	3.4	141
西班牙	523.3	8	819
法国	469.5	7.1	1172
爱尔兰	67	1	143
意大利	697.5	10.6	1240
塞浦路斯	16.98	0.3	13
拉脱维亚	13.7	0.2	95
立陶宛	36.8	0.6	93
卢森堡	10.07	0.2	19
匈牙利	93.8	1.4	261
马尔他	8.83	0.1	2
荷兰	285.9	4.3	333
奥地利	99	1.5	205
波兰	717.3	10.9	1166
葡萄牙	114.5	1.7	239
斯洛文尼亚	26.3	0.4	98
斯洛伐克	91.5	1.4	209
芬兰	136.5	2.1	535
瑞典	68.7	1.1	499
英国	736	11.2	1078
合计	6572.4	100	11428

资料来源：European Commission, “EU action against climate change: EU emissions trading-an open scheme promoting global innovation” , 2005.

2008 年，欧盟开始运行第二期的 EU ETS，由于罗马尼亚、保加利亚、冰岛、挪威和列支敦士登[①]5 个国家的加入，使得 EU ETS 的覆盖范围扩大到了 30 国。和第一阶段相比，EU ETS 第二阶段的减排力度有所加强，具体表现在以下四个方面：第一，欧盟将碳排放配额的总量在 2005 年的基础上削减了 6.5%；第二，免费发放的碳排放配额至少减少到 90%；第三，超过排放配额又没有购买新配额的企业每多排放一吨二氧化碳当量的罚款增加到 100 欧元；第四，将生产硝酸排放的氧化亚氮（N2O）纳入 EU ETS，并计划 2012 年将航空部门纳入其中。截至到 2008 年，EU ETS 已经覆盖了欧盟约 50% 的 CO_2 排放总量和约 40% 的温室气体排放总量。未包含在 EU ETS 部门的温室气体排放量主要涉及交通、建筑、服务、农业和废弃物等部门。[②] 欧盟成员国在 EU ETS 中的 CO_2 排放额度的具体数据如表 3.4 所示。

表 3.4　2005—2012 年欧盟成员国在 EU ETS 中的 CO_2 排放额度一览表

欧盟成员国	2005—2007 年		2008—2012 年	
	分配到的 CO_2 排放额度（单位：百万吨 / 年）	在 ETS 中的比例	分配到的 CO_2 排放额度（单位：百万吨 / 年）	在 ETS 中的比例
奥地利	33	1.40%	32.3	1.50%
比利时	62.1	2.70%	58	2.80%
保加利亚	42.3*	1.80%	42.3**	2.00%
塞浦路斯	5.7	0.20%	5.2	0.30%
捷克	97.6	4.20%	86.7	4.20%
丹麦	33.5	1.40%	24.5	1.20%
爱沙尼亚	19	0.80%	11.8	0.60%
芬兰	45.5	2.00%	37.6	1.80%
法国	156.5	6.80%	132	6.30%
德国	499	21.70%	451.5	21.60%
希腊	74.4	3.20%	68.3	3.30%

① 冰岛、挪威和列支敦士登是 2008 年加入 EU ETS 的。

② Package of Implementation measures for the EU's objectives on Climate Change and Renewable.

Energy for 2020, http://ec.europa.eu/energy/climate_actions/doc/2008_res_ia_en.pdf.

续表

匈牙利	31.3	1.40%	19.5	0.90%
爱尔兰	22.3	1.00%	22.3	1.10%
意大利	223.1	9.70%	201.6	9.70%
拉脱维亚	4.6	0.20%	3.4	0.20%
立陶宛	12.3	0.50%	8.6	0.40%
卢森堡	3.4	0.10%	2.5	0.10%
马耳他	2.9	0.10%	2.1	0.10%
荷兰	95.3	4.10%	86.3	4.10%
波兰	239.1	10.40%	205.7	9.90%
葡萄牙	38.9	1.70%	34.8	1.70%
罗马尼亚	74.8*	3.20%	73.2	3.50%
斯洛伐克	30.5	1.30%	32.5	1.60%
斯洛文尼亚	8.8	0.40%	8.3	0.40%
西班牙	174.4	7.60%	152.2	7.30%
瑞典	22.9	1.00%	22.4	1.10%
英国	245.3	10.70%	245.6	11.80%
列支敦士登	——	——	0.2	0.00%
挪威	——	——	15	0.70%
合计	2298.5	100%	2086.5	100%

资料来源：European Commission, “EU action against climate change: the EU emissions trading scheme”, 2008.

注：1. 罗马尼亚和保加利亚在 EU ETS 第一阶段仅有 2007 年的数据，已用“*”号标出。

2. “**”标出的数据表示临时数据。

3. 冰岛已经加入 EU ETS，但是制作此表时该国尚无数据。

EU ETS 自运行之日起发展就非常迅速，EU ETS 的交易量从 2005 年的 3.62 亿吨二氧化碳当量迅速增加到了 2008 年的 30.9 亿吨二氧化碳当量，增长了近 10 倍；交易额从 2005 年的 72 亿欧元增加到了 2008 年的 924 亿欧元，增长了近 13 倍。2008 年 EU ETS 的交易额和交易量分别占到了全球的 72% 和 64%，已经成为全球最大的碳排放交易市场。

2013 年，欧盟开始实施第三阶段的 EU ETS，在这一阶段欧盟对 EU ETS 的相关政策做出了较大调整，具体表现在以下 4 个方面：第一，将碳排放配额从无偿分配改为有偿拍卖。到 2013 年，至少有 50% 的排放配额需要经过竞拍购买，而到 2027 年，所有的排放配额都需要通过竞拍才能获取。但是，对于一些全部购买碳排放配额会严重损害其国际竞争力的特殊能源密集型行业可以存在例外。第二，将排放配额确定权收归欧盟。在前两阶段，主要是通过“国家分配计划”（National Allocation Plan，NAPs）制定成员国的碳排放限额，即由成员国提出各自的碳排放配额总量和国内分配计划，并向社会公开和提交欧盟委员会审议，欧盟权衡后确定各国的碳排放限额。2013 年之后，由欧盟制定欧盟整体的单一碳排放限额。第三，扩大 EU ETS 的覆盖范围。除了 2012 年将纳入航空业以外，欧盟将碳捕获、运输和储存的设施、石油化工、生产氨和铝的部门、生产氮、油脂和水合乙醛酸排放的氧化亚氮以及生产铝排放的全氟化碳纳入 EU ETS。从 2013 年开始，每年有 1.2 亿—1.3 亿吨二氧化碳当量的新增温室气体排放量被纳入到 EU ETS，从而使得 EU ETS 的温室气体排放覆盖率从 40% 提高到 43%。第四，进一步削减了碳排放配额总量。从 2013 年开始，欧盟范围的排放配额总量要以线性递减趋势逐年递减，该趋势应起始于 2008 年到 2012 年时间段的中点。配额分配数量应参照成员国遵循欧盟委员会关于成员国国家分配方案决议在 2008 年到 2012 年间年均配额签发总量的 1.74% 的线性比例递减，这意味着到 2020 年，排放配额在 2005 年的基础上削减 21%。①

从以上三个阶段的措施可以看出，欧盟 EU ETS 的排放配额总量不断减少，但是覆盖范围却不断扩大，这说明了欧盟的减排力度不断增大，EU ETS 的减排作用和影响不断增强。

（三）碳 / 能源税（Carbon-Energy Taxation）

对碳和能源征税是限制温室气体排放的一个重要手段，特别是对于碳排放交易系统没有覆盖到的部门和企业，征收碳 / 能源税就显得更有必

---

① European Commission, “EU action against climate change: the EU emissions trading scheme”, 2008.

要。尽管“碳/能源税”这一术语被广泛采用，但是碳税和能源税是有区别的。确切地说，能源税包括碳税，能源税又从属于环境税。

环境税（Environmental Taxation）也叫作生态税（Ecological Taxation）或绿色税（Green Tax），是20世纪末兴起的概念，虽然已经有很多国家征收该税种，但是现在还没有形成一个被普遍认可的概念。环境税的思想最初是庇古提出的，他指出由于外部性的存在导致很多时候经济体的社会成本不等于私人成本，在社会成本大于私人成本的时候，政府要对经济体征税以实现外部成本的内部化，这部分税收就是所谓的“庇古税”。欧盟统计局对环境税的定义是：针对某种在被使用或释放时会对环境造成特定的负面影响的物质的单位使用（或释放）量所征收的税收。能源税泛指对各种能源征收的所有税种的统称，包括一些国家的燃油税、燃料税、电力税以及中国目前征收的成品油消费税等。[①]能源税有两层含义：一是指能源消费税，即对机动车燃料大规模征收特别消费税和对运输、民用、商业部门的终端消费征收一般国内消费税（增值税和销售税）。二是指针对能源消费过程中排放的污染物而征收的环境税，例如碳税、硫税、污水排放税等。[②]碳税是对化石燃料按其碳含量或碳排放量征收的一种税，是应对气候变化的一种经济手段。

欧盟能源税的发展是和欧盟国家的环境税改革（Environmental tax reform，ETR）密切相关的。20世纪90年代欧洲很多国家都进行了税收体制改革，其主要目标是降低劳动成本和扩大税基，例如增值税和环境税。北欧国家在这轮税制改革中首次进行了环境税改革，随后荷兰、英国和德国在20世纪90年代末也进行相应改革。这些国家均开征了新的环境税，大多数情况是对能源消费和CO_2排放征税，并且修改已有的环境税。之后，欧盟许多成员国都开征了能源税，且税率较高。但是不同的税制会导致价格的扭曲，进而影响企业的国际竞争力，同时产生“碳泄漏”[③]，例

① 邢丽著：《碳税的国际协调》，中国财政经济出版社2010年版。

② 崔晓静：《欧盟能源税指令及其对我国的借鉴》，《武大国际法评论》，2007年第2期。

③ 碳泄漏是指如果一些国家减排，而另一些国家不减排，高耗能产业为降低成本将生产转移到管制宽松的国家，在后者产生的碳排放量会部分抵消前者的实际减排量，这被抵消的减排量称为碳泄漏量。

如：2003 年之前，希腊的柴油税率为每升 24.5 欧分；英国则为每升 74.2 欧分，两者相差 3 倍多。因此，欧盟一直致力于统一能源税，但是由于欧盟采取的是分散的财政政策，各成员国拥有独立的税收主权。成员国一方面担心失去税收主权，另一方面力图维护本国能源产业的国际竞争力，导致欧盟协调能源税的过程十分艰难。经过不断的磋商和谈判，欧盟终于制定了欧盟层面统一的能源消费税的最低税率，但是统一碳税的过程一直很不顺利，目前仍在进展之中。

1. 能源消费税

欧共体从 1972 年就开始了协调能源消费税的努力，直到 1992 年才有少许进展。1992 年 10 月 19 日欧共体公布了《对矿物油征收近似消费税率的指令》（Directive 92/82/EEC），统一了矿物油的最低消费税。①1997 年，欧委会建议出台《调整共同体能源产品税的框架指令》，将对于矿物油的指令扩大到其他能源领域。②但是进展一直不顺利，在经过了多次磋商和修改之后，欧盟终于在 2003 年通过了《调整对能源产品和电力征税的框架指令》③（Directive 2003/96/EC，该指令在 2004 年 1 月 1 日正式生效），对各成员国已有的能源税进行了整合，规定了能源产品和电力的最低消费税率。适用最低消费税的能源产品和电力主要包括热力燃料和动力燃料，而不包括用于原材料、化学还原、电解和冶金加工的部分。④2003/96/EC 能源税指令将先前矿物油指令的覆盖范围扩大到了几乎所有能源产品，包括煤、天然气和电力，并对矿物油的最低税率进行了调整。最低税率根据能源产品和电力的不同用途分为三类，即适用于动力燃料的最低消费税率（见表 3.5）、适用于工业或商业用途燃料的最低税率（见表 3.6）和适用于加热燃料和电力的最低税率（见表 3.7）。欧盟成

① Council Directive 92/82/EEC of 19 October 1992 on the approximation of the rates of excise duties onmineral oils.

② Communication from the Commission, Tax policy in the European Union-Priorities for the years ahead, COM(2001) 260 final.

③ COUNCIL DIRECTIVE 2003/96/EC of 27 October 2003 restructuring the Community framework for the taxation of energy products and electricity, P12.

④ http://europa.eu/legislation_summaries/internal_market/single_market_for_goods/motor_vehicles/interactions_industry_policies/l27019_en.htm.

员国制定的税率只要符合最低税率的要求，并遵守欧盟法规，可以在以下 4 种情况下有所区别：(1) 当差别税率与产品质量有关时；(2) 当差别税率取决于用于供热的电力和能源产品的销售数量时；(3) 当能源产品和电力用于地方公共交通、垃圾回收、军队、公共行政、残疾人和救护车等用途时；(4) 对于以上能源产品和电力，可在商用和非商用之间进行区别。① 此外，2003/96/EC 指令还制定了一些减免税收优惠政策。鉴于新入盟的中东欧国家需要一段过渡期来准备实施 2003/96/EC 指令，2004 年欧盟对 2003/96/EC 指令进行了修订，规定新入盟的成员国可以延迟实施 2003/96/EC 指令，但是最晚不得超过 2012 年。②

表 3.5 动力燃料最低消费税率表

	92/82/EEC 指令的最低税率	2003/96/EC 指令的最低税率（从 2004 年 1 月 1 日开始实施）	2003/96/EC 指令的最低税率（从 2010 年 1 月 1 日开始实施）
汽油（欧元 /1000 升）	337	421	421
无铅汽油（欧元 /1000 升）	287	359	359
柴油（欧元 /1000 升）	245	302	330
煤油（欧元 /1000 升）	245	302	330
液化石油气（欧元 /1000 千克）	100	125	125
天然气	100（欧元 /1000 千克）	2.6（欧元 /10 亿焦耳）	2.6（欧元 /10 亿焦耳）

资料来源：Proposal for a Council Directive amending Directive 2003/96/EC as regards the possibility for certain Member States to apply, in respect of energy products and electricity, temporary exemptions or reductions in the level of taxation, Brussels, 28/1/2004, COM(2004)42 final, 2004/0016(CNS), P3.

注：容量的计算以 15℃为准。

① http://europa.eu/legislation_summaries/internal_market/single_market_for_goods/motor_vehicles/interactions_industry_policies/l27019_en.htm.

② Proposal for a Council Directive amending Directive 2003/96/EC as regards the possibility for certain Member States to apply, in respect of energy products and electricity, temporary exemptions or reductionsin the level of taxation, Brussels, 28/1/2004, COM(2004) 42 final, 2004/0016 (CNS).

表 3.6　适用于工业或商业用途燃料的最低税率表

	92/82/EEC 指令的最低税率	2003/96/EC 指令的最低税率（从 2004 年 1 月 1 日开始实施）
柴油（欧元 /1000 升）	18	21
煤油（欧元 /1000 升）	18	21
液化石油气（欧元 /1000 千克）	36	41
天然气	36（欧元 /1000 千克）	0.3（欧元 /10 亿焦耳）

资料来源：同表 3.5。

表 3.7　适用于加热燃料和电力的最低税率表

	92/82/EEC 指令的最低税率	从 2004 年 1 月 1 日开始实施的 2003/96/EC 指令的最低税率（商用）	从 2004 年 1 月 1 日开始实施的 2003/96/EC 指令的最低税率（非商用）
柴油（欧元 /1000 升）	18	21	21
重燃料油（欧元 /1000 千克）	13	15	15
煤油（欧元 /1000 升）	0	0	0
液化石油气（欧元 /1000 千克）	0	0	0
天然气（欧元 /10 亿焦耳）	-	0.15	0.3
煤和焦炭（欧元 /10 亿焦耳）	-	0.15	0.3
电力（欧元 / 兆瓦·小时）	-	0.5	1.0

资料来源：同表 3.5。

从以上三个表可以看出，欧盟能源消费税的税率是不断提高的，涵盖范围是不断扩大的，这充分表明欧盟通过能源消费税降低温室气体排放的力度是不断增强的。

2. 碳税

碳税最早在 20 世纪 90 年代由北欧国家率先实行，目前征收碳税或者气候变化税的国家有丹麦、芬兰、荷兰、瑞典、捷克、爱沙尼亚、德国、意大利、英国等。

1991 年 10 月 14 日，欧委会界定了国际碳税概念的内涵，认为碳税要具有以下几个特征：第一，碳税属于消费税，要对“碳”和“能源”两部分征税：(1) 对“碳”部分的税收根据化石燃料的碳排放密度（Carbon-emitting intensities）征收；(2) 对“能源”部分的税收根据燃料（包括化石燃料和非化石燃料）的能量（英国热量单位，BTUs）征收。第二，碳税对“碳”和“能源”部分的征税比例各占 50%。例如，对化石燃料征收碳税，一半根据化石燃料的碳排放量征收，一半根据化石燃料的能量征收。第三，碳税一旦征收，要从 1993 年至 2000 年逐年递增。对于石油的碳税（包括对“碳”和“能源”部分的征税）在 1993 年为每桶 3 美元，之后逐年递增，直到 2000 年达到每桶 10 美元。第四，每个欧盟成员国按照欧盟制定的基本框架和共同税率课征本国的碳税，各国仍保持税收主权。第五，每个成员国要保持税收总额不变，即增加了多少碳税的收入，就要相应地减少其他已经存在的税收，而不是将增加的税收用作政府支出。第六，一些大型的能源密集型行业可以存在例外。例如水泥、化工、玻璃、有色金属、纸浆和造纸、钢铁等行业，如果其主要国家贸易竞争对手（例如美国和日本）不采取相应的碳税政策，这些行业可以减免征收碳税。①

1992 年，欧委会提出提案，建议对除可再生能源之外的其他所有能源统一加征碳 / 能源税，以使环境的外部成本内部化（涵盖内容不仅涉及温室气体排放），但是提案未能获得一致通过，后来也一直未能通过。之后，虽然先后有 10 多个欧盟成员国引入碳税，但统一碳税计划仍没有进展。时至今日，欧盟仍没有放弃统一碳税的计划，欧盟从 2010 年开始修订现行的能源税制，计划在全欧盟范围内为征收碳税确定统一的最低标准。②

① Herber B.P. and Raga J.T., “An International Carbon Tax to Combat Global Warming: An Economic and Political Analysis of the European Union Proposal”, *American Journal of Economics and Sociology*, 1995, 54(3), P257-256.

② 邢丽著：《碳税的国际协调》，中国财政经济出版社 2010 年版，第 123 页。

第二节　欧盟成员国发展低碳经济的政策手段及对产业的影响

在欧盟的低碳经济政策中，碳预算和碳排放交易系统的一体化程度较强，很多相关制度和规则已经上交给欧盟层面统一制定和管理。除此之外，欧盟成员国促进低碳经济发展的政策手段还有各自的研发支持政策、财税政策（包括碳税）和可再生能源发电上网保护制度等。

一、英国

英国促进低碳经济发展的政策手段除了碳排放交易系统外，还有碳预算、环境变化基金（促进低碳经济领域的研发和技术创新）和气候变化税等。

（一）碳预算

英国是世界上第一个提出碳预算的国家，2008 年英国颁布了《气候变化法案》(The Climate Change Act 2008)，制定了具有法律约束力的碳预算框架。为了实现 2050 年减排 80% 的目标，英国提出要实施碳预算，即英国温室气体排放总量的最高限额（Cap)。在碳预算体系下，从现在到 2050 年排放的每一吨温室气体量都要予以计算。如果一个部门增加了碳排放量，另一个部门就必须相应地减少碳排放量。英国计算实施碳预算的成本约为 GDP 的 1%—2%。

2008 年 12 月 1 日，英国气候变化委员会（Committee on Climate Change，CCC）成立，专门负责减排目标的建议、碳预算的制定和过程的监督，并且每年就减排进程向议会提交年度报告。在题为《建设低碳经济——英国对解决气候变化问题的贡献》[①] 的就职报告中，气候变化委员会提出了前三个（2008—2022 年）5 年碳预算（2009 年 5 月英国政府通过了该预算），即 2008 年至 2012 年，降低温室气体排放量 22%；2013 年至 2017 年，降低 28%；2018 年至 2022 年，降低 34%（均相对于 1990

① Building a low-carbon economy——the UK's contribution to tackling climate change, Available at http://www.theccc.org.uk/reports.

年的基期水平）。

英国制定的碳预算分为临时预算（Interim budge）和意愿预算（Intended budget），意愿预算的减排力度大于临时预算。临时预算是指全球减排协议达成前的碳预算，要求到 2020 年相对于 1990 年的水平减排 34%（相对于 2005 年的水平减排 21%），这要求在前三个预算期间平均每年降低 1.7% 的温室气体排放量。意愿预算是指全球减排协议达成后的碳预算，要求到 2020 年相对于 1990 年的水平减排 42%（相对于 2005 年的水平减排 31%），这要求在前三个预算期间平均每年降低 2.6% 的温室气体排放量。由于截止到目前为止，全球还没有达成温室气体减排协议，因此英国的碳预算按照临时预算执行。但是在 2009 年和 2010 年的碳预算进展报告中，英国气候变化委员会指出经济衰退对温室气体排放量的趋势造成了影响，建议英国紧缩碳预算，在第二个和第三个 5 年碳预算的非可交易部门执行意愿预算。临时预算、意愿预算和建议紧缩的碳预算的具体数据如表 3.8 所示。

表 3.8 英国的前三个 5 年碳预算：2008—2022 年

		第一个 5 年预算（2008—2012）	第二个 5 年预算（2013—2017）	第三个 5 年预算（2018—2022）
临时预算（百万吨 CO_2 当量）	总计	3018	2782	2544
	可交易部门	1233	1078	985
	非可交易部门	1785	1704	1559
意愿预算（百万吨 CO_2）	总计	3018	2679	2245
	交易部门	1233	1009	800
	非可交易部门	1785	1671	1445
建议紧缩的碳预算（百万吨 CO_2）	总计	3018	2749	2430
	交易部门	1233	1078	985
	非可交易部门	1785	1671	1445

资料来源：Committee on Climate Change, http://www.theccc.org.uk/carbon-budgets/1st-3rd-carbon-budgets-2008-2022.

注：可交易部门由欧洲排放交易方案（EU ETS）所包含的能源密集型产业构成；非可交易部门由住宅部门、商业部门、小规模工业与交通部门构成。

2010年12月，英国气候变化委员会提出了第四个5年碳预算（2023—2027年）的建议，英国政府将在2011年春季提出第四次碳预算的立法草案。建议报告主要包含以下5部分内容：（1）全球碳排放路径和2050年的减排目标——气候科学和国际背景；（2）第四次碳预算（2023—2027年）；（3）2030年至2050年的减排路径；（4）前三个（2008—2022年）5年碳预算——紧缩碳预算和国际航空航运；（5）第四次碳预算的政策选择。[①]

气候变化委员会建议的第四次碳预算包括国内行动预算（Domestic Action budget）和全球提供预算（Global Offer budget）。国内行动预算是指基于可行性评估和成本收益法分析制定的碳预算，要求英国在2023—2027年期间碳排放量不得超过19.5亿吨二氧化碳当量。这意味着英国在2025年相对于1990年的水平减排50%（相对于2009年的水平减排32%）；在2030年相对于1990年的水平减排60%。全球提供预算是指在2020年减排目标的全球协议达成的前提下英国将实施的碳预算，要求英国在2023—2027年期间碳排放量不得超过18亿吨二氧化碳当量。这意味着英国在2030年相对于1990年的水平减排63%（相对于2009年的水平减排50%）。英国计算实施这两个预算的成本均不超过GDP的1%。[②]关于第四次碳预算和2030年的排放目标的具体数据如表3.9所示。

表3.9　气候变化委员会建议的第四次碳预算和2030年的排放目标

	2025年	2030年	2050年	第四次碳预算（2023—2027年）
全球提供预算的温室气体排放量	360	288	118	1800
国内行动预算的温室气体排放量	390	310	118	1950
二氧化碳排放量	315	240	60-70	1580
非二氧化碳排放量	75	70	55	370

资料来源：同表3.8。

① Committee on Climate Change, "The Fourth Carbon Budget - Reducing emissions through the 2020s", December 2010, P15-44.

② Ibid. P99-100

（二）英国温室气体排放贸易机制（UK ETS）

英国是第一个实施温室气体排放贸易机制的国家。2002 年，英国温室气体排放贸易机制（UK ETS）启动，该机制运行了 5 年。参与英国温室气体排放贸易机制的方式有 4 种：（1）直接参与，即参与者自愿承诺一个绝对的温室气体排放上限。（2）协议参与，即已经加入政府和产业协会签署的气候变化协议并设定了排放目标的企业，可以参与排放贸易来买卖排放配额。（3）项目参与，这一机制的目的是鼓励那些不属于上述两种情况的企业进行减排。如果某个企业投资某个项目，能够在"一切照旧"情况下实现额外的减排，经核实后，管理机构向这些企业发放减排信用，信用可以在排放贸易市场上出售。（4）没有减排目标（项目）的企业或个人也可以在英国排放量登记处开设账户来进行排放配额交易。作为一个开放系统，该机制还允许参与者将《京都议定书》目标下取得的国际排放额度用于履约。

2005 年 1 月 1 日，欧盟温室气体排放交易系统（EU ETS）正式启动，为了保障两种排放贸易机制的协调和顺利过渡，英国政府提出申请并经欧盟委员会批准，允许部分已经参与 UK ETS 的企业暂时退出，到第二阶段再加入。为了与欧盟气候政策相协调，英国排放贸易于 2006 年 12 月 31 日结束。①

（三）环境变化基金

2006 年 6 月，英国政府设立了环境变化基金（Environmental Transformation Fund，ETF），以促进低碳技术的创新。2007 年，政府年度预算报告宣布了环境变化基金的国际部分由环境司、食品与农村事务司（Defra）和国际开发署（DIFID）共同管理。这部分国际基金计划在 2008 年 4 月到 2011 年 3 月期间花费 8 亿英镑（约合 12 亿美元，2009 汇率）用于贫穷国家应对气候变化、促进发展和减少贫困的环境项目。环境变化基金的国内部分至少有 3.7 亿英镑（约合 5.9 亿美元，2009 汇率）的

① 庄贵阳著：《低碳经济：气候变化背景下中国的发展之路》，气象出版社 2007 年版，第 106—107 页。

预算，将用于国内低碳、非核能、能源和能效提高的相关技术的示范和推广。环境变化基金吸收了英国食物与农村事务司（Defra）和商业、企业及制度改革部（BERR）关于低碳技术以前的资金计划，包括：(1) 氢燃料电池和碳减排示范方案；(2) 海洋可再生能源部署基金；(3) 低碳建筑方案；(4) 生物能资本拨款方案；(5) 海上风能资助计划；(6) 煤炭零排放项目；(7) 碳信托创新计划，包括研究加速器、科技加速器和孵化器；(8) 针对新低碳企业的碳信托基金；(9) 针对低碳技术企业的碳信托投资；(10) 针对中小企业的碳信托能源效率贷款；(11) Salix 财务公共部门周转贷款计划。环境变化基金还与能源技术研究所、技术战略委员会和能源项目研究理事会成为合作伙伴。

（四）气候变化税（Climate Change Levy，CCL）

英国的气候变化税实际上是一种“能源使用税”。英国的能源税体系相较于北欧国家较为简单。1990 年，英国政府引入了化石燃料税（Fossil Fuel Levy，FFL），主要是针对电力征收。在 1992 年，化石燃料税率到达历史最高点，化石燃料税一度占终端电力价格的 11%。①2001 年 4 月，第二次环境税改革伊始，英国政府就开始对商业和公共部门的照明、取暖能源消费以及电力、燃气、固体燃料和液化气等动力能源消费征收气候变化税，但并不针对家庭能源消费。②由于气候变化税的征收对象包括了部分化石能源，因此化石燃料税逐渐退出，在 2003 年化石燃料税的税率变为零。③

气候变化税对不同的能源品种的税率有所不同。例如，天然气为 0.15 便士／千瓦时；煤炭为 0.17 便士／千克；液化石油气为 0.96 便士／千克；电力为 0.43 便士／千瓦时。气候变化税使企业的燃料费用普遍增加了 10%—15%。

---

① Andersen M.S. and Ekins P., “Carbon-Energy Taxation——Lessons from Europe”, *Published in the United States by Oxford University Press Inc.*, New York, 2009, P251-252.

② http://www.lowcarboneconomy.com/Low_Carbon_World/Data/Country/FromMap/232/PolicySummary.

③ Andersen M.S. and Ekins P., “Carbon-Energy Taxation——Lessons from Europe”, *Published in the United States by Oxford University Press Inc.*, New York, 2009, P251-252.

英国的气候变化税遵循环境税的“中性原则”，除针对特定技术或部门制定优惠政策之外，气候变化税的收入主要通过三个途径返还给企业：（1）将所有被征收气候变化税的企业为员工缴纳的国民保险金（National insurance contribution，NIC）调低 0.3%；（2）通过“强化投资补贴”项目鼓励企业投资节能和环保的技术或设备。企业如果进行经政府认可的能源投资计划，其第一年投资资本可以全部在公司应税利润中扣除；（3）成立碳基金。①

（五）气候变化协议（Climate Change Agreements，CCAs）

英国政府考虑到气候变化税的征收可能给能源密集型企业造成较大的缴税负担，因此又推动气候变化协议制度。所有能源密集度达到或超过 12% 的企业都有资格加入气候变化协议。②如果能源密集型企业和政府签订气候变化协议，并完成了提高能源效率或者温室气体减排目标，政府可以减免其 80% 的气候变化税。此外，英国政府亦允许加入气候变化协议的企业参与英国温室气体排放贸易机制，以买卖各企业允许排放配额的方式实现气候变化协议的要求。③

（六）碳基金

为了帮助企业和公共部门减少温室气体排放和寻找低碳技术的商业机会，2001 年英国成立了碳基金。碳基金是一个由政府投资、按企业模式运作的独立公司，以促进低碳技术研发、加速技术商业化和投资孵化器为主要目标，投资领域主要包括：（1）能够立即产生减排效果的活动；（2）低碳技术研发；（3）信息传播和咨询活动。④

---

① 庄贵阳著：《低碳经济：气候变化背景下中国的发展之路》，气象出版社 2007 年版，第 104—105 页。

② http://www.lowcarboneconomy.com/Low_Carbon_World/Data/Country/FromMap/232/PolicySummary.

③ 庄贵阳著：《低碳经济：气候变化背景下中国的发展之路》，气象出版社 2007 年版，第 104—105 页。

④ 庄贵阳著：《低碳经济：气候变化背景下中国的发展之路》，气象出版社 2007 年版，第 108 页。

二、德国

（一）碳排放交易系统

2004年，德国政府在欧盟碳排放交易体系（ETS）下，出台了“国家分配计划”（National Allocation Plan，NAP），从2005年到2007年，每年免费给工业企业分发4.99亿吨的二氧化碳排放配额。此项措施能够每年减少520万吨二氧化碳排放量（相较于2000年到2002年的情况）。德国政府已从碳排放交易市场的碳配额销售中拨出了4亿欧元（约合5.7亿美元，2009年美元汇率）投资给低碳项目。

（二）研究与发展（R&D）政策

在气候变化研发方面，2006年德国联邦教育与研究部提供近3500万欧元资金用于气候保护和影响的研究计划（Klimazwei），旨在研究减轻和适应气候变化的战略。

德国非常重视能源技术的研究和开发，从1977年至今已经出台了5期能源研究计划。最近一期能源研究计划从2005年开始，重点是提高能源效率和发展可再生能源，通过德国“高技术战略”提供资金支持。2007年，德国联邦教育与研究部在“高技术战略”框架下制定了气候保护高技术战略。根据这项战略，联邦教育与研究部将在未来10年内额外投入10亿欧元用于研发气候保护技术，德国工业界也相应投入1倍的资金用于开发气候保护技术。该战略确定了4个重点领域，即气候预测和气候保护的基础研究、气候变化后果、适应气候变化的方法和与气候保护措施相适应的政策机制研究。同时通过立法和约束性较强的执行机制制定气候保护与节能减排的具体目标和时间表。①

（三）生态税（Ecological Tax）

1999年4月，德国进行了第一次生态税改革，借以对排放较多温室气体的能源课以更高的税率。2006年8月，德国对用于加热的煤炭、焦炭和褐煤征税，废除生物燃料的税收优惠，并计划到2012年将生物燃料的税收扩展到油菜籽生物柴油和乙醇，税率提高到每升0.45欧元。

① 邢继俊、黄栋、赵刚编：《低碳经济报告》，电子工业出版社2010年版，第51—55页。

但同时要求到2010年所有生物燃料占汽车发动机燃料的比率要达到5.75%。

（四）可再生能源的贷款优惠政策

鉴于可再生能源发电厂未能排除在生态税覆盖范围之外，德国政府决定给可再生能源企业提供贷款优惠。1999年，在德国经济和技术部的支持下引入了市场刺激计划（Market Stimulation Programme），对可再生能源技术提供贷款支持，其中贷款支持范围包括地热供热站、地热电站，大型生物系统和大型太阳能加热设备。政府通过降低贷款利率和免除部分债务的方式支持大型可再生能源企业的发展，对私人投资的小型企业提供补贴，相关优惠政策重点体现在设备购置方面。此外，该政策还鼓励居民使用太阳能加热系统和生物质能取暖系统（比如颗粒或木材气化锅炉），同时还对技术创新给予奖励。

（五）可再生能源发电上网保护制度

可再生能源发电上网保护制度（Feed-in tariffs）是一种鼓励采用可再生能源和促进可再生能源上网的政策机制，一般包含三个主要措施：（1）确保可再生能源发电的及时上网；（2）制定长期可再生能源电力生产合同；（3）上网电价保护，即可再生能源上网电价根据可再生能源发电成本和上网成本计算。在可再生能源发电上网保护制度下，可再生能源上网电价会存在溢价，但是区域或者国家的电网公司必须购买并且按照保护价格支付。不同的可再生能源发电技术的保护价格会有不同，主要是根据可再生能源的发电成本进行计算。这种成本定价措施能够保证任何的可再生能源投资项目都能收回成本。

可再生能源发电上网保护制度的原则最初是德国在2000年的《可再生能源法案》（2000 RES Act）中提出的。[①]《可再生能源法案》支持各种可再生能源的发展，并且根据可再生能源发电技术的不同制定不同的保护电价。太阳能发电的保护电价根据发电厂的规模和发电能力计算，例如，30千瓦以上的设备的保护电价是每千瓦时（kWh）0.4301欧元。2009年

① http://en.wikipedia.org/wiki/Feed-in_tariff.

修订的《可再生能源法案》调整了风能的保护电价：对于陆地风力发电，德国将从 2009 年 1 月 1 日起通过 5 年时间逐步提高保护电价，从每千瓦时 0.08 欧元提高到每千瓦时 0.092 欧元，然后在第 6 年降低到每千瓦时 0.05 欧元，之后每年降低 1%。对于海上风力发电，保护电价为每千瓦时 0.15 欧元，到 2015 年对于新的涡轮机降低到每千瓦时 0.13 欧元，每年降低 5%。同时还对涡轮机的更换提供重置奖金（Repowering bonus）。地热能的上网电价根据发电能力的不同而有所差别：对于 10 兆瓦以下的发电站的保护电价是每千瓦时 0.16 欧元；对于 10 兆瓦以上的发电站的保护电价是每千瓦时 0.105 欧元，同时伴有奖金。保护电价和奖金每年降低 1%。关于生物燃料，对于发电能力达到 150 千瓦时的生物气发电站（包括垃圾发电、沼气发电和矿气发电）的保护电价是每千瓦时 0.115 欧元。关于水电，对于新水电站的保护电价是每千瓦时 0.127 欧元，对于发电能力达到 500 千瓦的现代化水电站的保护电价是每千瓦时 0.117 欧元。关于热电联产，发电能力超过 5 兆瓦的热电联产发电的保护电价是每千瓦时 0.0779 欧元。此外，对于使用生物气的热电联产提供奖金，金额为每千瓦时 0.03 欧元。保护电价和奖金每年降低 1%。①

三、法国

（一）碳排放交易系统

2005 年至 2007 年，在欧盟碳排放交易系统下，法国分到了每年排放 1.56 亿吨二氧化碳当量的配额，法国决定扩大碳排放交易系统涵盖的范围，增加了欧盟指令中没有涉及的其他例如化工、农业食品和服务部门的 700 余个设施。碳排放交易系统允许欧洲的企业到俄罗斯、东欧国家和发展中国家投资减排项目，通过清洁发展机制（CDM）和联合履约机制（JI）计入其减排量。为此，法国在 2005 年 4 月正式批准法令允许法国企业在未能完成减排承诺的情况下采取以上方法。法国参议院还通过了欧盟连接指令（EU Linking Directive），规定欧盟排放交易系

① http://www.lowcarboneconomy.com/Low_Carbon_World/Data/Country/FromMap/81/PolicySummary.

统覆盖的公司采取清洁发展机制和联合履约机制的质量和数量没有任何限制。

（二）财税支持

进入 21 世纪，法国政府采取了许多财税优惠政策支持低碳经济的发展。2003 年，法国财政法扩展了用于新建住房的可再生能源生产设备的税收抵免。2009 年，法国财政法增加了许多旨在建筑行业和可再生能源领域提高能源效率的资金支持措施，具体包括：（1）对节能房屋的购买采取零利率贷款（第 100 条）；（2）对节能装修采取零利率贷款（第 99 条）；（3）对符合建筑物规范能效要求的住房的贷款利息采取税收抵免（第 103 条）；（4）对要求税收抵免的新建房屋延长其还款期；（5）降低有利于使用乙醇 E85 的消费税（第 16 和 17 条）。

（三）研究与发展（R&D）政策

法国在应对气候变化的研究和开发方面做了许多工作。2000 年，法国环境与能源管理署（ADEME）进行了可再生能源、能源效率、废物管理和污染等方面的调查和可行性研究。ADEME 资金总共支持了工业部门的 540 个项目、建筑行业的 2240 个项目和家庭方面的 11 万个项目。2001 年，法国创建了观测全球变暖影响的国家天文台（National Observatory on the Effects of Global Warming，Observatoire national sur les effets du réchauffement climatique - ONERC），其主要任务是：（1）收集和传播有关全球变暖风险的信息；（2）提供减缓和适应气候变化的建议；（3）积极与发展中国家开展气候变化方面的对话。2006 年 4 月，法国宣布了一系列公私合作研究伙伴关系，旨在减少法国对石油的依赖和减缓气候变化。

法国投入了大量的资金用于能源领域的研究和开发。2002 年，法国环境与能源管理署（ADEME）与法国信托投资银行（CDC）等机构合作成立了环境和能源管理投资基金（Investment Fund for the Environment and Energy Management，FIDEME），初始资金为 4.5 亿欧元，主要用于资助可再生能源和废物管理项目。

2005 年 5 月，一个公私合作小组评估了法国的研发项目，并建立了一个新的能源技术研发项目（New Energy Technology R&D Program），资金为8000万欧元，主要用于5个方面的投资：（1）氢和燃料电池；（2）二氧化碳捕获和储存；（3）光电；（4）建筑的能源效率；（5）生物质能。法国政府预计在2005年至2010年投资将达到约5.2亿欧元，引进私营部门研发资金7亿欧元。

2007年，OSEO①支持了208个能源领域项目，主要涉及三个方面：（1）提高能源消耗的监测水平；（2）高效节能建筑材料；（3）可再生能源项目。2008年，OSEO和工业创新部（Industrial Innovation Agency，AII）创建了战略产业创新机构（Strategic Industrial Innovation，ISI），初始预算为3亿欧元，用于促进清洁交通和可再生能源的发展。

2007年，法国政府公布了能源研究和发展国家战略（National Strategy for Research and Development for Energy）以促进在减少温室气体排放和提高能源效率方面的技术和能源的研发。该战略确定了未来5年公共和私人部门在能源生产和能源效率方面的研究重点。

2008年7月，法国三个政府部门建立了一个示范基金，计划在4年内提供4亿欧元资金支持目前没有经济可行的能源技术发展。2008年该基金在以下三个方面建立了公共和私营部门的伙伴关系：（1）碳捕获和储存；（2）可再生能源，包括第二代生物燃料；（3）具有低能耗和低温室气体排放的创新运输系统。2009年，该基金的重点是：（1）可再生能源（太阳能和海洋能）；（2）智能电网；（3）能源储存和节能建筑。

（四）可再生能源发电上网保护制度

2005年7月，法国政府在2000年电力法（2000 Electricity Law）的基础上调整了针对可再生能源的上网电价保护制度，规定来自沼气、甲烷、风能、光电和地热的可再生能源电力生产合同期限一般为15年左右。同年，法国参议院拓展了法国电力公司风能上网保护电价的优惠范围，不

---

① 成立于2005年的OSEO是法国一个公益组织，经常通过赠款和无息贷款的形式支持中小企业（SMEs）和大型企业进行研究和技术创新，金额范围是从4万欧元到40万欧元。

再考虑风力发电厂的发电能力。[①]

四、意大利

（一）碳排放交易系统

2007 年 5 月，欧委会通过了在欧盟碳排放交易系统下意大利的国家分配计划。该计划削减了意大利的二氧化碳排放配额，即每年排放的二氧化碳额度为 1.958 亿吨二氧化碳当量，并计划提供资金用于提高政府测算碳排放量的能力，鼓励公共交通工具的使用，提高“清洁能源”技术，激励公司和个人自愿减排。[②]

（二）“绿色证书”和“白色证书”制度

1992 年，意大利对可再生能源发电厂的电价实行保护价收购，扶持可再生能源的发展。意大利的可再生能源发电上网保护制度是和“绿色证书”制度结合在一起的。1999 年，意大利开始实行“绿色证书”制度。“绿色证书”是指通过利用可再生能源向国家电网输送电力并由国家电网管理局认可后颁发的证书。规定年产量或进口量在1亿千瓦时以上的不可再生能源企业，必须按实际产量的一定比例向电网输送可再生能源，且比例逐年提高。“绿色证书”可用于交易，生产商可通过购买“绿色证书”的方式完成任务。

2005 年 1 月，意大利开始实行“白色证书”制度。它是一种对企业提高能源效率的认证制度。企业必须申请“白色证书”，政府核准其最低的节能目标。“白色证书”可以买卖，管理部门可根据市场行情调整价格。对达到节能目标的企业，给予经济奖励。达不到最低节能目标者，可从市场上购买“白色证书”，否则将受到经济处罚。[③]

（三）财政和金融政策

2007 年意大利的预算法（Budget Law 2007）制定了提高能效和减低

---

① http://www.lowcarboneconomy.com/Low_Carbon_World/Data/Country/FromMap/74/PolicySummary.

② http://www.lowcarboneconomy.com/Low_Carbon_World/Data/Country/Italy/108.

③ 何毅亭著、陶良虎编：《中国低碳经济：面向未来的绿色产业革命》，研究出版社 2010 年版，第 62—64 页。

温室气体排放的财政和金融刺激措施，主要包括：（1）促进建筑物能源效率提高和可再生能源利用的刺激措施；（2）对用于运输的生物燃料采取减免税收的优惠措施；（3）创立2亿欧元的用于资助清洁能源发展的循环基金。[①]

---

① http://www.lowcarboneconomy.com/Low_Carbon_World/Data/Country/Italy/108.

第四章　欧盟发展低碳经济的效果和经济学分析

第一节　欧盟的温室气体减排情况

一、欧盟温室气体减排的总体情况

由于2008年爆发金融危机，之后欧洲主权债务危机对欧盟整体的政治经济造成重大影响，从而对温室气体排放量、能源结构和效率等数据造成剧烈波动。因此，本章对欧盟发展低碳经济效果的数据截取1970年至2008年左右的数据进行分析。欧盟在应对气候变化、降低温室气体排放方面取得了较大进展，特别是与其他温室气体排放量大的发达国家相比，成果显著。欧盟（27国）的温室气体排放量（不包括LULUCF[①]的数据）从1990年的55.67025亿吨二氧化碳当量降低到了2008年的49.39738亿吨二氧化碳当量，降低了11.27%；原欧盟15国的温室气体排放量从1990年的42.44651亿吨二氧化碳当量降低到了2008年的39.70472亿吨二氧化碳当量，降低了6.46%。而同期，美国的温室气体排放量从61.11815亿吨

---

① LULUCF是土地利用、土地利用变化和林业（Land use, land use change and forestry）的简称。联合国公布的各个国家和地区的温室气体排放量的数据有两种，即不包括LULUCF的温室气体排放数据（GHG total excluding LULUCF）和包括LULUCF的温室气体排放数据GHG total including LULUCF）。因为LULUCF活动会改变生态系统的固碳作用，从而改变生态系统的碳汇能力，因此要将其影响纳入温室气体减排数据的计算当中。但是，一般在分析一个国家或地区的减排效果时仍较多使用不包括LULUCF的数据。

二氧化碳当量增加到了69.24556亿吨二氧化碳当量，增加了13.3%；日本的温室气体排放量从12.68675亿吨二氧化碳当量增加到了12.81884亿吨二氧化碳当量，增加了1.0%；澳大利亚的温室气体排放量从4.18372亿吨二氧化碳当量增加到了5.4954亿吨二氧化碳当量，增加了31.4%；加拿大的温室气体排放量从5.91793亿吨二氧化碳当量增加到了7.34420亿吨二氧化碳当量，增加了24.1%。[①]《联合国气候变化公约》缔约方中的温室气体排放量大的发达国家（或地区）在1990—2008年的温室气体排放量的具体数据见表4.1。由于欧、美、日的温室气体排放量是发达国家中最高的，因此将三者温室气体排放量的历史趋势作一比较，见图4.1。

从表4.1和图4.1可以看出，在温室气体排放量大的发达国家（或地区）当中，在20年内只有俄罗斯和欧盟的温室气体排放量有所下降。然而，俄罗斯的温室气体排放量降低的主要原因是苏联解体对俄罗斯经济造成的影响，而非主动发展低碳经济的结果。因此欧盟发展低碳经济的效果相较于其他发达国家是相当明显的。从表4.1还可以看出2007—2008年各个国家（或地区）的温室气体排放量均有较大幅度的减少，但这主要是金融危机的影响。

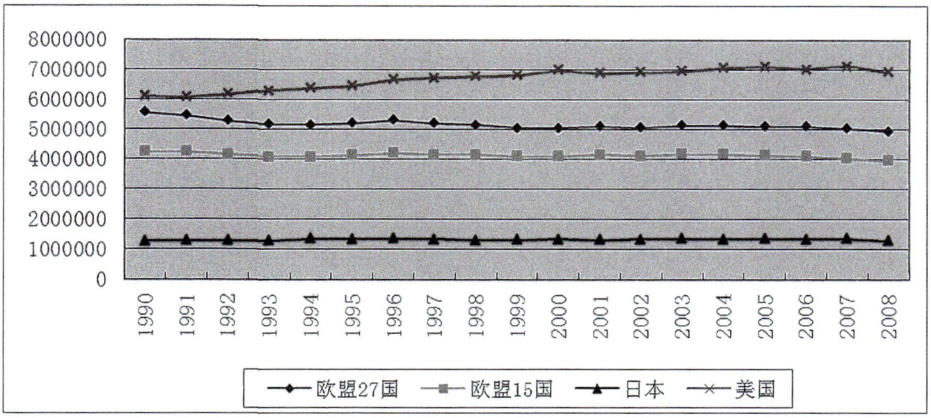

图4.1　1990—2008年欧、美、日温室气体排放对照图

（单位：千吨二氧化碳当量）

资料来源：作者根据UNFCCC相关数据绘制。

① 数据来源：UNFCCC, http://unfccc.int/di/DetailedByParty/Event.do?event=go.

表 4.1 1990—2008 年欧、美、日温室气体排放对照表

单位：千吨二氧化碳当量

年份 国家或地区	1990	1991	1992	1993	1994	1995	1996	1997	1998	1999
欧盟 27 国	5567026	5467607	5278227	5188618	5158975	5214688	5321270	5217139	5169055	5060167
原欧盟 15 国	4244651	4259627	4167796	4099564	4096223	4136737	4220177	4153818	4171400	4106413
新欧盟 12 国	1322375	1207980	1110432	1089054	1062752	1077950	1101093	1063321	997655	953755
日本	1268657	1283374	1297352	1291027	1362306	1339786	1353214	1347547	1304623	1325686
美国	6111815	6074640	6175379	6298122	6389423	6471628	6672831	6739154	6779709	6825609
澳大利亚	418372	418372	419547	424348	426863	428575	441015	447132	458567	472959
加拿大	591793	591793	584655	602448	603611	623546	640995	659283	672264	678445
俄罗斯	3321718	3321718	3143549	2653529	2520571	2254511	2173784	2112750	2008464	1973599

续表

年份 / 国家或地区	2000	2001	2002	2003	2004	2005	2006	2007	2008	减排比例（单位：%）
欧盟 27 国	5062303	5116970	5071816	5148740	5148450	5116735	5099814	5038775	4939738	-11.3
原欧盟 15 国	4114482	4158862	4130878	4178162	4174104	4144796	4108170	4046189	3970473	-6.5
新欧盟 12 国	947821	958108	940938	970579	974346	971939	991644	992586	969265	-26.7
日本	1344279	1318555	1351236	1355532	1351983	1354518	1336787	1368987	1281823	1.0
美国	7008191	6897972	6932705	6967960	7076673	7104615	7010077	7120444	6924556	13.3
澳大利亚	496185	507319	508876	517494	525955	527743	533336	541323	549540	31.4
加拿大	717101	711090	716849	740626	740826	730967	718178	750329	734420	24.1
俄罗斯	2024848	2049363	2054740	2096105	2110510	2115407	2183152	2187781	2229565	-32.9

资料来源：UNFCCC 相关数据。

欧盟2020年的减排目标是将温室气体排放量至少降低到1990年水平的80%，2008年欧盟（27国）的温室气体排放量已经降低到1990年水平的88.7%，其中2007—2008年相对于1990年的水平降低了2.0%，即减排了9900万吨二氧化碳当量。要达到2020年的减排目标，欧盟至少需要再降低8.7%。

欧盟15国在《京都议定书》中的减排目标是在2008年至2012年间将温室气体排放量降低到1990年水平的92%，2008年欧盟15国的温室气体排放量已经降低到1990年水平的93.1%，其中2007—2008年相对于1990年的水平降低了1.9%，即减排了7600万吨二氧化碳当量。

在1990年至2008年期间欧盟27国的温室气体减排幅度要大于欧盟15国的，这说明新欧盟12国的温室气体减排幅度要大于原欧盟15国的。再把时间区间分成“1990—1994年”和“1994—2008年”两个时间段来看，在1990年至1994年期间，欧盟27国的温室气体排放量有大幅度的下降，而欧盟15国在这4年的温室气体排放量的下降趋势虽然和欧盟27国一致，但是幅度要远远小于欧盟27国的，这说明在这4年欧盟温室气体排放量的大幅度减少主要是因为后来入盟的中东欧国家温室气体排放量的大幅减少。而其原因主要是苏联解体和东欧剧变对这些国家经济的影响。中东欧国家由于历史原因导致温室气体大幅度减少是欧盟整体实现其减排目标的一个重要优势（见第二章第一节欧盟发展低碳经济的优势）。在1994年至2008年期间，欧盟27国和欧盟15国的温室气体排放量的下降趋势十分类似，这说明在1994年之后，新欧盟12国的经济社会状况趋于稳定，欧盟温室气体排放量的减少主要是因为发展低碳经济的结果。

二、欧盟产业各部门温室气体排放的情况

1990年至2008年，欧盟（27国）的能源、化工、运输、制造业等高耗能部门排放的温室气体量变化幅度较大。欧盟减少或增加的温室气体排放量超过2000万吨二氧化碳当量的部门如表4.2所示。

表 4.2 1990—2008 年欧盟各部门温室气体增 / 减排情况表

单位：百万吨二氧化碳当量

部门	欧盟 15 国	欧盟 27 国	新欧盟 12 国
制造业（铁、钢除外）（与能源有关的 CO_2 来自 1A2 并非 1A2a）	-77.5	-161.1	-83.6
固体废物处理（CH_4 来自 6A）	-68.1	-65.7	2.4
已二酸生产（N_2O 来自 2B3）	-50.3	-51.3	-1
矿气（CH_4 来自 1B）	-46.2	-66.9	-20.7
固体燃油生产（CO_2 来自 1A1c）	-42.6	-42.9	-0.3
家庭与服务（CO_2 来自 1A4）	-39.0	-94.6	-55.6
农业用地（N_2O 来自 4D）	-33.5	-64.7	-31.2
钢铁生产（CO_2 来自 1A2a+2C1）	-32.2	-55.2	-23
硝酸生产（N_2O 来自 2B2）	-22.4	-25.8	-3.4
卤烃生产（HFC 来自 2E）	-21.7	-21.7	0
肠发酵（CH_4 来自 4A）	-15.9	-38.3	-22.4
公共电力和热力生产（CO_2 来自 1A1a）	9.1	-135.7	-144.8
卤烃消费（HFC 来自 2F）	60.2	66.6	6.4
公路运输（CO_2 来自 1A3b）	134.9	185.0	50.1
总计	-274.2	-627.3	-353.1

资料来源：European Environment Agency, “Annual European Union greenhouse gas inventory 1990-2008 and inventory report 2010”, Submission to the UNFCCC Secretariat, May 27, 2010.

注：1. 括号内字母和数字的组合表示温室气体排放来源的分类（如：1A2），欧盟把温室气体排放的来源进行了详细的部门分类，具体分类列表参见本表资料来源。

2. 卤烃又称卤代烃，是指烃分子中氢原子被卤素（氟、氯、溴、碘）取代的化合物。卤烃因种类不同，用途各异，可用作溶剂、制冷剂、灭火剂、杀虫剂等，有的是合成高分子化合物所用的单体。卤烃是重要的有机合成试剂和化工原料。

从表 4.2 可以看出，1990 年至 2008 年，欧盟（27 国）有 12 个部门降低的温室气体排放量超过了 2000 万吨二氧化碳当量，其中减排幅度最大的是公共电力和热力生产、制造业和家庭的能源使用。仅有卤烃消费和公路运输两个部门增加的温室气体排放量超过 2000 万吨二氧化碳当量。

原欧盟 15 国和新欧盟 12 国在降低温室气体排放方面有着不同的部

门优势，这主要体现在固体废物处理和公共电热生产两个部门。在固体废物处理方面，原欧盟 15 国降低了较多的温室气体排放量，而新欧盟 12 国的温室气体排放量是有少量增加的。在公共电力和热力生产方面，新欧盟 12 国降低了较多的温室气体排放量，而原欧盟 15 国的温室气体排放量是有少量增加的。

新欧盟 12 国的高耗能部门降低的温室气体排放量大于原欧盟 15 国的，特别是制造业和公共电热生产部门的减排幅度较大。这说明历史原因（苏联解体和东欧剧变）对新欧盟 12 国的制造业和公共电热生产部门影响较大，导致这两个部门降低了较多的温室气体排放量。

2007 年至 2008 年，欧盟（27 国）的温室气体排放量减少了 2%，欧盟 15 国减少了 1.9%，变化幅度较大的仍然是高能耗部门。欧盟减少或增加的温室气体排放量超过 300 万吨二氧化碳当量的部门见表 4.3。

表 4.3 2007—2008 年欧盟各部门温室气体增 / 减排情况表

单位：百万吨二氧化碳当量

部门	欧盟 15 国	欧盟 27 国	新欧盟 12 国
家庭与服务（CO_2 来自 1A4）	45.6	46.6	1
卤烃消费（HFC 来自 2F）	3.1	3.2	0.1
固体废物处理（CH_4 来自 1B）	-2.4	-2.9	-0.5
固体燃油生产（CO_2 来自 1A1c）	-1.4	-4.8	-3.4
钢铁生产（CO_2 来自 1A2a+2C1）	-3.3	-9.3	-6
硝酸生产（N_2O 来自 2B2）	-5.6	-8.0	-2.4
水泥工业（CO_2 来自 2A1）	-7.4	-7.8	-0.4
制造业（铁、钢除外）（与能源有关的 CO_2 来自 1A2 并非 1A2a）	-13.1	-17.3	-4.2
公路运输（CO_2 来自 1A3b）	-22.8	-16.4	6.4
公共电力和热力生产（CO_2 来自 1A1a）	-60.5	-73.4	-12.9
总计	-75.7	-99.0	-23.3

资料来源：European Environment Agency, “Annual European Union greenhouse gas inventory 1990–2008 and inventory report 2010”, Submission to the UNFCCC Secretariat, May 27, 2010.

比较表 4.2 和表 4.3 的异同可以看出，公路运输和家庭服务部门的减排情况与欧盟温室气体减排的长期趋势存在显著不同。公路运输曾经是欧盟温室气体排放量增加幅度最大的部门，但是在 2007—2008 年却出现了减排；家庭服务排放的温室气体量长期呈下降趋势，但是在 2007—2008 年却成为温室气体排放量增加最多的部门。

欧盟高能耗部门的减排主体已经从新欧盟 12 国转变为原欧盟 15 国。在过去，新欧盟 12 国由于历史原因，一些高耗能部门减产甚至倒闭，导致温室气体排放量的大幅降低，但是随着中东欧国家经济社会的逐步稳定和急切发展的需要，减排压力不断增大。而欧盟 15 国由于低碳技术的快速发展和低碳政策的不断出台，低碳经济发展的效果逐步显现，高能耗部门的节能减排优势日益突出。

2007 年至 2008 年，欧盟 15 国温室气体大幅度降低的原因主要有以下 5 个方面：（1）公共电力和热力生产部门大量减少了温室气体排放量，这主要得益于西班牙发电用煤的减少和德国常规火电厂的减少以及核电的发展。（2）原欧盟成员国（除了比利时、卢森堡和荷兰），特别是法国、西班牙、意大利和英国的公路运输部门大量减少了温室气体排放，其中法国、西班牙和意大利主要是由于加大了生物燃料的使用。（3）英国、西班牙、意大利和德国的制造业（铁、钢除外）大量减少了温室气体排放。（4）荷兰采用了先进的减排技术，大大降低了硝酸生产的 N_2O 排放。（5）德国、法国和意大利的钢铁生产部门降低了大量的温室气体排放。①

三、欧盟成员国温室气体的排放情况及比较分析

（一）原欧盟 15 国与新欧盟 12 国温室气体排放情况及比较分析

从温室气体减排总量上看，尽管新欧盟 12 国的温室气体排放总量占欧盟整体的比重较小，但是在 1990 年至 2008 年期间降低的温室气体排

① European Environment Agency, "Annual European Union greenhouse gas inventory 1990–2008 and inventory report 2010", Submission to the UNFCCC Secretariat, May 27, 2010.

放总量却大于原欧盟 15 国。与 1990 年相比，2008 年新欧盟 12 国的温室气体排放量降低了 3.53109 亿吨二氧化碳当量，减排比例[①]达 26.7%；同期，原欧盟 15 国的温室气体排放量降低了 2.74178 亿吨二氧化碳当量，减排比例为 6.5%。新欧盟 12 国与原欧盟 15 国的温室气体减排比例见图 4.2。

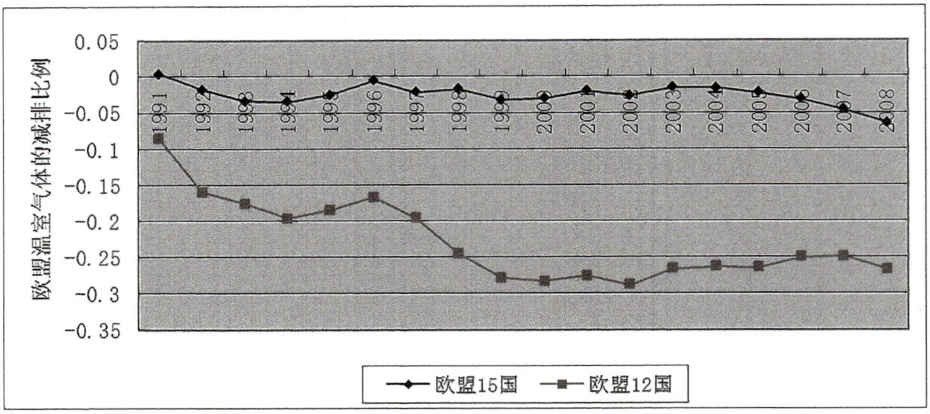

图 4.2 1990—2008 年新欧盟 12 国与欧盟 15 国的温室气体的减排比例

资料来源：根据表 4.1 中的数据计算绘制而成。

从图 4.2 可以看出，新欧盟 12 国每一年的减排比例都远远大于欧盟 15 国。这一方面是由于新欧盟 12 国确实大量减少了温室气体排放，另一方面是由于基数的选择。与欧盟 15 国相比，新欧盟 12 国的温室气体排放总量较小，从而基期的温室气体排放量较小，因此温室气体排放量的变化所计算出的减排比例较大。从新欧盟 12 国的历史来看，1990 年东欧剧变对经济的影响还未显现，之后东欧国家的经济长期处于衰退状态，因此 1990 年新欧盟 12 国的温室气体排放量是近 20 年来最高的。

从温室气体排放量的逐年变化率[②]来看，在 1990 年至 1995 年，新欧盟 12 国的温室气体排放量每年都有较大幅度的减少，但是之后就呈锯齿

---

① 减排比例为某一年的温室气体排放量减去基期（这里为 1990 年）的温室气体排放量得到的差，再除以基期的温室气体排放量。

② 温室气体排放量的逐年变化率为某一年的温室气体排放量减去前一年的温室气体排放量得到的差，再除以前一年的温室气体排放量。

状变化，温室气体排放量时增时减。而欧盟 15 国的温室气体排放量的逐年变化率在 2005 年之前呈锯齿状变化，温室气体排放量时增时减，但是 2005 年之后就一直呈下降趋势，并且欧盟规定在京都阶段以及之后温室气体的排放量是必须逐年下降的。新欧盟 12 国与欧盟 15 国的温室气体排放量的逐年变化率见图 4.3。

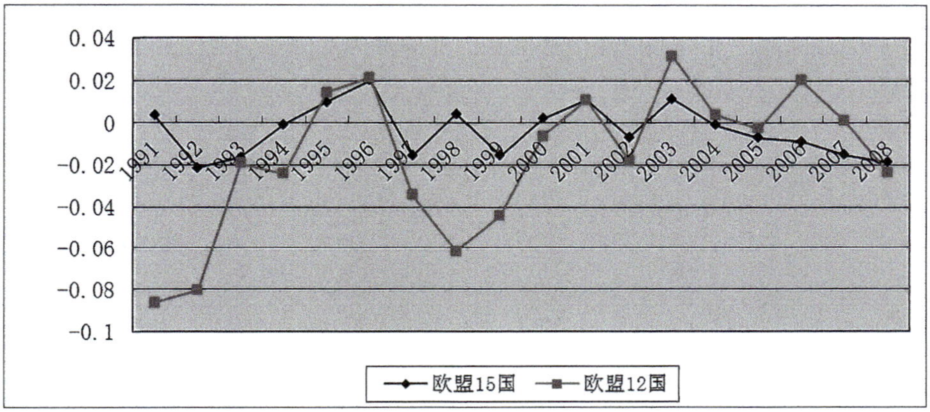

图 4.3　1990—2008 年新欧盟 12 国与欧盟 15 国的温室气体排放量的逐年变化率

资料来源：根据表 4.1 中的数据计算绘制而成。

从图 4.3 可以看出，欧盟的减排主体已经从新欧盟 12 国转变为原欧盟 15 国。最初欧盟温室气体排放量下降的主导因素是中东欧国家经济衰退造成的影响，后来的主导因素是原欧盟 15 国发展低碳经济的结果。

（二）欧盟成员国的温室气体排放情况及比较分析

欧盟 27 个成员国除了塞浦路斯和马耳他以外，其他 25 个国家均有《京都议定书》的减排目标。欧盟成员国的《京都议定书》目标完成情况见表 4.4。

表 4.4 欧盟成员国的《京都议定书》目标完成情况

单位：百万吨二氧化碳当量

欧盟成员国	1990 年（百万吨）	《京都议定书》规定的基期（百万吨）	2008 年（百万吨）	2007 到 2008 的改变量（百万吨）	2007 年到 2008 的变化率（%）	2008 年相对于 1990 年的变化率（%）	2008 年相对于基期的变化率（%）	《京都议定书》的减排目标和“欧盟分担比例”
德国	1231.8	1232.4	958.1	0.7	0.1%	-22.2%	-22.3%	-21.0%
英国	771.7	776.3	628.2	-11.8	-1.8%	-18.6%	-19.1%	-12.5%
瑞典	72.4	72.2	64.0	-2.2	-3.3%	-11.7%	-11.3%	4.0%
比利时	143.4	145.7	133.3	3.0	2.3%	-7.1%	-8.6%	-7.5%
法国	563.2	563.9	527.0	-3.2	-0.6%	-6.4%	-6.5%	0.0%
芬兰	70.4	71.0	70.1	-7.9	-10.2%	-0.3%	-1.2%	0.0%
丹麦	68.9	69.3	63.8	-3.0	-4.5%	-7.4%	-7.9%	-21.0%
卢森堡	13.1	13.2	12.5	-0.30	-2.3%	-4.8%	-5.1%	-28.0%
荷兰	212.0	213.0	206.9	0.0	0.0%	2.4%	2.9%	-6.0%
意大利	517.0	516.9	541.5	-11.1	-2.0%	4.7%	4.8%	-6.5%
奥地利	78.2	79.0	86.6	-0.3	-0.4%	10.8%	9.6%	-13.0%
希腊	103.3	107.0	126.9	-5.0	-3.8%	22.8%	18.6%	25.0%
爱尔兰	54.8	55.6	67.4	-0.2	-0.3%	23.0%	21.3%	13.0%
葡萄牙	59.3	60.1	78.4	-1.5	-1.9%	32.2%	30.3%	27.0%
西班牙	285.1	289.8	405.7	-32.9	-7.5%	42.3%	40.0%	15.0%
欧盟 15 国	4244.7	4265.5	3970.5	-75.7	-1.9%	-6.5%	-6.9%	-8.0%
拉脱维亚	26.8	25.9	11.9	-0.4	-3.1%	-55.6%	-54.1%	-8.0%
立陶宛	49.7	49.4	24.3	-1.1	-4.5%	-51.1%	-50.8%	-8.0%
爱沙尼亚	40.8	42.6	20.3	-1.8	-8.2%	-50.4%	-52.5%	-8.0%
罗马尼亚	242.1	278.2	145.9	-6.7	-4.4%	-39.7%	-47.6%	-8.0%
保加利亚	117.4	132.6	73.5	-2.4	-3.2%	-37.4%	-44.6%	-8.0%
斯洛伐克	73.9	72.1	48.8	1.1	2.3%	-33.9%	-32.2%	-8.0%
捷克共和国	195.2	194.2	141.4	-6.1	-4.1%	-27.5%	-27.2%	-8.0%
匈牙利	97.4	115.4	73.1	-2.6	-3.4%	-24.9%	-36.6%	-6.0%
波兰	453.3	563.4	395.6	-4.3	-1.1%	-12.7%	-29.8%	-6.0%
斯洛文尼亚	18.5	20.4	21.3	0.7	3.5%	15.2%	4.6%	-8.0%

续表

马耳他	2.0	——	3.0	-0.05	-1.8%	44.2%.	——	——
塞浦路斯	5.3	——	10.2	0.4	3.7%	93.9%	——	——
欧盟 27 国	5567.0	——	4939.7	-99.0	-2.0%	-11.3%	——	——

资料来源：European Environment Agency, "Annual European Union greenhouse gas inventory 1990–2008 and inventory report 2010", Submission to the UNFCCC Secretariat, May 27, 2010. 作者根据相关表格加工而成。

注：1. 塞浦路斯、马耳他和欧盟 27 国在《京都议定书》中没有减排目标，因此也没有《京都议定书》制定的基期。

2. 本表的前 6 个国家为欧盟 15 国中已经完成《京都议定书》目标的国家。这 6 个国家按照 2008 年相对于 1990 年的温室气体变化率（%）从小到大排列。

3. 本表的第 7 个至第 15 个国家为欧盟 15 国中尚未完成《京都议定书》目标的国家。这 9 个国家按照 2008 年相对于 1990 年的温室气体变化率（%）从小到大排列。

4. 本表的第 16 个至第 25 个国家为《联合国气候变化公约》附件 2 的欧盟国家，这些国家按照 2008 年相对于 1990 年的温室气体变化率（%）从小到大排列。

从表 4.4 可以看出，2008 年，欧盟已经有 15 个成员国完成了《京都议定书》的减排目标，其中经济转轨国家除了斯洛文尼亚以外全部大大超出《京都议定书》的减排目标。原欧盟 15 国中有 6 个国家完成了京都目标，分别是比利时、芬兰、法国、德国、瑞典和英国。

从单个国家来看，1990 年至 2008 年欧盟各个成员国的温室气体排放趋势存在很大差异，具体数据见表 4.5。

表 4.5　1990—2008 年欧盟各个成员国的温室气体排放量

单位：百万吨二氧化碳当量

年份 成员国	1990	1995	2000	2005	2006	2007	2008
德国	1232	1101	1025	978	983	957	958
英国	772	712	673	655	650	640	628
意大利	517	529	550	573	562	553	541
法国	563	557	557	556	540	530	527
西班牙	285	315	381	435	427	439	406
荷兰	212	225	215	212	209	207	207
比利时	143	150	145	141	136	130	133

续表

希腊	103	108	125	133	129	132	127
奥地利	78	80	80	93	90	87	87
葡萄牙	59	70	81	87	82	80	78
芬兰	70	71	69	68	80	78	70
爱尔兰	55	58	68	69	68	68	67
丹麦	69	76	68	64	72	67	64
瑞典	72	74	69	68	67	66	64
卢森堡	13	10	10	13	13	13	12
欧盟 15 国	4245	4137	4114	4145	4108	4046	3970
波兰	453	440	390	390	403	400	396
罗马尼亚	242	180	136	150	154	153	146
捷克共和国	195	154	148	145	147	147	141
保加利亚	117	89	69	71	72	76	73
匈牙利	97	79	77	80	78	76	73
斯洛伐克	74	53	49	50	50	48	49
立陶宛	50	22	19	23	24	25	24
斯洛文尼亚	18	18	19	20	20	21	21
爱沙尼亚	41	21	18	19	19	22	20
拉脱维亚	27	13	10	11	12	12	12
塞浦路斯	5	7	9	10	10	10	10
马耳他	2	2	3	3	3	3	3
欧盟 27 国	5567	5215	5062	5117	5100	5039	4940

资料来源：European Environment Agency, Annual European Union greenhouse gas inventory 1990–2008 and inventory report 2010, Submission to the UNFCCC Secretariat, May 27, 2010. 作者根据相关表格加工而成。

注：本表分成欧盟 15 国和新欧盟 12 国两个部分，均按照 2008 年成员国的温室气体排放量的大小顺序排列。

欧盟温室气体排放量的总体趋势主要由德国和英国这两个国家所引导，德国和英国的温室气体排放量之和占了欧盟 27 国排放总量的 1/3。这两个国家发展低碳经济的效果显著，共减少温室气体排放 4.17 亿吨二氧化碳当量（相对于 1990 年的水平）。德国减排成果显著的主要原因是电站和供暖设备的能效提高以及两德统一的经济改组。英国温室气体排放量降低的主要原因是：能源市场的自由化；电力生产燃料从煤和石油向天然气的转变；己二酸的生产采用了降低 N_2O 排放的措施。

在欧盟 27 国中，意大利和法国的温室气体排放量分别位居第三和第四，均占欧盟排放总量的 11%。2008 年，意大利的温室气体排放量增加了 5%（相对于 1990 年的水平），主要原因是公路运输、热电生产和汽油精炼部门温室气体排放量的增多。2008 年，法国的温室气体排放量降低了 6%（相对于 1990 年的水平），主要是由于已二酸的生产降低了大量的 N_2O 排放。但是在 1990 年至 2008 年，法国公路运输排放的二氧化碳和卤烃消费排放的 HFC 却是显著增加的。

西班牙和波兰是欧盟第五和第六大温室气体排放国，均占欧盟排放总量的 8%。从 1990 年至 2008 年，西班牙的排放量增加了 42%，主要是由于公路运输、电力和热力生产以及制造业排放量增加的结果。从 1990 年至 2008 年，波兰降低了 12.7% 的温室气体排放量，主要原因与其他欧盟新成员国一样，是由于在 20 世纪 80 年代末和 90 年代初，能源利用效率低下的重工业发生衰退以及经济全面重组的结果。但是运输业除外，尤其是公路运输的温室气体排放量是增加的。

四、欧盟 6 种温室气体的排放情况

二氧化碳是最重要的温室气体，2008 年欧盟（27 国）排放的 CO_2 量（不包括 LULUCF）为 40.89 亿吨，占所有温室气体排放量的 82.8%。CO_2 排放量相对于 1990 年的水平，降低了 7.1%，相对于 2007 年的水平，降低了 2.1%。1990 年至 2008 年，欧盟 6 种温室气体的排放情况见表 4.6。

表 4.6 1990—2008 年欧盟（27 国）6 种温室气体排放量情况一览表

单位：百万吨二氧化碳当量

温室气体排放量 \ 年份	1990	1995	2000	2005	2006	2007	2008
纯 CO_2 排放 ①	4048	3760	3704	3829	3823	3812	3671
CO_2 排放（不包括 LULUCF）	4401	4154	4112	4239	4236	4178	4089
CH_4	598	542	481	428	423	418	413
N_2O	518	458	412	384	373	372	364
HFC	28	41	46	60	62	66	70
PFC	20	13	9	5	5	4	4
SF_6	11	16	11	9	10	9	9
总计（含纯 CO_2 排放量）②	5223	4830	4663	4716	4696	4681	4530
总计（不包括 LULUCF 的 CO_2 排放量）③	5576	5224	5071	5126	5108	5047	4948
总计（不包括 LULUCF）	5567	5215	5062	5117	5100	5039	4940

资料来源：European Environment Agency, "Annual European Union greenhouse gas inventory 1990-2008 and inventory report 2010", Submission to the UNFCCC Secretariat, May 27, 2010. 作者根据相关表格加工而成。

欧盟 15 国最重要的温室气体同样是 CO_2，2008 年欧盟 15 国排放的 CO_2 量（不包括 LULUCF）为 33.18 亿吨，占所有温室气体排放量的 83.6%。CO_2 排放量相对于 1990 年的水平，降低了 1.3%，相对于 2007 年的水平，降低了 2.0%。1990 年至 2008 年，欧盟 15 国 6 种温室气体的排放情况见表 4.7。④

① 纯 CO_2 排放是指包括了 LULUCF 碳汇作用的 CO_2 排放量。

② 总计（含纯 CO_2 排放量）表示计算总量的时候用的是纯 CO_2 排放的数据，即本表第二行的数据。

③ 总计（不包括 LULUCF 的 CO_2）表示计算总量的时候用的是不包括 LULUCF CO_2 排放量，即本表第三行的数据。

④ European Environment Agency, "Annual European Union greenhouse gas inventory 1990–2008 and inventory report 2010", Submission to the UNFCCC Secretariat, May 27, 2010.

表 4.7 1990—2008 年欧盟（15 国）6 种温室气体排放量情况一览表

单位：百万吨二氧化碳当量

温室气体排放量 \ 年份	1990	1995	2000	2005	2006	2007	2008
纯 CO_2 排放	3142	3036	3083	3213	3195	3178	3062
CO_2 排放（不包括 LULUCF）	3362	3290	3359	3466	3446	3386	3318
CH_4	438	413	365	314	308	305	302
N_2O	394	374	334	303	291	289	282
HFC	28	41	45	54	56	60	63
PFC	17	11	7	4	4	3	3
SF_6	11	15	10	9	9	9	9
总计（含纯 CO_2 排放量）	4031	3890	3844	3897	3863	3844	3720
总计（不包括 LULUCF 的 CO_2 排放量）	4251	4144	4120	4151	4114	4052	3976
总计（不包括 LULUCF）	4245	4137	4114	4145	4108	4046	3970

资料来源：European Environment Agency, "Annual European Union greenhouse gas inventory 1990–2008 and inventory report 2010", Submission to the UNFCCC Secretariat, May 27, 2010. 作者根据相关表格加工而成。

从表 4.6 和表 4.7 可以看出，不论是欧盟 27 国还是欧盟 15 国，大部分温室气体排放量都是呈下降趋势，但是氢氟碳化物（HFCs）的排放量却是有所上升的。虽然氢氟碳化物（HFCs）占温室气体排放总量的比例较小，但是氢氟碳化物却是一种极强的温室气体，其对气候变暖的作用远比等量的二氧化碳要强，有的氢氟碳化物的致暖效应要比二氧化碳高几千倍。虽然目前氢氟碳化物对气候变化的影响还很小，不足二氧化碳的 1%，但是由于氢氟碳化物是有助于避免破坏臭氧层的物质，常用来替代耗臭氧物质，如广泛用于冰箱、空调和绝缘泡沫生产的氯氟烃（CFCS）。预计在未来几十年里，氢氟碳化物的使用量会不断增长，到 2050 年，氢氟碳化物对全球气候变暖的贡献比例将有可能上升至二氧化碳的 7% 至 12%。荷兰及美国科研人员共同完成的研究认为，氢氟碳化物在导致气候变暖的各种因素中所起的作用会越来越大，需引起人们的关注。联合国环境规划署

（UNEP）也表示，应该冻结并减少这类气体的排放。因此氢氟碳化物的变暖作用不容忽视。①

五、欧盟的主要碳源和碳汇情况

欧盟最大的碳源是能源的使用，其排放量占到欧盟（27 国）温室气体排放总量的 79.1%。第二和第三大碳源是农业和工业生产，排放量分别占欧盟的 9.6% 和 8.3%。1990 年至 2008 年，欧盟主要碳源和碳汇的温室气体排放和消除情况见表 4.8。欧盟 15 国主要碳源和碳汇的温室气体排放和消除情况见表 4.9。②

表 4.8 1990—2008 年欧盟主要碳源和碳汇的温室气体排放和消除情况

单位：百万吨二氧化碳当量

温室气体的源与汇	1990	1995	2000	2005	2006	2007	2008
1. 能源	4267	4042	3962	4062	4050	3978	3907
2. 工业生产	484	463	413	420	421	434	410
3. 溶解及其他生产用途	17	14	14	12.91	13	13	12
4. 农业	592	513	501	475	472	472	472
5.LULUCF	-344	-385	-399	-401	-404	-357	-410
6. 废弃物	207	201	173	146	145	142	139
7. 其他	0	0	0	0	0	0	0
总计（含纯 CO_2 排放量）	5223	4830	4663	4716	4696	4681	4530
总计（不包括 LULUCF）	5567	5215	5062	5117	5100	5039	4940

资料来源：European Environment Agency, “Annual European Union greenhouse gas inventory 1990–2008 and inventory report 2010”, Submission to the UNFCCC Secretariat, May 27, 2010. 作者根据相关表格加工而成。

① http://www.ipcc.cma.gov.cn/Website/index.php?ChannelID=72&NewsID=821.

② European Environment Agency, “Annual European Union greenhouse gas inventory 1990-2008 and inventory report 2010”, Submission to the UNFCCC Secretariat, May 27, 2010.

表 4.9 1990—2008 年欧盟 15 国主要碳源和碳汇的温室气体排放和消除情况

单位：百万吨二氧化碳当量

温室气体的源与汇	1990	1995	2000	2005	2006	2007	2008
1. 能源	3254	3176	3226	3316	3291	3223	3168
2. 工业生产	375	374	331	327	322	330	313
3. 溶解及其他生产用途	14	12	12	10.736	11	10	10
4. 农业	431	410	410	383	378	379	378
5.LULUCF	-214	-246	-270	-248	-246	-202	-251
6. 废弃物	171	165	136	108	106	104	102
7. 其他	0	0	0	0	0	0	0
总计（含纯 CO_2 排放量）	4031	3890	3844	3897	3863	3844	3720
总计（不包括 LULUCF）	4245	4137	4114	4145	4108	4046	3970

资料来源：European Environment Agency, "Annual European Union greenhouse gas inventory 1990–2008 and inventory report 2010" , Submission to the UNFCCC Secretariat, May 27, 2010. 作者根据相关表格加工而成。

从表 4.8 和表 4.9 可以看出，不论是欧盟 27 国还是欧盟 15 国，主要碳源的温室气体排放量都是不断降低的，碳汇消除的温室气体排放量也是不断增多的。这说明欧盟不论是在降低温室气体排放量上，还是在增加碳汇上都取得了比较好的效果。

第二节 低碳经济效果的宏观分析框架

评价低碳经济的效果，不能只参考温室气体排放量这一个指标，一个国家降低了温室气体排放量，并不一定意味着取得了较好的低碳经济发展效果，这主要有两个方面的原因：

第一，从经济发展的角度来看，好的低碳经济发展效果要求降低温室气体排放的同时不能以牺牲经济增长为代价。如果一个国家的经济发生衰退，该国的温室气体排放量很可能会自然下降。举一个极端的例子，如果一个国家停滞所有经济活动，只开展植树造林，那么这个国家将不再有温室气体排放，同时还大大提高了森林资源的碳汇作用，但这并不现实，目前还不会有国家愿意主动放弃经济发展来降低温室气体排放。可以说经济衰退导致温室气体排放量的减少是一种被动减排形式，显然不是发展低碳经济的结果，然而从欧盟温室气体的减排情况来看，却混杂有经济衰退的原因，下面将有详细分析。只有能够兼顾经济增长和削减排放量双重目标的低碳经济发展模式才是可取的。至于经济增长和温室气体排放是否可以脱钩，经济学家开展了大量实证研究（参见本书第一章），虽然结论不尽相同，但大部分研究结果显示很多发达国家的经济增长和温室气体排放是已经出现脱钩迹象的。

第二，即使一个国家实现了经济增长和温室气体排放的相互脱钩，也不一定意味着该国低碳经济发展已见成效，因为温室气体排放量的降低很有可能是由于碳排放转移引致的结果，由于碳排放转移导致本国温室气体排放量减少的情况在欧盟国家表现得也非常明显。"碳排放转移"是指一个国家由于向其他国家转移了碳密集产业，从而该国的温室气体排放量出现下降的现象。与碳排放转移相关的一个概念是"碳泄漏"（carbon leakage），"碳泄漏"是指缺乏强制减排的国家，将因为那些采取了强制减排的国家大力实施气候政策，而增加温室气体排放，进而削减强制减排国家温室气体减排效果的现象。其中排放增加量与减少量的比值，被称为"碳泄漏率"。[①] 以上两个概念均有关碳密集产业的转移，但是责任主体明显不同。"碳泄漏"将碳密集产业转移的原因归结为被转移国家缺乏强制的温室气体减排措施。"碳排放转移"将碳密集产业转移的责任归结给转移国，因为这些国家转移了碳密集产业之后仍然需要消费碳密集产品，只是从原来自己生产碳密集产品变成了进口碳密集产品，从全球角度来看，温室气体排放量并未降低。

关于温室气体的减排目标，存在绝对减排和相对减排两种情况。绝对减排主要针对《京都议定书》的附件I国家，这些国家有强制性的减排任务。从经济学角度来看，绝对减排是一个资源约束下的最大化问题，即

① 谢来辉、陈迎：《中国对碳关税问题过度担忧了吗？》，《国际经济评论》，2010年第4期，第137页。

在温室气体排放总量约束下的经济增长最大化问题。这个资源约束和传统意义上的资源约束有所区别，是温室气体排放总量的约束，因此还需要转化为资源约束，主要涉及的是能源的约束，这就需要考虑能源结构和能源效率的因素。而最大化是指经济增长的最大化，对于不同的产业，其能源需求量是不同的，比如炼钢、造船等第二产业的行业能耗较大，而教育、医疗、金融等第三产业的能耗较少，因此又涉及产业结构的问题。

相对减排主要针对发展中国家，虽然发展中国家没有提出具体的温室气体减排数量目标，但是也纷纷承诺降低温室气体的排放。相对减排可以看成保证经济增长前提下的资源消耗最小化的问题，即在保证经济增长的前提下，争取温室气体排放的最少。

另外，现在一些国家（如中国）提出单位 GDP 能耗（能源消耗量 / GDP）的目标，可以看成是介于绝对减排和相对减排之间的一种折中目标。

综合来看，追求以上三类目标经济体的低碳经济发展效果均需要从以下两个层次来考察：第一，经济增长和温室气体排放是否实现了脱钩，即伴随经济增长，温室气体排放不断降低。第二，该经济体是否发生了碳排放的转移，即是否将碳密集产业转移到其他国家。如果一个经济体的经济增长和温室气体排放发生了脱钩，并且也没有发生碳排放的转移（或者转移程度很低），那么该经济体温室气体排放量的降低才很有可能是由于发展低碳经济的结果，即通过能源结构改善和能源效率提高实现了温室气体的减排。当然，温室气体排放量降低的原因还有很多方面，例如消费者行为方式的转变，但是从宏观角度讲，产业结构的转变、能源结构的改善以及能源效率的提高是降低温室气体排放的主要因素。

基于以上分析思路，本书构建了评估低碳经济效果的宏观逻辑框架，如图 4.4 所示。

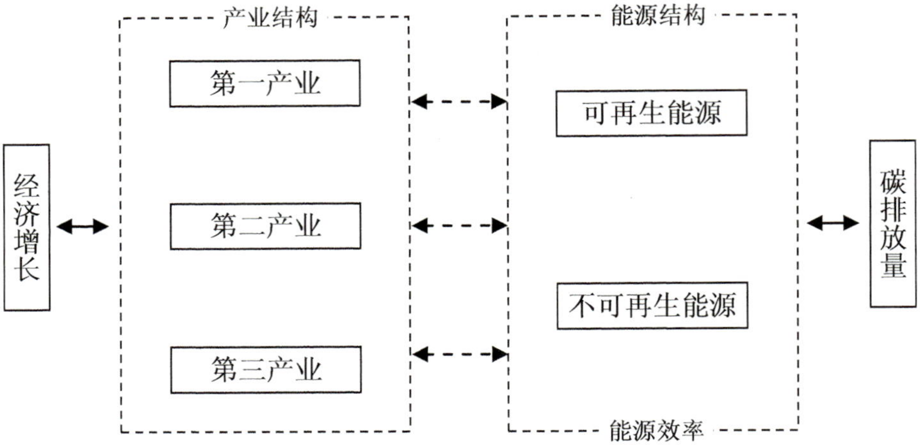

图 4.4 低碳经济效果分析框架图

评估低碳经济的效果，首先需要研究经济增长和温室气体排放之间的关系，在此基础上，需要进一步研究产业结构和能源结构的变化，这就是低碳经济效果的基本分析框架。很多针对低碳经济发展效果的研究单纯地探讨经济增长和温室气体排放之间的关系，这并不全面，只有探究两者之间的传导机制，才能有效地评价低碳经济的真实效果。

一个国家的 GDP 由三大产业组成，第二产业的碳排放强度①一般高于第一产业，而第一产业的碳排放强度又一般大于第三产业。因此分析经济增长与温室气体排放的关系首先要从产业结构进行考察，需要分析第一、第二、第三产业的经济增长情况、在国内生产总值中的比例以及变化情况。

在经济总量和产业结构一定的情况下，一个国家或地区的温室气体排放量将取决于其能源结构和能源效率的情况，因此需要再分析能源结构和能源效率的变化情况。相对而言，使用可再生能源的温室气体排放量较小，而使用化石能源的排放量较大，相互之间的差别可以用碳排放系数进行衡量。

① 碳排放强度是指单位国内生产总值的二氧化碳排放量。

第三节 欧盟经济增长和温室气体排放的关系

欧盟发展低碳经济的历史可以追溯到20世纪70年代初传统能源政策的转变和环境政策的形成。因此，本书借助1970年以来（1970年至2007年）欧盟人均二氧化碳排放量和人均GDP的数据来分析欧盟发展低碳经济的效果。其中人均二氧化碳排放量用来衡量温室气体排放水平，人均GDP用来衡量经济发展水平。

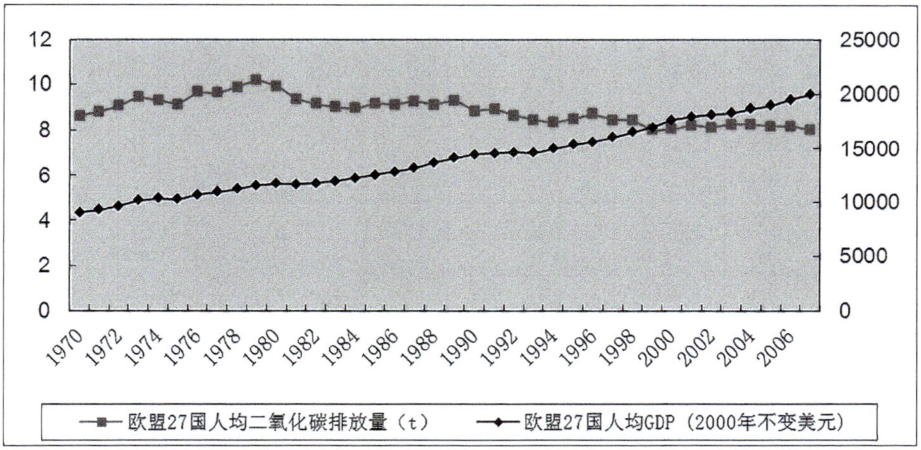

图 4.5 欧盟 27 国人均二氧化碳排放量与人均 GDP 变动折线图

资料来源：作者根据世界银行和UNFCCC的相关数据计算绘制而成。

从欧盟27国的情况来看（如图4.5所示），1970年至2007年，欧盟人均GDP变化非常平稳，呈不断增长态势。而人均二氧化碳排放量在70年代和80年代不断波动，没有明显的降低趋势，只是从90年代开始才出现缓慢的降低态势。从欧盟27国人均GDP与人均二氧化碳排放量的散点图来看（如图4.6所示），人均二氧化碳排放量先随着人均收入的增加而升高，在人均GDP达到约11000美元时，人均二氧化碳排放量达到顶峰，然后开始下降。由此可见，欧盟实现了在经济增长的同时，温室气体排放水平降低的目标。欧盟整体能源使用效率不断提高，能源结构也不断向着有利于降低温室气体排放的方向转变（参见本章第五节）。因此，从欧盟自身的角度来看，低碳经济发展已经初显成效。

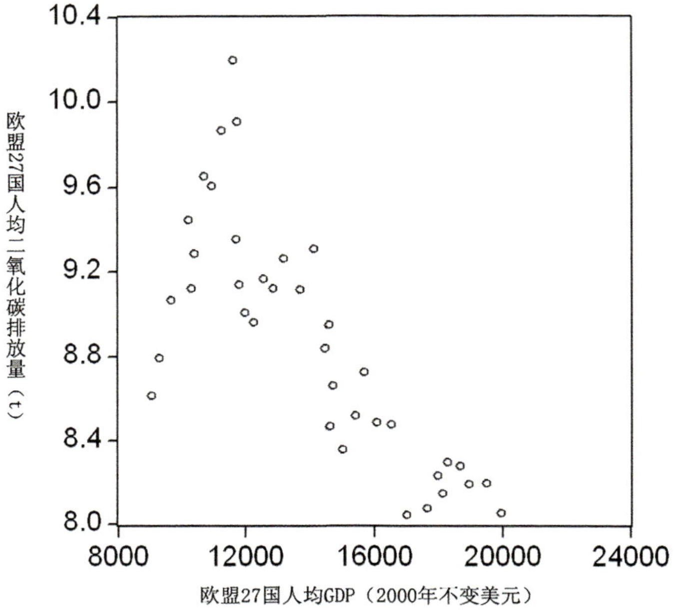

图 4.6　欧盟 27 国人均二氧化碳排放量与人均 GDP 变动散点图

资料来源：作者根据世界银行和 UNFCCC 的相关数据计算绘制而成。

注：散点图的横轴表示欧盟的人均 GDP，纵轴表示人均二氧化碳排放量，每一个点表示某一年欧盟的人均 GDP 和人均二氧化碳排放量的组合。该图右下方的点表示较高的人均 GDP 和较低的人均二氧化碳排放量，左上方的点表示较低的人均 GDP 和较高的人均二氧化碳排放量。

由于欧盟成员国的情况不断变化，经济发展水平也有所不同，因此有必要从欧盟成员国的构成及变化情况进行切入，进一步分析欧盟经济增长与二氧化碳排放量之间的关系。本书对欧盟 15 国和新欧盟 12 国的情况分别进行考察。

从原欧盟 15 国的情况来看（如图 4.7 所示），1970 年至 2007 年，伴随经济的不断增长，人均二氧化碳排放量长期降低的趋势并不明显。但是结合对应的散点图来看（如图 4.8 所示），随着人均 GDP 的增加，人均二氧化碳排放量还是有所下降的。与图 4.6 进行对照，可以发现原欧盟

15 国人均 GDP 与人均二氧化碳排放量两者之间的的负相关关系较不明显（与欧盟 27 国整体状况相比），图像表现得更加离散，这一现象需要通过新欧盟 12 国的情况找原因。

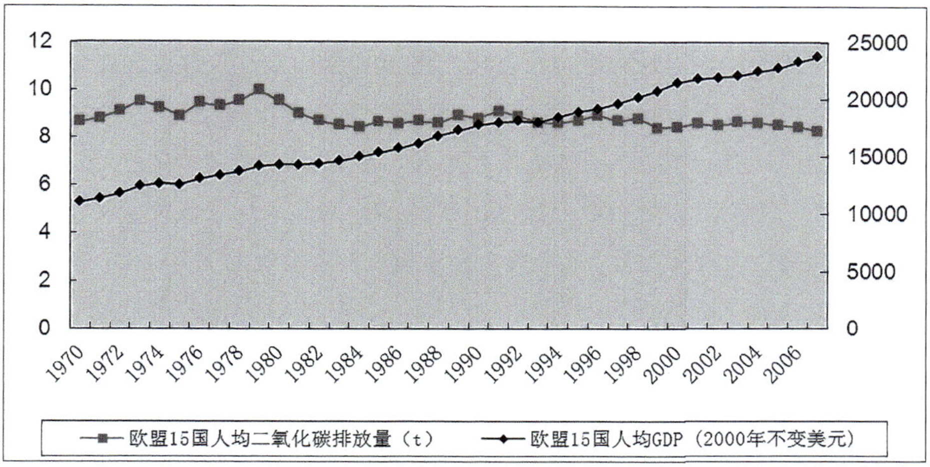

图 4.7 欧盟 15 国人均二氧化碳排放量与人均 GDP 变动折线图

资料来源：作者根据世界银行和 UNFCCC 的相关数据计算绘制而成。

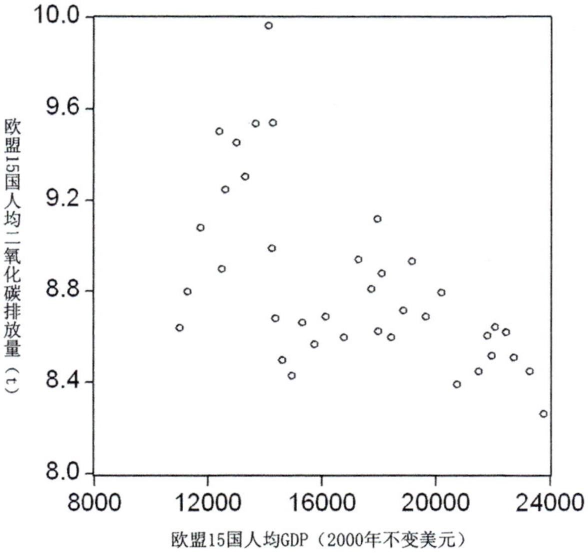

图 4.8 欧盟 15 国人均二氧化碳排放量与人均 GDP 变动散点图

资料来源：作者根据世界银行和 UNFCCC 的相关数据计算绘制而成。

从新欧盟12国的情况来看，如图4.9和图4.10所示。在上世纪70年代和80年代，新欧盟12国伴随经济的缓慢增长，二氧化碳排放量增长态势非常明显。到了1990年左右，由于东欧剧变、苏联解体的原因，原苏联加盟共和国经济一度出现严重衰退，进而导致二氧化碳排放量迅速下降。因此，由图4.5和图4.6表现出的欧盟27国经济增长和二氧化碳排放的负相关关系，很大程度上是由于新欧盟12国的经济衰退。20世纪90年代之后，新欧盟12国经济恢复增长，但是由于经济结构已经进行了调整，许多能源密集型企业已经倒闭或减产，因此人均二氧化碳排放仍然呈下降趋势。从散点图情况来看，新欧盟12国较低的人均GDP对应很高的人均二氧化碳排放量，而较高的人均GDP却对应相对更低的（与欧盟15国相比）人均二氧化碳排放量。因此，欧盟整体表现出的经济增长与二氧化碳排放之间的负相关关系，最为重要的原因是由于新欧盟12国在经济转轨过程中经济衰退和经济结构调整的因素所致。

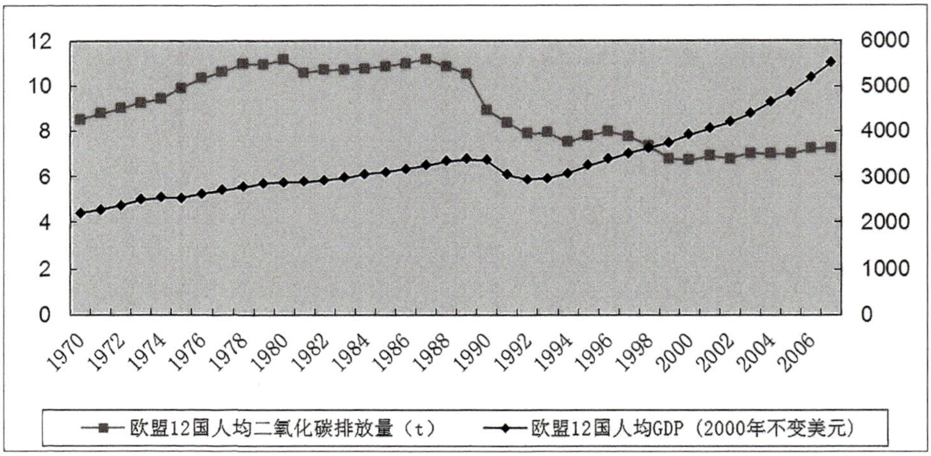

图4.9 新欧盟12国人均二氧化碳排放量与人均GDP变动折线图

资料来源：作者根据世界银行和UNFCCC的相关数据计算绘制而成。

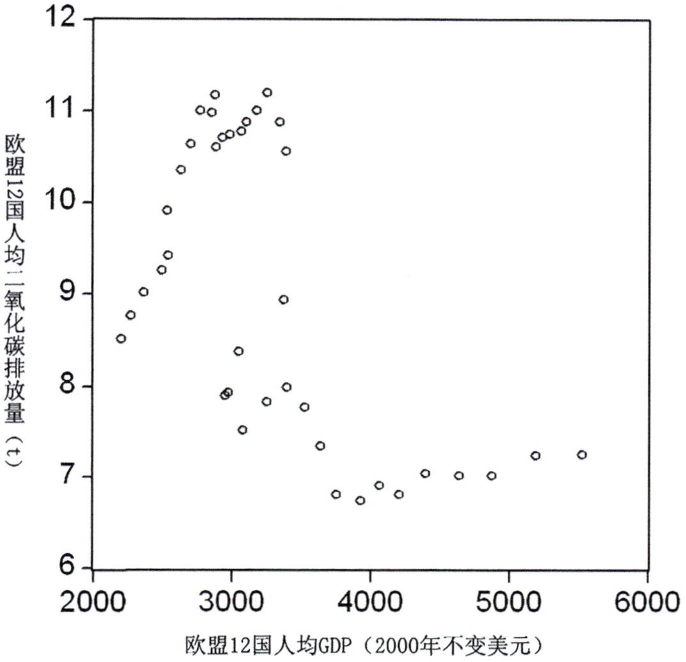

图 4.10　新欧盟 12 国人均二氧化碳排放量与人均 GDP 变动散点图

资料来源：作者根据世界银行和 UNFCCC 的相关数据计算绘制而成。

再从欧盟成员国碳排放强度①指标来看，如图 4.11 所示。从 1970 年至 2007 年，新欧盟 12 国的碳排放强度明显高于欧盟 15 国以及欧盟整体的碳排放强度，这说明欧盟 15 国的能源效率和能源结构情况要优于新欧盟 12 国。但是，新欧盟 12 国碳排放强度降低趋势非常明显，说明能源效率提高和能源结构优化成效较为显著。而与此同时，欧盟 15 国虽然有着相对较低的碳排放强度，然而降低趋势却不明显。

① 碳排放强度是指单位国内生产总值的二氧化碳排放量。该指标主要是用来衡量一国经济同碳排放量之间的关系，如果一国在经济增长的同时，每单位国民生产总值所带来的二氧化碳排放量在下降，那么说明该国就实现了一个低碳的发展模式。

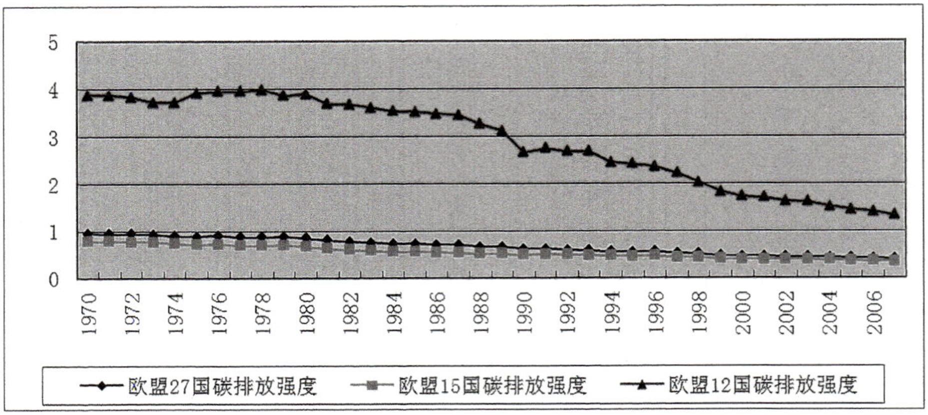

图 4.11 欧盟碳排放强度变动折线图

资料来源：作者根据世界银行和 UNFCCC 的相关数据计算绘制而成。

以上分析说明欧盟经济增长与二氧化碳排放之间存在一定的脱钩现象，然而其主要原因是新欧盟 12 国的经济衰退和经济结构调整，而不是欧盟 15 国发展低碳经济的结果。欧盟 15 国作为欧盟成员国中经济最发达和积极倡导低碳经济发展的国家，理应在全球降低温室气体排放过程中肩负更大的责任，然而从 1970 年至 2008 年的数据来看，其温室气体排放降低情况却不明显。

第四节 欧盟产业结构调整导致碳排放转移

讨论碳排放转移需要首先明确两个概念，分别是内涵能源（Embodied Energy）和内涵排放（Embodied Emission）。“内涵能源”是指产品上游加工、制造、运输等全过程所消耗的总能源。内涵能源要大于产品在最终加工环节消耗的直接能源。由于能源具有相应的温室气体排放因子，因而可直接测算出内涵排放。[①] 内涵排放是指产品自此上溯各个生产阶段所

① 陈迎、潘家华、谢来辉：《中国外贸进出口商品中的内涵能源及其政策含义》，《经济研究》，2008 年第 7 期，第 11—25 页。

排放温室气体的总和。[①] 考察一个国家或地区碳排放转移的具体情况一般通过对其消费产品的内涵能源和内涵排放进行计算得出。

研究碳排放转移有两种方法：第一是从生产的角度来分析，考察一个国家或地区的产业结构的变化，分析其是否有碳密集产业或行业转移到其他国家。第二是从消费的角度来分析，考察该国的进出口状况，分析净进口的产品是否为高耗能的产品以及所占的比例。

一、欧盟的产业结构变化情况

（一）欧盟成员国产业结构的历史演进

由于欧盟（其前身欧共体）是从战后发展起来的区域集团，无法查找其成立之前的历史数据，但是要考察欧盟的产业结构需要了解其历史发展趋势，因此本书选择欧盟温室气体排放量最大的 4 个国家——英、法、德、意，具体考察这 4 个国家的产业结构变化情况。由于这 4 个国家是欧盟最重要的成员国，在欧盟整体中占据较大的经济份额，因此通过这 4 个国家的产业结构变动情况就可以概览欧盟产业结构演化的全貌（如表 4.10 所示）。

表 4.10　欧盟主要成员国产业结构的历史变化趋势

各产业占国内生产总值的比重，%

国别	年份	农业	工业	服务业
英国	1907	6.4	48.9	44.7
	1955	4.7	56.8	38.5
	1960	3	43	54
	1989	2	37	62
法国	1896	25.0	46.2	28.8
	1960	11	39	50
	1963	8.4	51.0	40.6
	1989	3	29	67

① 谢来辉、陈迎：《中国对碳关税问题过度担忧了吗？》，《国际经济评论》，2010 年第 4 期，第 137 页。

续表

德国	1859	44.8	22.8	32.4
	1950	10.4	56.6	33.0
	1960	6	53	41
	1989	2	37	62
意大利	1891	47.4	22.0	30.6
	1951	22.7	43.4	33.9
	1960	12	41	47
	1989	4	34	63

资料来源：[1][美]西蒙·库兹涅茨，《各国的经济增长》，商务印书馆2009年第1版，第169页。

[2]世界银行:《世界发展报告》(1984年、1991年)。中国社会科学院世界经济与政治研究所《世界经济》编辑部编:《当代世界经济实用大全新编》，中国物价出版社1994年版，第144页。

从上表可以看出英、法、德、意这4个国家在1990年之前的100年中，产业结构发生了巨大变化。具体表现为农业占国内生产总值的比重不断降低，工业的比重在快速升高之后又开始不断降低，服务业的比重总体呈不断上升趋势，并且成为规模最大的产业。服务业特别是在1990年之前的20年中增长幅度较大。欧盟主要成员国大致的产业结构历史演变情况表现为第一、二产业比例迅速下降，而第三产业比重不断上升。接下来考察欧盟在1990年之后的产业结构变化情况，如表4.11所示。

表4.11 1990—2009年欧盟27国的产业结构变化概览表

各产业增加值占国内生产总值的比重，%

	1995年	2007年	2009年
农业（第一产业）	2.9	1.8	1.7
工业（第二产业）	29.7	26.6	24.4
服务业（第三产业）	67.3	71.6	73.9

资料来源：[1]European Commission, “EU Industrial Structure 2009——Performance and Competitiveness”, DG Enterprise and Industry.

[2]EUROSTAT, “European economic statistics 2010 edition”.

从上表可以看出，欧盟在近 20 年的产业结构变化趋势仍然是第一、二产业比重继续降低，第三产业比重不断上升。但是其变化幅度要低于 1990 年之前的 20 年。

（二）欧盟细分产业的变化情况

第一、二、三产业是国民经济产业结构的总体分类，相对比较宏观。因此，可以继续考查三大产业细分产业的变动情况，对产业结构的分析将更加细致。欧盟三大产业细分产业的变化情况如表 4.12 所示。

表 4.12　1995—2007 年欧盟（27 国）产业部门变化表

各产业部门占国内生产总值的比重，%

部门	1995	2007	变化（百分点）
农业和渔业	2.9	1.8	–1.1
农业和林业	2.8	1.7	–1.1
渔业	0.1	0.1	0.0
工业	23.7	20.1	–3.6
采矿业	0.9	0.8	-0.1
制造业	20.5	17.1	–3.4
食品、饮料、烟草	2.5	2.0	–0.5
纺织、服装	1.0	0.5	–0.5
皮革制品、鞋类	0.2	0.1	–0.1
木制品	0.5	0.4	–0.1
纸浆、纸、出版	1.9	1.4	–0.5
焦碳和精炼石油	0.3	0.3	0.0
化学制品	2.2	1.8	–0.4
橡胶、塑料	0.9	0.8	–0.1
非金属矿产品	1.0	0.8	–0.2
基本金属和金属制品	2.7	2.5	–0.2
机械设备	2.2	2.0	–0.2
电子和视听设备	2.3	2.0	–0.3
运输设备	2.0	1.8	–0.2
其他制造业	0.8	0.7	–0.1
电、汽、水供应	2.3	2.2	–0.1

续表

建筑业	6.0	6.5	0.5
市场服务业	45.1	49.2	4.1
批发和零售贸易	11.7	11.3	–0.4
旅店、餐馆	2.6	2.9	0.3
交通和通讯	6.8	7.0	0.2
金融中介	5.1	5.5	0.4
房地产和企业服务	18.9	22.5	3.6
非市场服务业	22.2	22.3	0.1
公共管理	6.8	6.1	–0.7
教育	5.0	5.0	0.0
医疗和社会服务	6.3	6.9	0.6
其他服务	3.6	3.8	0.2
家庭服务	0.5	0.5	0.0
社会团体服务	-	-	0.0
总计	100.0	100.0	0.0

资料来源：European Commission, “EU industrial structure 2009——Performance and competitiveness”, DG Enterprise and Industry, P82.

由上表数据可以更加清晰地看出，从20世纪90年代以来，欧盟第一产业和第二产业的细分行业所占比重一般都呈下降态势，只有建筑业有微弱的上升趋势。从第三产业的细分行业来看，基本保持增长态势，其中房地产和企业服务增长最快，这与第二产业建筑业的增长趋势是一致的。截至2009年，欧盟第三产业增加值已经占到了国内生产总值的73.9%，其中贸易、交通、通信服务业占20.8%，金融、企业服务业占29.1%，其他服务业占24.0%。而第二产业和第一产业仅占24.4%和1.7%。

从欧盟产业结构的演进情况可以明显看出，由于高耗能产业大多集中于第二产业，而第三产业的能源消耗低，因此欧盟产业结构的变动使得高耗能产业（或碳密集产业）占国内生产总值的比重不断下降，而低耗能产业的比重不断上升。

长期以来，欧盟的产业结构都在不断进行调整，特别是1990年之前产业结构就已经发生巨大转变，1990年之后产业结构变动速度已经非常缓慢。而欧盟是从1990年之后才正式提出应对气候变化的目标，应对气候变化的一系列政策也是从1990年之后才逐渐出台。西方国家现在提出碳泄露作为碳关税的理论依据，声称那些未采取强制减排的国家应该承担碳泄露的主要责任。但是从欧盟的产业结构调整历史来看，欧盟在1990年，也就是在气候变化政策实施之前就已经进行了产业结构的巨大调整，伴随全球产业分工，其国内的碳排放密集行业已经有效转移出去，而在1990年之后，欧盟国家产业结构调整空间已经非常狭窄。因此声称由于碳转移国家未采取强制减排措施而导致那些采取强制减排的国家的碳密集产业发生转移，这种说法是非常牵强的，或者说这并不是目前世界存在碳泄露的主要原因。

以上论述说明欧盟温室气体排放量降低的原因存在产业结构调整的因素，具体贡献有多大，还需要进一步研究产业结构调整与碳排放转移之间的关系，这可以通过欧盟的消费情况和进出口情况进行考察。

二、欧盟的碳排放转移情况

世界自然基金会（WWF）曾经计算了2001年欧盟进口产品内涵排放的相关数据，通过分析2001年欧盟碳排放转移的情况，再将2001年之后的欧盟进出口情况与2001年的数据进行对比，就可以推算欧盟的碳排放转移情况。

由于欧盟进口并消费了大量的工业制成品，导致欧盟消费产品的内涵排放量远远大于在欧盟内部产生的温室气体排放量。这其实是一种碳排放转移，供欧盟消费的产品的生产转移到了欧盟以外的国家，主要是发展中国家，特别是中国，温室气体排放也从欧盟转移到了这些国家。据世界自然基金会的统计计算结果，2001年，由于欧盟消费（产品消费和服务消费）引致的二氧化碳排放量达47亿吨，当年欧盟自身的二氧化碳排放量为42亿吨，间接排放比直接排放高出5亿吨。而当年欧盟削减的温室气体排放量仅为4.5亿吨二氧化碳当量（相对于1990年的水平）。2001年，欧盟通过贸易转移的二氧化碳排放量比其削减的温室气体排放量还要多。有证据显示，2001 年之后由于欧盟消费导致的全球温室气体排放量仍然呈上升趋势。如果欧盟仍然继续增加碳密集产品的进口，对世界其他国家进行污染转移，那么欧盟制定的 2050 年温室气体排放量降低 60%—80% 的目标也将毫无意义。欧盟贸易隐含的二氧化碳排放量如表 4.13 和图 4.14 所示。①

表 4.13 2001 年欧盟贸易隐含的二氧化碳排放量一览表

单位：百万吨

地区	欧盟向其进口引致排放量（相关国家或地区的排放量）	欧盟向其出口引致排放量（欧盟自身的排放量）
未加入欧盟的欧洲国家	69.8	66.1
北美洲	131.4	161.2
中南美洲	41.1	54.2
俄罗斯	26.3	220.7
东亚及中亚地区	74.5	225.3
南亚及东南亚地区	39.2	9.6
澳洲	33.6	76.8
中东和北非	42.8	91.3
中南非洲	16.5	57.7

资料来源：Bang J. K., Hoff E. and Peters G., "EU Consumption, Global Pollution", WWFreport 2008, Available at http://assets.panda.org/downloads/eu_consumption_global_pollution.pdf. 作者根据相关图表加工而成。

① Bang J. K., Hoff E. and Peters G., "EU Consumption, Global Pollution", *WWF report 2008*. Available at http://assets.panda.org/downloads/eu_consumption_global_pollution.pdf.

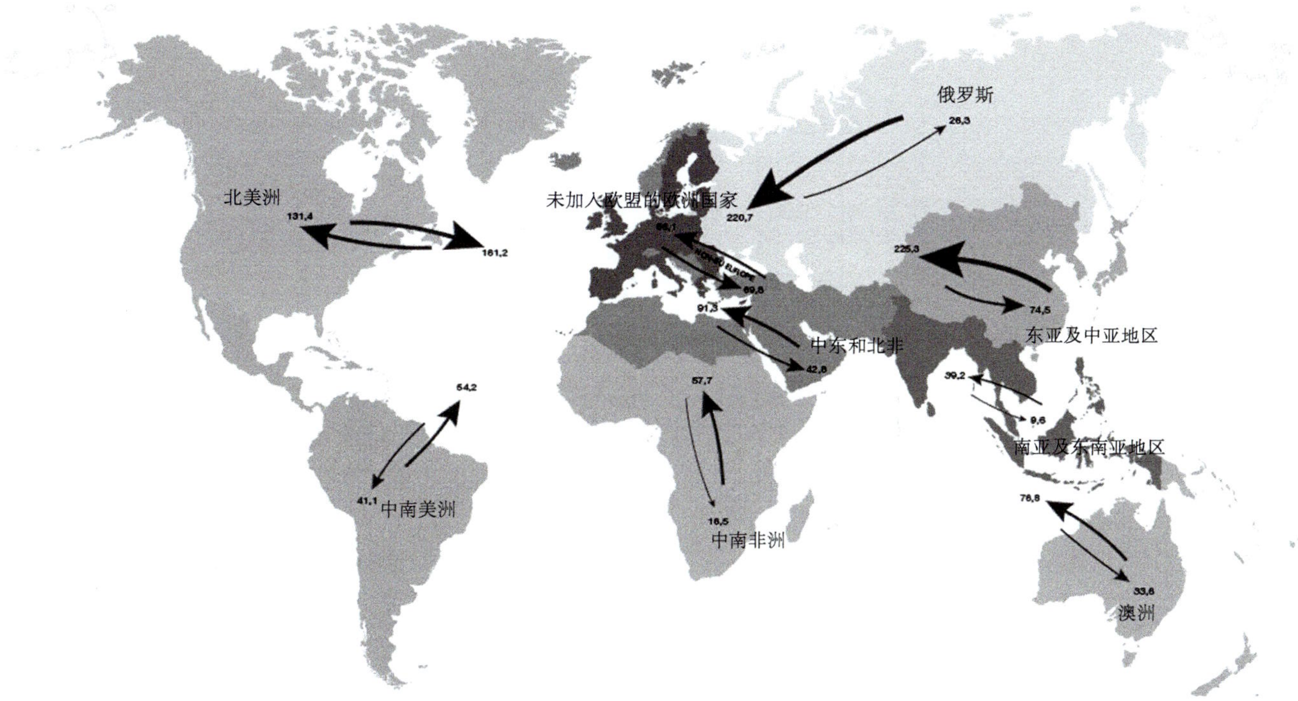

图 4.12　2001 年欧盟贸易隐含的二氧化碳排放量

资料来源：Bang J. K., Hoff E. and Peters G., “EU Consumption, Global Pollution”，WWF report 2008, Available at http://assets.panda.org/downloads/eu_consumption_global_pollution.pdf. 作者根据相关图表加工而成。

注：向内的箭头表示由于欧盟进口导致的其他地区产生的二氧化碳排放量，向外的箭头表示由于欧盟出口导致的在欧盟内部排放的二氧化碳量。所有数据的单位均为百万吨。

从以上图表可以看出，欧盟除了向未加入欧盟的欧洲国家出口产品的内涵排放量大于从这些国家进口产品的内涵排放量以外，对于世界上其他地区，欧盟进口产品的内涵排放量都要大于其出口产品的内涵排放量，尤其是对亚洲而言。这也就是说，欧盟进口导致贸易伙伴国家排放的二氧化碳量要大于欧盟由于出口产生的排放量。2001 年，欧盟由于进口导致其他国家排放的二氧化碳量为 9.92 亿吨，而由于出口排放的二氧化碳量为 4.46 亿吨，两者之和高达 14.38 亿吨。欧盟与其主要贸易伙伴国家的二氧化碳排放转移情况在图 4.15 中表现得更加直观。

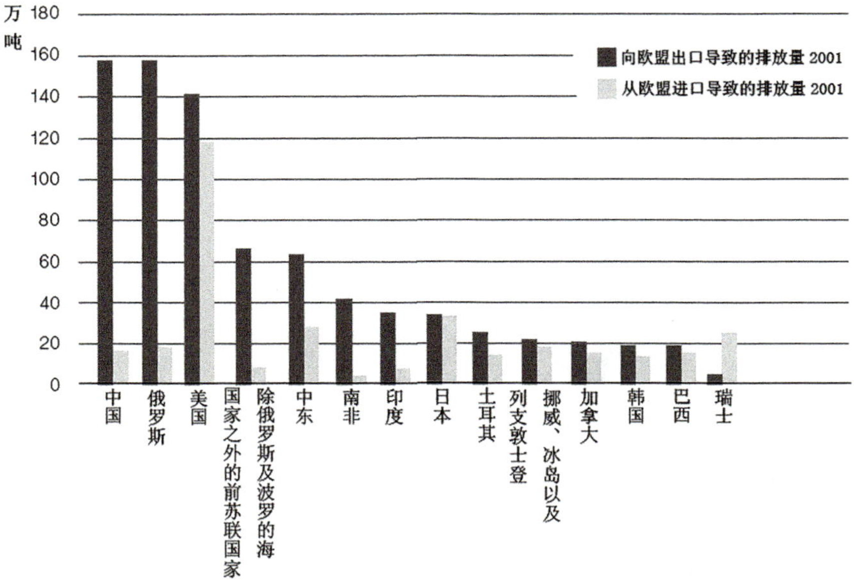

图 4.13 2001 年欧盟与其主要贸易伙伴国家的二氧化碳排放转移情况

资料来源：Bang J. K., Hoff E. and Peters G., “EU Consumption, Global Pollution”, WWF report 2008, Available at http://assets.panda.org/downloads/eu_consumption_global_pollution.pdf. 作者根据相关图表加工而成。

从图 4.13 可以看出，除了瑞士和日本，欧盟对其他主要贸易伙伴国家进口的内涵排放量都要大于其出口的内涵排放量。这种现象在中欧贸易中表现得更为突出。欧盟进口中国的产品和服务导致的内涵排放量是最高的，高达 1.55 亿吨二氧化碳排放量（2001 年），相当于中国二氧化碳排放总量的 4.7%，欧盟二氧化碳排放总量的 3.7%（2001 年欧盟的二氧化碳排放量是 41.89 亿吨）。而当年欧盟向中国出口产品和服务产生的内涵排放仅为 0.16 亿吨二氧化碳量，前者几乎是后者的 10 倍。并且随着中国加入世界贸易组织（2001 年中国加入 WTO），中欧贸易量在 2001 年之后急剧攀升。

尽管欧盟在国际贸易中存在大量的碳排放转移，但是 2001 年，欧盟产品和服务的进口额和出口额却几乎相等，欧盟进口额为 1.231 万亿欧元，出口额为 1.209 万亿欧元。这主要是因为欧盟的主导产业是服务业，欧盟主要出口第三产业的产品和服务。而第三产业的产品和服务的碳密集程度明显低于第二产业，碳密集程度高的行业或企业生产同一单位产值所排放的二氧化碳要远远高于碳密集程度低的行业或企业。欧盟不同部门对国内生产总值的贡献率和该部门排放的二氧化碳排放量占欧盟排放总量的比例如图 4.14 所示。

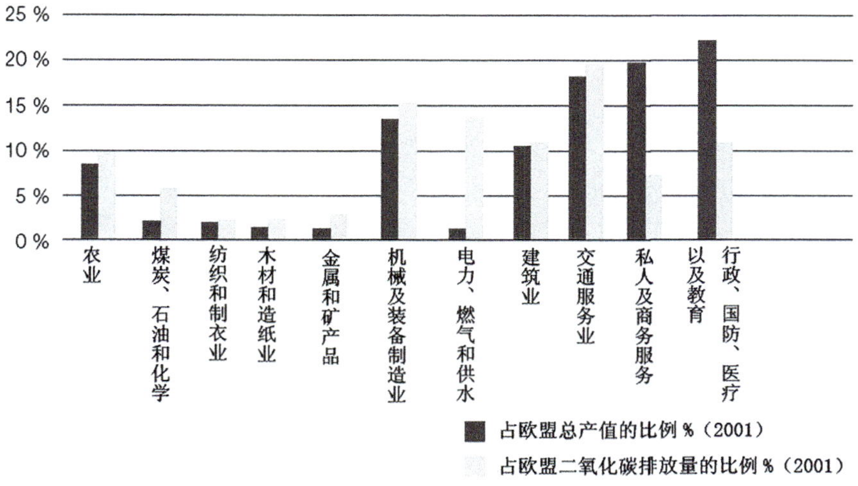

图 4.14　欧盟主要部门的二氧化碳排放和产出比率

资料来源：Bang J. K., Hoff E. and Peters G., "EU Consumption, Global Pollution" , WWF report 2008, Available at http://assets.panda.org/downloads/eu_consumption_global_pollution.pdf. 作者根据相关图表加工而成。

从图 4.14 可以看出，碳密集程度高的部门（主要是第一和第二产业的部门）对欧盟国民生产总值的贡献率较低，而碳密集程度低的服务业对欧盟国民生产总值的贡献率较大。公共管理、国防、教育、医疗、私人和生产服务这几个部门的产值超过了欧盟 GDP 的 40%，而这几个部门排放的二氧化碳不到欧盟总排放量的 20%。虽然欧盟的制造业的碳密集程度要高于大部分服务业，但是仍然远远低于许多其他国家的制造业。因为欧盟的制造业往往是进口能源密集的原材料（例如石油、钢），然后生产出高附加值的产品（例如，石油化学制品和机器）。而其他许多国家的制造业是生产初级原材料（例如生产钢材）。而且欧盟的能源利用效率也往往高于其贸易伙伴国家。

世界自然基金会定义了二氧化碳平衡（CO_2 balance）的概念，二氧化碳平衡是指一个国家为了生产出口给其贸易伙伴国的产品和服务所排放的二氧化碳量减去其贸易伙伴国为了生产出口给该国的产品和服务所排放的二氧化碳量。如果这个差值为负，那么称这个国家的二氧化碳平衡存在逆差。如果这个差值为正，那么称这个国家的二氧化碳平衡存在顺差。如果一个国家二氧化碳平衡存在逆差，则说明这个国家存在碳排放转移情况。利用以上概念能够更加清楚地分析和说明碳排放转移的问题。欧盟及其成员国与世界其他地区的二氧化碳平衡情况如图 4.15 所示。

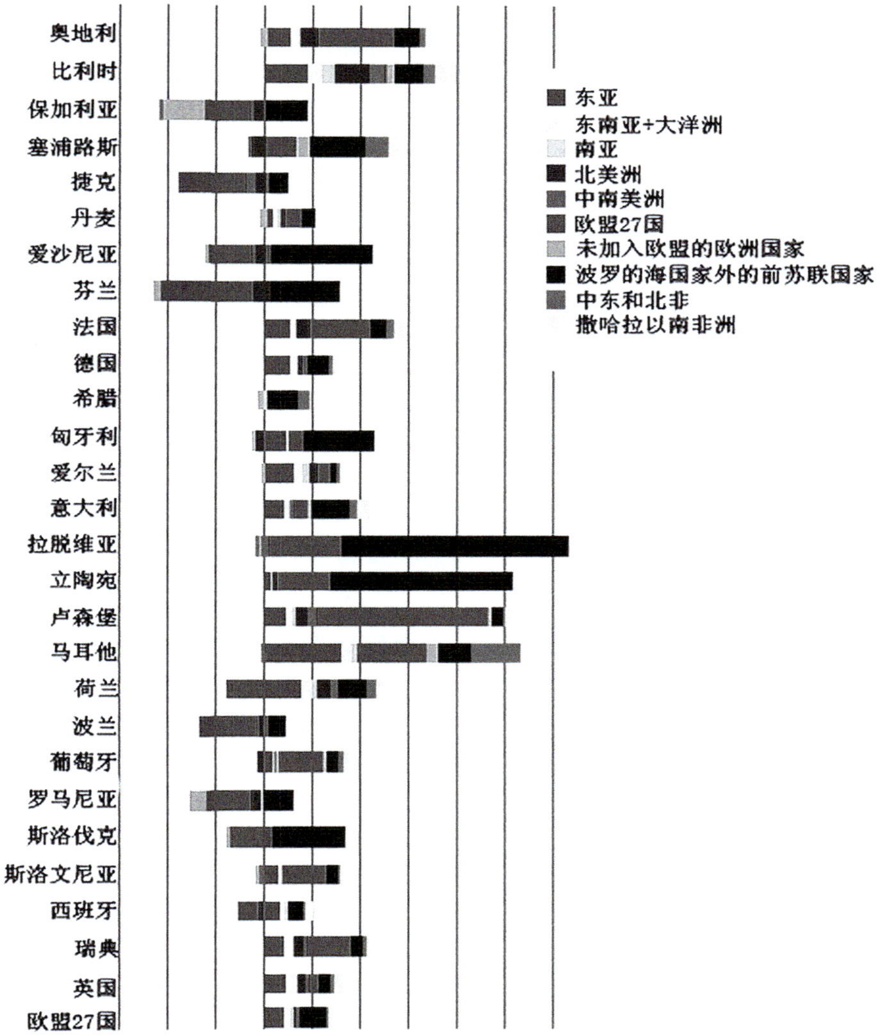

图 4.15　欧盟及其成员国与世界其他地区的二氧化碳平衡情况

资料来源：Bang J. K., Hoff E. and Peters G., “EU Consumption, Global Pollution”, WWF report 2008, Available at http://assets.panda.org/downloads/eu_consumption_global_pollution.pdf. 作者根据相关图表加工而成。

从图 4.15 可以看出，欧盟整体对世界其他地区的二氧化碳平衡都存在逆差。欧盟成员国对世界其他地区的二氧化碳平衡存在逆差的数量和比例都要远远大于存在顺差的情况。特别是比利时、法国、德国、意大利、立陶宛、卢森堡、瑞典和英国这 8 个国家对世界其他地区的二氧化碳平衡都存在逆差。其中法国、意大利、德国和法国是欧盟大国，其人口数量和消费比例在欧盟占主导地位，因此这 4 个国家的巨大的二氧化碳平衡逆差更突显了欧盟碳排放转移的严重程度。

另外，许多贴有欧盟制造标签的产品其实是在欧盟以外国家生产的，这同样导致了严重的碳排放转移。以爱尔兰为例，爱尔兰的高技术制造业在全球拥有供应链，许多上游生产环节是在欧洲以外国家进行的，伴随生产过程相应的二氧化碳排放就转移到了相应国家。爱尔兰的电子设备（如计算机）生产过程中排放的二氧化碳量有超过一半的比例发生在欧洲以外的地区，其中在东亚排放 20%，在北美排放 13%。爱尔兰的其他机器和设备的生产过程排放的二氧化碳量在东亚占 18%，在北美占 15%。欧盟制造业在生产过程中排放的二氧化碳量通过以上形式转移到东亚的比例为 10%。

综上所述，2001 年欧盟的碳排放转移量是十分巨大的，为了考察 2001 年之后欧盟碳排放转移的情况，需要将欧盟 2001 年之后的进出口情况与 2001 年进行对比。2001—2009 年欧盟的贸易平衡情况如表 4.14 所示。

表 4.14 2001—2009 年欧盟的贸易平衡表

单位：百万欧元

产品分类	2001	2002	2003	2004	2005	2006	2007	2008	2009
食物、饮料和烟草	-8804	-8039	-8765	-10262	-11012	-10067	-13581	-12446	-11061
原料	-31088	-26065	-24821	-27443	-28914	-34663	-40116	-43472	-19453
矿物燃料，润滑油和相关材料	-132841	-122939	-130460	-150502	-226705	-280627	-269395	-372488	-232901

续表

化学药品及相关的产品	53283	60377	60597	64092	68409	75352	77218	74499	83112
机器和运输设备	59939	72448	64819	75596	91614	101268	124435	153661	112552
其他制造业产品	-20827	-9569	-14677	-16107	-24443	-47347	-72425	-58163	-37029
其他商品和交易	-14099	-11281	-12722	-9941	4201	3398	1004	3281	-3
总计	-94436	-45068	-66028	-74567	-126849	-192686	-192861	-255128	-104785

资料来源：欧盟统计局，http://epp.eurostat.ec.europa.eu/tgm/table.do?tab=table&init=1&plugin=1&language=en&pcode=tet00061.

从表 4.14 可以看出，2001 年至 2009 年，尽管欧盟商品的进出口额不断变化，但是进出口商品的结构并未发生根本改变，比如 2001 年为贸易顺差的产品仍然为顺差，2001 年为贸易逆差的产品仍然为逆差。这意味着，欧盟碳排放转移的状况也没有发生改变。

对欧盟产业结构和国际贸易两方面的研究结果表明，欧盟的碳排放转移情况非常严重，欧盟消费导致其他国家和地区排放了大量的温室气体。因此，从降低全球温室气体排放量的角度来看欧盟发展低碳经济的效果要大打折扣。首先，欧盟的产业结构已经发生巨大变化，在提出和采取措施应对气候变化之前就已经发生了明显的产业结构调整，通过产业结构的调整转移了大量的温室气体排放量。第二，由于发展中国家的能源利用效率和能源结构比欧盟国家相对较差，因此从全球来看，欧盟转移的温室气体排放量要大于其本身自己生产这些产品的温室气体排放量。欧盟转移的温室气体排放量大于其降低的温室气体排放量。而且，欧盟自身温室气体排放量的降低很大程度上是新欧盟 12 国经济衰退和经济结构调整的因素所致，而欧盟 15 国通过发展低碳经济降低的温室气体排放量相对较少。

接下来从欧盟能源结构和能源效率的角度考察欧盟发展低碳经济的效果。这是欧盟本身温室气体排放量降低的重要原因，也是未来欧盟发展低碳经济、降低温室气体排放量的潜力所在。

第五节　欧盟的能源结构和能源效率情况

一、欧盟能源结构的变化情况

欧盟可再生能源在最终能源消费中的比例不断提高，从 2006 年的 8.9% 迅速提高到了 2008 年的 10.3%。欧盟的目标是到 2020 年将可再生能源在最终能源消费中的比例提高到 20%，还需要提高 9.7%。2006—2008 年欧盟的可再生能源使用比例及 2020 年的目标见表 4.15。

表 4.15　2006—2008 年欧盟的可再生能源使用比例及 2020 年的目标

单位：%

欧盟及其成员国	2006	2007	2008	2020 年的目标
欧盟（27 国）	8.9	9.7	10.3	20
瑞典	42.7	44.2	44.4	49
芬兰	29.2	28.9	30.5	38
拉脱维亚	31.3	29.7	29.9	40
奥地利	24.8	26.6	28.5	34
葡萄牙	20.5	22.2	23.2	31
罗马尼亚	17.5	18.7	20.4	24
爱沙尼亚	16.1	17.1	19.1	25
丹麦	16.8	18.1	18.8	30
立陶宛	14.7	14.2	15.3	23
斯洛文尼亚	15.5	15.6	15.1	25
法国	9.6	10.2	11	23
西班牙	9.1	9.6	10.7	20
保加利亚	9.3	9.1	9.4	16

续表

德国	7	9.1	9.1	18
斯洛伐克	6.2	7.4	8.4	14
希腊	7.2	8.1	8	18
波兰	7.4	7.4	7.9	15
捷克	6.4	7.3	7.2	13
意大利	5.3	5.2	6.8	17
匈牙利	5.1	6	6.6	13
塞浦路斯	2.5	3.1	4.1	13
爱尔兰	3	3.4	3.8	16
比利时	2.7	3	3.3	13
荷兰	2.5	3	3.2	14
英国	1.5	1.7	2.2	15
卢森堡	0.9	2	2.1	11
马耳他	0.1	0.2	0.2	10

数据来源：欧盟统计局，http://epp.eurostat.ec.europa.eu/portal/page/portal/sdi/indicators.
注：本表按照2008年欧盟国家的可再生能源使用比例从大到小顺序排列。

从表4.15可以看出，在欧盟成员国中，可再生能源比例最高的是瑞典、芬兰、拉脱维亚、奥地利和葡萄牙，最低的国家是马耳他、卢森堡、英国、荷兰和比利时。在2006年至2008年，除了拉脱维亚和斯洛文尼亚，其他25个欧盟成员国的可再生能源使用比例均有所上升。其中上升速度最快的是奥地利（从2006年的24.8%提高到了2008年的28.5%）、爱沙尼亚（从2006年的16.1%提高到了2008年的19.1%）、罗马尼亚（从2006年的17.5%提高到了2008年的20.4%）、葡萄牙（从2006年的20.5%提高到了2008年的23.2%）和斯洛伐克（从2006年的6.2%提高到了2008年的8.4%）。

欧盟的可再生能源发电在总电力消费中的比例也是不断提高的，从1997年的13.1%提高到了2008年的16.7%。1997—2008年欧盟的可再生能源发电在总电力消费中的比例见表4.16。

从表4.16可以看出，欧盟已经有14个国家的可再生能源发电在总电力消费中的比例超过了 10%，其中奥地利和瑞典已经超过了一半。对于温室气体排放大国，意大利和法国可再生能源发电在总电力消费中的比例较高，一直在 10% 以上；德国的增长很快，从 1997 年的 4.3% 增加到了 2008 年的 15.4%；英国也一直呈上升态势。从各个欧盟成员国来看，有些国家增加，有些国家降低，没有明显的一致性变动趋势。

不论是从可再生能源在最终能源消费中的比例上来看，还是从可再生能源发电在总电力消费中的比例上来看，欧盟成员国内部的可再生能源发展水平差异较大，并且与经济发展水平之间没有必然的联系。

表 4.16　1997—2008 年欧盟的可再生能源发电在总电力消费中的比例

单位：%

欧盟及其成员国	1997	1998	1999	2000	2001	2002	2003	2004	2005	2006	2007	2008
欧盟（27 国）	13.1	13.4	13.4	13.8	14.4	13.0	12.9	13.9	14.0	14.6	15.5	16.7
欧盟（25 国）	12.8	13.1	13.1	13.7	14.2	12.7	12.8	13.7	13.7	14.3	15.4	16.6
欧盟（15 国）	13.8	14.0	14.0	14.6	15.2	13.6	13.7	14.7	14.5	15.3	16.5	17.7
新成员国（10 国）	5.0	5.7	5.5	5.4	5.7	5.6	4.3	5.7	6.4	6.2	6.5	7.2
奥地利	67.5	67.9	71.3	72.4	67.8	66.0	53.5	58.7	58.4	56.5	60.5	62.0
瑞典	49.1	52.4	50.6	55.4	54.1	46.9	39.9	46.1	54.3	48.1	52.0	55.5
拉脱维亚	46.7	68.2	45.5	47.7	46.1	39.3	35.4	47.1	48.4	37.7	36.4	41.2
芬兰	25.3	27.4	26.3	28.5	25.7	23.7	21.8	28.3	26.9	24.0	26.0	31.0
斯洛文尼亚	26.9	29.2	31.6	31.7	30.5	25.4	22.0	29.1	24.2	24.4	22.1	29.1
丹麦	8.9	11.7	13.3	16.7	17.3	19.9	23.2	27.1	28.3	25.9	29.0	28.7
罗马尼亚	30.5	35.0	36.7	28.8	28.4	30.8	24.3	29.9	35.8	31.4	26.9	28.4
葡萄牙	38.3	36.0	20.5	29.4	34.2	20.8	36.4	24.4	16.0	29.4	30.1	26.9

续表

西班牙	19.7	18.6	12.8	15.7	20.7	13.8	21.7	18.5	15.0	17.7	19.7	20.6
意大利	16.0	15.6	16.9	16.0	16.8	14.3	13.7	15.9	14.1	14.5	13.7	16.6
斯洛伐克	14.5	15.5	16.3	16.9	17.9	19.2	12.4	14.4	16.7	16.6	16.6	15.5
德国	4.3	4.8	5.5	6.5	6.5	8.1	8.2	9.5	10.5	12.0	14.8	15.4
法国	15.2	14.4	16.5	15.1	16.5	13.7	13.0	12.9	11.3	12.5	13.3	14.4
爱尔兰	3.8	5.5	5.0	4.9	4.2	5.4	4.3	5.1	6.7	8.5	9.3	11.7
荷兰	3.1	3.4	3.4	3.9	4.0	4.7	4.7	5.6	7.5	7.9	7.5	8.9
希腊	8.6	7.9	9.5	7.7	5.2	6.2	9.7	9.5	10.0	12.1	6.8	8.3
保加利亚	7.0	8.1	7.7	7.4	4.7	6.0	7.8	8.9	11.8	11.2	7.5	7.4
匈牙利	0.8	0.7	1.1	0.7	0.8	0.7	0.9	2.3	4.6	3.7	4.6	5.6
英国	1.9	2.4	2.7	2.7	2.5	2.9	2.8	3.7	4.3	4.6	5.1	5.6
比利时	1.0	1.1	1.4	1.5	1.6	1.8	1.8	2.1	2.8	3.9	4.2	5.3
捷克	3.5	3.2	3.8	3.6	4.0	4.6	2.8	4.0	4.5	4.9	4.7	5.2
立陶宛	2.6	3.6	3.8	3.4	3.0	3.2	2.8	3.5	3.9	3.6	4.6	4.6
波兰	1.8	2.1	1.9	1.7	2.0	2.0	1.6	2.1	2.9	2.9	3.5	4.2
卢森堡	2.0	2.5	2.3	2.9	3.2	2.8	2.3	3.1	3.3	3.5	3.7	4.1
爱沙尼亚	0.1	0.2	0.2	0.3	0.2	0.5	0.6	0.7	1.1	1.4	1.5	2.0
塞浦路斯	0.0	0.0	0.0	0.0	0.0	0.0	0.0	0.0	0.0	0.0	0.1	0.3
马耳他	0.0	0.0	0.0	0.0	0.0	0.0	0.0	0.0	0.0	0.0	0.0	0.0

数据来源：欧盟统计局。

注：本表按照2008年欧盟国家的可再生能源发电在总电力消费中的比例从大到小顺序排列。

二、欧盟能源效率的变化情况

从能源强度（Energy intensity of the economy，单位 GDP 能耗）来看，2008 年欧盟（27 国）每 1000 欧元 GDP 消耗标准油 167.11 千克，美国是 180.60 千克，日本是 90.10 千克。[①] 欧盟的能源效率高于美国，但是和日本相比，仍然存有较大差距。1997—2008 年欧盟及美日的能源强度见表 4.17。

从表 4.17 可以看出，1997 年至 2008 年，欧盟 27 国和美日的能源强度均呈下降趋势。日本的能源强度最低，低于欧盟所有成员国，美国的能源强度居中。欧盟成员国内部的能源强度差异很大，例如，2008 年保加利亚（能源强度最高）的能源强度是丹麦（能源强度最低）的近 10 倍。总的来看，原欧盟 15 国的能源强度小于新欧盟 12 国。

三、分析总结

从欧盟自身的温室气体排放量、能源结构和能源效率来看，欧盟的低碳经济发展已经取得了一定的效果。温室气体排放量不断降低，开始出现经济增长与温室气体排放相互脱钩的现象，可再生能源占比以及能源使用效率不断提高。但进一步分析发现，这些成就背后存在许多问题。

第一，欧盟温室气体排放量大幅降低的一个重要原因是新欧盟 12 国经济转轨的因素所致，这是以经济衰退为代价的减排，是不可持续的，也不是低碳经济发展的应有之意。随着新欧盟 12 国经济的复苏，这些国家寻求经济发展的动力不断增强，但是从相关数据来看，这些国家的能源强度非常高，也就意味着伴随经济增长（GDP 的增加），能源消耗量将不断增加。尽管这些国家的温室气体排放量占欧盟整体的比例相对较小，但是随着这些国家经济的进一步发展，其对欧盟整体削减温室气体的努力将构成很大压力，经济增长和温室气体排放的矛盾将会日益凸显。

① 数据来源：Eurostat 数据库，Energy intensity of the economy (tsien020), http://epp.eurostat.ec.europa.eu/portal/page/portal/statistics/search_database.

表 4.17　1997—2008 年欧盟及美、日国家的能源强度一览表

单位：千克标准油 /1000 欧元

欧盟及其成员国	1997	1998	1999	2000	2001	2002	2003	2004	2005	2006	2007	2008
欧盟（27 国）	204.43	200.40	193.10	187.34	187.80	185.10	187.18	184.78	181.28	175.73	169.09	167.11
欧盟（25 国）	197.82	194.42	187.99	182.35	182.92	180.19	182.16	180.10	176.66	171.12	164.71	162.89
欧盟（15 国）	179.02	177.34	172.30	167.59	168.07	165.61	167.28	165.82	162.79	157.31	151.52	149.98
欧元区（15 国）	184.86	183.46	178.92	174.62	175.53	173.98	176.77	175.80	172.98	167.47	162.08	160.54
欧元区（13 国）	184.74	183.35	178.81	174.52	175.42	173.89	176.64	175.71	172.90	167.38	161.98	160.43
欧元区（12 国）	184.25	182.90	178.38	174.12	175.00	173.48	176.25	175.32	172.51	167.01	161.64	160.05
日本	103.23	103.58	105.54	103.90	102.04	101.86	99.59	100.05	97.81	95.62	92.53	90.10
丹麦	132.87	126.98	119.77	112.47	115.36	112.65	117.92	111.86	106.48	110.13	105.65	103.13
爱尔兰	152.03	149.84	143.50	137.00	135.22	129.65	121.95	122.97	110.55	107.68	103.86	106.52
英国	156.59	154.72	148.62	144.54	141.76	135.33	134.16	130.96	128.40	122.94	115.20	113.66
奥地利	153.94	150.54	146.26	140.32	147.61	146.80	152.96	151.71	153.99	147.64	140.82	138.06
意大利	147.87	150.06	150.21	146.62	144.65	144.38	151.22	150.53	151.41	147.29	143.79	142.59
德国	181.06	177.00	170.55	165.99	169.18	165.51	167.18	166.12	163.37	159.19	151.96	151.12
瑞典	213.22	206.34	195.36	177.44	186.29	185.72	177.82	177.45	168.67	157.68	152.05	152.08
卢森堡	191.11	175.37	169.94	165.32	167.83	169.94	176.49	185.63	179.64	170.12	157.80	154.61
法国	190.81	190.02	183.60	179.10	181.36	179.71	180.75	179.36	176.46	170.66	165.02	166.74
希腊	208.00	211.41	203.51	204.57	202.21	200.83	192.43	186.75	186.09	178.96	171.44	169.95

续表

荷兰	206.64	199.42	188.45	184.82	186.64	186.91	191.48	191.56	184.83	174.62	178.92	171.58
西班牙	194.45	196.66	197.35	196.16	193.61	194.97	195.62	198.07	195.36	187.13	183.91	176.44
美国	227.52	219.91	215.54	212.78	206.43	205.41	200.78	197.87	193.06	186.26	185.54	180.60
葡萄牙	194.03	197.33	203.64	197.45	194.81	201.38	198.63	201.25	204.50	188.89	189.15	181.53
马耳他	285.60	243.15	241.29	191.27	218.64	194.55	214.42	217.38	212.07	194.76	197.78	194.88
比利时	256.09	255.81	251.11	243.68	237.38	226.80	237.11	229.30	224.07	215.48	198.65	199.82
塞浦路斯	237.76	242.63	236.83	237.06	230.64	227.68	243.00	215.47	208.90	212.05	210.70	213.39
芬兰	286.41	276.91	262.23	246.34	245.93	256.46	266.01	257.39	231.39	241.32	228.12	217.79
斯洛文尼亚	345.49	330.18	312.92	299.15	305.38	297.98	293.00	289.60	283.50	269.62	252.36	257.54
拉脱维亚	603.56	562.77	498.07	441.00	445.74	411.45	409.36	387.02	356.70	327.28	306.50	308.74
波兰	629.97	564.59	526.46	488.67	483.51	469.48	463.75	442.13	432.06	427.01	398.80	383.54
匈牙利	577.60	545.03	521.06	487.54	477.06	464.69	465.02	435.32	443.92	423.95	407.54	401.35
立陶宛	788.47	769.89	658.54	571.22	615.79	611.91	577.19	547.40	478.30	433.95	428.10	417.54
斯洛伐克	854.50	804.75	800.35	796.44	844.89	810.48	769.88	729.08	680.69	620.12	538.22	519.68
捷克	724.73	703.65	649.37	659.13	658.88	654.50	685.77	660.22	601.15	587.62	552.37	525.30
爱沙尼亚	1092.57	955.99	891.27	812.71	773.42	696.26	708.87	687.52	616.96	548.36	571.15	570.51
罗马尼亚	1082.59	1039.09	929.92	913.36	858.93	852.87	846.95	768.30	730.94	703.38	657.32	614.57
保加利亚	1664.74	1586.84	1400.53	1362.36	1361.08	1276.39	1250.33	1139.26	1129.32	1090.96	1011.74	944.16

数据来源：欧盟统计局。

注：本表按照 2008 年国家的能源强度从小到大顺序排列。

第二，欧盟的 6 种温室气体排放量并非全部呈下降趋势，唯一呈上升趋势的氢氟碳化物却是一种温室效应极强的气体。1990 年至 2008 年，欧盟的温室气体排放量降低了 6.27 亿吨二氧化碳当量，但是氢氟碳化物排放量却上升了 0.42 亿吨二氧化碳当量。

第三，欧盟的碳排放转移情况非常严重，欧盟消费和进口导致其他国家和地区排放了大量的温室气体。欧盟将大量的碳密集产业转移到其他国家和地区，并通过进口的方式大量消费碳密集产品。一方面，经济社会发展程度相对较高的欧盟 15 国温室气体降低趋势尚不明显，另一方面，却通过进口消费的形式导致其他国家排放大量温室气体。从全世界的角度来看，欧盟温室气体削减有限。

第四，未来经济的发展很可能导致欧盟各个成员国能源消耗量发生变化，由于欧盟成员国可再生能源发展水平和能源效率差异很大，因此欧盟各国未来温室气体的排放格局也将发生变化，从而使欧盟未来发展低碳经济的效果存在一定的不确定性。

综合来看，欧盟要真正实现减缓气候变化的目标，尚需很大的努力，需要大大提高发展低碳经济的力度，协调区域低碳经济发展水平，注重氢氟碳化物的减排，提供技术和资金支持帮助其他国家降低温室气体排放。

第五章　欧盟低碳产业发展展望

第一节　欧盟 2020 战略

一、“欧盟 2020 战略”的内容

欧盟将发展低碳经济视为转变未来经济增长方式的重要举措，力争通过发展低碳经济以带动欧盟的经济增长方式从高碳向低碳转变，[①]即继续降低经济增长对化石能源等自然资源消耗的依赖，使经济增长更多地依靠低碳技术进步和推广来促进经济增长和就业[②]，实现经济的可持续发展。2010 年 3 月 3 日，欧盟委员会发布了“欧盟 2020 战略”，该战略清晰地表明了欧盟力图通过发展低碳经济转变经济发展方式的战略意图。“欧盟 2020 战略”是继里斯本战略到期后，欧盟执行的第二个 10 年经济发展规划。伴随着哥本哈根会议的召开、全球气候问题的日益严峻和全球金融危机的爆发，为了促进欧盟经济的可持续发展，欧盟 2020 战略对低碳经济发展的重视程度进一步提高，特别是将发展低碳经济看作是引导欧盟走出经济危机、促进经济复苏的重大举措。

欧盟 2020 战略强调低碳经济的发展。明确了气候变化和能源资源压

---

① 高碳与低碳是相对而言的，欧盟的经济增长方式相对于中国等发展中国家是相对低碳的，但是与欧盟未来低碳经济的发展目标相比又是相对高碳的。

② 崔宏伟：《欧盟气候新政及其对欧洲一体化的推动》，《欧洲研究》，2010 年第 6 期，第 37 页。

力是欧盟面临的三大挑战之一，将可持续增长作为欧盟的三大战略重点之一，即要提高资源的使用效率、实现更加绿色和更有竞争力的经济体，将“20/20/20”气候能源目标作为衡量欧盟2020战略成功与否的主要指标之一。并确定了欧盟发展低碳经济的主要措施，即两个“旗舰”动议，分别是“资源效率欧洲”和“全球化时代的工业政策”。“资源效率欧洲”指要减少经济增长对资源的使用，支持向低碳经济的转型，增加可再生能源资源使用以及提高运输部门的现代化水平和能源使用效率。“全球化时代的工业政策”指要优化商业环境，特别是中小企业的商业环境，支持建设稳固和可持续发展的工业基础以应对全球化。可以说“资源效率欧洲”和“全球化时代的工业政策”是指导欧盟在2010年至2020年努力发展低碳经济并促进欧盟经济发展方式转型的核心举措。

“资源效率欧洲”动议的目标是通过支持欧盟向资源有效使用和低碳经济的转化，降低经济增长对能源资源使用效率的依赖，降低二氧化碳排放量，提高竞争力和保障能源安全。为了保障“资源效率欧洲”动议的实现，欧盟委员会出台的具体举措可以概括为市场化举措、金融政策举措、能源效率提升举措三大措施，三大举措共同构成了一个行之有效的措施体系。

1. 市场化举措。市场化举措又可以概括为两大方面，第一，完善内部能源市场，执行战略能源技术计划，促进单一市场的可再生能源资源使用；第二，构建以市场为基础工具的使用框架，比如包括排放贸易系统、能源税的修订、政府支持框架以及绿色公共日常采购的广泛运用。

2. 金融政策举措。积极使用欧盟的农村发展基金、结构基金、研究开发框架计划、欧洲投资银行等金融工具，协调资金的使用，积极促进欧盟、成员国和私有资金的共同使用。通过和执行已修订的能源效率行动计划，利用结构基金等其他基金的杠杆作用撬动新的资金支持创新投资计划，切实提高资源使用效率。

3. 能源效率提升举措，主要涉及交通、能源网络等方面内容。具体内容包括：提高交通部门现代化水平，投产欧盟“绿色”汽车，促进电力和混合能源汽车的发展，实施智能交通管理，从而降低路面交通、航空、航海部门的二氧化碳排放量；升级欧洲能源网络，包括建设跨欧能源网络、欧洲超高压电网、智能电网等，还包括建设方便可再生能源利用的高压输电线路网。

“全球化时代的工业政策”指出制造业特别是中小企业受到金融危机冲击尤为巨大，所有部门都面临全球化的挑战，在全球化的背景中，需要努力推动制造业生产流程和产品生产向低碳经济的转型。由于全球化的挑战对于不同部门的影响程度也不相同，一些部门必须彻底改造，但是对于另外一些部门来说将带来新的商机。欧盟将拟定现代工业政策框架，支持、引导和帮助工业企业应对这些挑战，提高欧盟三大产业的竞争力，以帮助它们紧抓全球化和绿色经济的发展机遇。欧盟现代工业政策框架涉及国际价值链从原材料到售后服务的所有环节。为了保障“全球化时代的工业政策”动议的实施，欧盟委员会还出台有配套措施，具体包括：支持制造业部门向能源和资源的高效使用方向转型，提高制造业部门生产和服务环节资源的使用效率，大力发展循环经济，以降低自然资源的使用量。

欧委会指出，如果到 2020 年欧盟能够将可再生能源在最终能源消费中的比例提高到 20%，将能源利用效率提高 20%，那么将能够超额完成 2020 年削减温室气体排放 20% 的目标，降低幅度达到 25%。但是尽管如此，按照当前政策，到 2050 年欧盟也只能减排 40%。为了实现到 2050 年减排 80%、将欧盟建设成为更加有竞争力的低碳经济体的目标，欧盟提出要加速发展低碳经济和构建低碳型社会的进程，并制定了各个阶段的温室气体减排目标，即到 2030 年，温室气体排放量降低 40%，到 2040 年降低 60%。也就是说，在 2010—2020 年每年降低 1%，2020—2030 年每年降低 1.5%，2030—2050 年每年降低 2%。欧盟将为了实现这项宏伟计划，不断推出新政策，发展新技术，大力培育低碳产业，进一步加大推动欧盟经济增长方式的转变进程。

欧盟对未来的低碳经济发展进行了情景分析，以预测低碳经济发展对于经济增长方式转型和经济结构调整的作用。据欧委会推算，金融危机平息之后，从 2015 至 2030 年，欧盟的年均经济增长率将会保持在 2% 左右 (如图 5.1 所示)。经济增长的主要推动力量就是低碳经济的发展。如果 2020 年欧盟能够实现能源使用效率提高 20% 的目标，[①] 将会推动经济增长大约 1 个百分点。欧洲能源市场一体化的进一步发展还能够使 GDP 额外增加 0.6%—0.8%。

欧盟首先确定碳减排目标，然后通过发展低碳经济来实现这些目标。欧盟发展低碳经济的过程，就是转变经济增长方式的过程，发展低碳经济是欧盟削减温室气体排放与促进经济增长的有效路径。

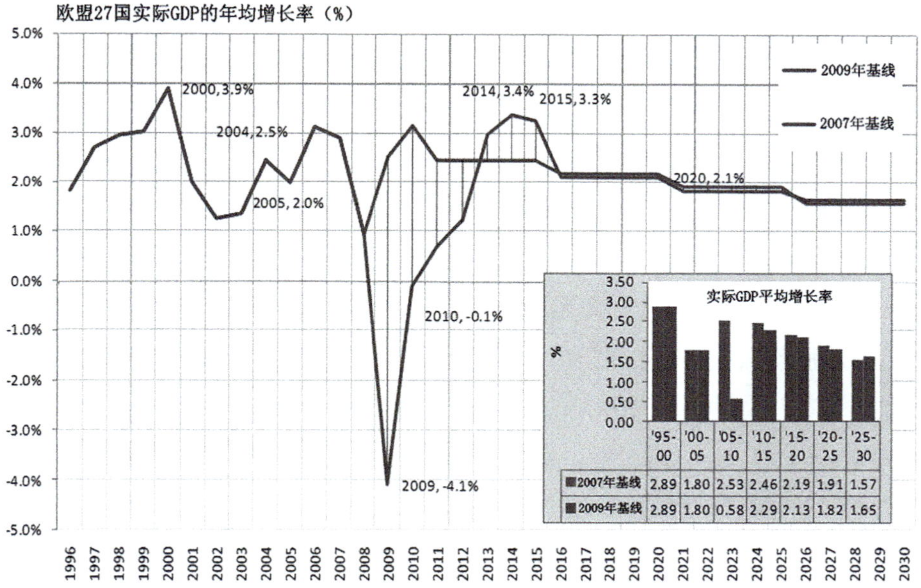

图 5.1　欧盟 27 国实际 GDP 的年均增长率阐释图

资料来源：Professor Pantelis CAPROS, E3MLab National Technical University of Athens, European energy and transport trends to 2030-Update 2009.

注：欧盟在 2007 年和 2009 年分别对宏观经济进行了情景预测，由于 2007 年还未发生金融危机，因此经济增长率的变动较为平缓，2009 年的情景预测考虑了金融危机的影响，因此经济增长率波动较大。

二、“欧盟 2020 战略”的解读

“欧盟 2020 战略”是继里斯本战略之后指导欧盟 2010 年至 2020 年

① European commission, Europe 2020: a European strategy for smart, sustainable and inclusive growth.

经济发展的全新规划。与2000年欧盟通过里斯本战略时相比，当前气候变化和能源安全问题变得更加严峻，从“里斯本战略”到“欧盟2020战略”，欧盟对低碳经济的重视程度经历了一段不断加深的过程。

（一）从两大战略的出发点来看，里斯本战略经历了渐进的过程，欧盟2020战略一开始就基于应对气候变化

欧盟2000年发布了里斯本战略，当时尚未把气候变化和能源问题看作是欧盟面临的主要挑战之一，因此制定的政策较少涉及低碳经济的内容。[①] 而在即将进入21世纪的下一个10年，特别是伴随着哥本哈根会议的召开，气候变化问题变得愈加严峻，金融危机的冲击暴露了欧洲经济的结构性缺陷，同时也为了应对全球化和老龄化的长期挑战，欧盟制定了“欧盟2020战略”，应对气候变化已经成为欧盟2020战略的首要出发点。

2001年6月，欧盟理事会在哥德堡专门召开会议，为里斯本战略增添了环境方面的内容，提出需要正确处理经济、社会和环境三者之间的关系，鼓励能源、交通等部门广泛采用环境友好型技术，以降低经济增长对资源的依赖。[②] 里斯本战略实施5年后，由于效果不明显，[③] 欧盟又决定对该战略进行调整。2005年，发布了《为增长和就业共同努力：重启里斯本战略》的报告，该报告的重点集中于经济增长与就业，但同时也指出资源和环境问题若不加以有效解决将成为欧盟未来经济增长的巨大障碍，为了应对日趋严峻的资源和环境问题，欧盟需要支持资源的可持续利用，促进生态创新，发展环境技术，采用低碳技术，力争使欧盟成为全世界向可持续的生产和消费方式转型的引领者。[④]

重启的“里斯本战略”以三年为一个实施期，从2007年开始，知识创新、商业环境改善、劳动力市场改革以及应对能源和气候变化成为第二个三年规划的发展重点。2007年春召开的欧盟理事会指出：欧盟需要实

---

① European commission, “Lisbon Strategy evaluation document”, Brussels, February 2, 2010, SEC(2010) 114 final.

② Göteborg European Council, “Presidency Conclusions”, 15 and 16 June 2001.

③ Commission of the European Communities, “Working together for growth and jobs : A new start for the Lisbon Strategy”, Brussels, February 2, 2005, P1.

④ 同上。

现向低碳经济的转型，保障安全、可持续和有竞争力的能源供给。[①]然而在第二个三年规划期，面对突如其来的金融危机，欧盟刚刚开启的向低碳经济的转型之路遭受冲击。应对气候挑战虽然是欧盟2020战略的首要出发点，但也是接续了重启的里斯本战略由于金融危机冲击而中断的向低碳经济的转型进程，同时还将发展低碳经济看作是应对金融危机、重振经济的重要手段。

（二）从两大战略的主要目标来看，欧盟2020战略接续了里斯本战略的目标，但突出的是可持续增长成为三大战略目标之一

里斯本战略的总体目标是使欧盟在2010年成为“以知识为基础的、世界上最有竞争力的经济体”，同时在拉动就业和增强社会凝聚力的基础上实现可持续的经济增长。而“欧盟2020战略”提出有三大战略目标，分别为明智增长、可持续增长和有凝聚力增长，可持续增长已经跃升为三大战略目标之一。明智增长是指构建以知识和创新为基础的经济体；有凝聚力增长是指通过提高就业率，以增强社会和地区凝聚力。由此可见，明智增长和有凝聚力增长是对里斯本战略总体目标的接续，但是在具体目标的实现程度上将进一步提高；而可持续增长是指通过提高资源使用效率，以建设绿色和强竞争力的经济体。由此可见，里斯本战略实现可持续增长的依托基础与欧盟2020战略可持续增长目标的内涵存在很大差异，后者集中于节能减排，大力发展低碳经济。

里斯本战略的具体目标包括实现年均3%的经济增长，就业率从2000年的61%提高到2010年的70%，女性就业率从2000年的51%提高到60%，研发资金占GDP的比例从2000年的1.82%提高到3%。[②]由此可见，里斯本战略的具体目标里面尚未涉及削减温室气体排放、提高能源使用效率的相关内容。而欧盟2020战略提出有5项具体指标，其中的第一、第二、第四、第五项目标分别涉及提高就业率、增加研发经费、

① Commission of the European Communication, “Strategic report on the renewed Lisbon strategy for growth and jobs: launching the new cycle (2008-2010)”, Brussels, December 11, 2007,COM(2007) 803 final.

② Lisbon European Council 23 and 24 March 2000, “Presidency conclusions”.

减小贫困人口等方面的内容，[①] 基本上是里斯本战略具体目标的接续提高，而第三项目标涉及低碳经济的发展目标：将温室气体排放量在 1990 年的基础上削减 20%（若其他发达国家相应减排，发展中国家也根据其责任和能力全力减排，欧盟的减排目标则为 30%），将可再生能源在最终能源消费中的比例提高到 20%，将能源利用效率提高 20%。欧盟 2020 战略的第三项具体目标概括为“20/20/20”气候能源目标，该项目标是可持续增长战略目标的具体化，与可持续增长目标一起构成了促进低碳经济发展的完善目标体系。

（三）从两大战略的主要举措来看，欧盟 2020 战略提出有实现可持续增长的具体举措，这在重启的里斯本战略基础上更进一步

重启的里斯本战略，特别是其中第二个三年规划明确提出了向低碳经济转型的发展方向，提出知识创新、商业环境改善、劳动力市场改革以及能源和气候变化四大优先发展领域。然而从 2007 年开始，肇始于美国的次贷危机迅速蔓延至欧洲，并迅速演化成为全球性的金融危机，金融危机使得欧盟多年来的经济和社会进步遭受巨大冲击，向低碳经济转型的努力也遭受一定冲击。到了 2009 年底，伴随着哥本哈根会议的召开，欧盟进一步倡导世界共同促进低碳经济的发展，提出如果其他国家做出相应的减排承诺，欧盟将会把减排目标提高至 30%，这也成为了欧盟 2020 战略制定的背景和出发点。

在欧盟 2020 战略中，发展低碳经济的举措更加具体，特别是欧盟不仅把发展低碳经济看作是应对气候变化、促进可持续发展的手段，而且也看作是应对金融危机、尽快恢复受损经济的重要举措。

---

① 欧盟 2020 战略的第一、第二、第四、第五项具体目标分别为：将 20 岁到 64 岁人群的就业率从目前的 69% 至少提高到 75%；研发经费需要占到欧盟 GDP 的 3%；将未完成基础教育的人数比例从现在的 15% 降低到 10% 以下，使至少 40% 的年轻一代获取高等教育文凭；至少减少 2000 万的贫困人口。

第二节 欧盟产业结构的未来调整

一、各产业部门的减排目标

为了确保总量减排目标的实现，欧盟还根据不同部门的技术和经济潜力，运用情景研究的方法确定了各产业部门分阶段的具体减排目标。相关情景研究考虑了新政策出台和技术进步可能产生的影响。欧盟各产业部门的减排目标如表 5.1 和图 5.2 所示。

表 5.1 欧盟各产业部门温室气体减排目标一览表

温室气体减排（与 1990 年相比）	2005	2030	2050
电力（CO_2)	-7%	-54 ~ -68%	-93 ~ -99%
工业（CO_2)	-20%	-34 ~ -40%	-83 ~ -87%
运输（包括航空，不包括航海）	+30%	+20 ~ -9%	-54 ~ -67%
居民的和服务（CO_2)	-12%	-37 ~ -53%	-88 ~ -91%
农业（非 CO_2)	-20%	-36 ~ -37%	-42 ~ -49%
其他非 CO_2 排放	-30%	-72 ~ -73%	-70 ~ -78%
总量	-7%	-40 ~ -44%	-79 ~ -82%

资料来源：European commission: Roadmap for moving to a competitive low carbon economy in 2050, Brussels, 8/3/2011, COM(2011) 112 final.

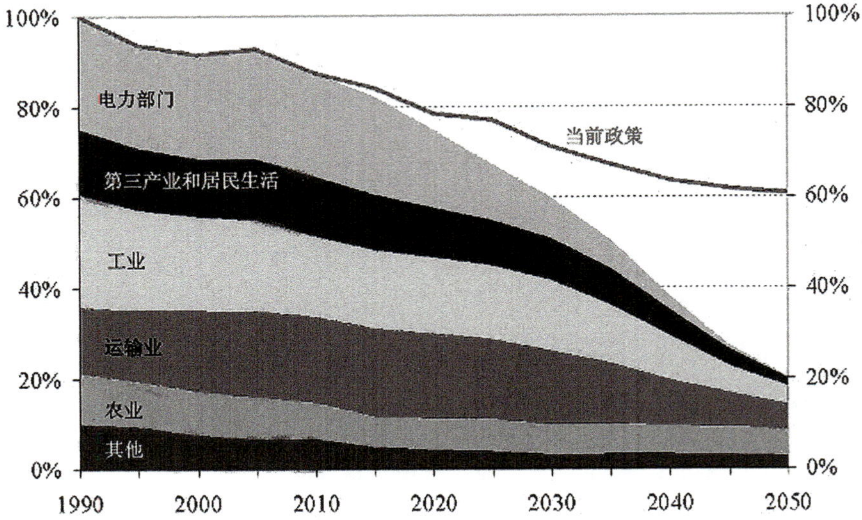

图 5.2 欧盟各产业部门温室气体减排目标阐释图

资料来源：European commission: Roadmap for moving to a competitive low carbon economy in 2050, Brussels, 8/3/2011, COM(2011) 112 final.

从以上图表可以看出，由于人口增加和农业部门自身的原因导致农业减排的空间相对较小之外，其他部门的减排力度都非常大，减排比例都在 50% 以上。2050 年的温室气体排放量只相当于 1990 年的 20%。

1. 电力部门

电力行业是最具减排潜力的部门。到 2050 年，电力部门几乎可以实现二氧化碳的零排放。电力将主要来自风能、太阳能、水能和生物质能，还有其他二氧化碳排放量低的可再生能源，例如核电厂和拥有碳捕获和储存技术装备的化石燃料发电站。欧盟的清洁技术发电所占的比例将会迅速增加，从现在的 45% 提高到 2020 年的 60% 左右，到 2050 年几乎要达到 100%。为了达到该目标，欧盟将加强在碳排放交易系统下电力行业排放量的上限控制，同时还将大规模投资智能电网的建设。

2. 运输

虽然目前欧盟运输业的排放量仍在增加，但是到 2050 年，运输业要降低 60% 左右的温室气体排放量（相对于 1990 年水平）。欧盟首先将进一步提高传统汽油和柴油发动机汽车的燃油效率，比如提高客车的燃油效率。2025 年之后，欧盟将大力发展混合动力汽车和电动汽车，以大幅降低机动车的二氧化碳排放量。对于空运，飞机将主要由生物燃料驱动，但是同时会注重保障生物燃料的可持续利用，避免对生物多样性构成压力，避免由于改变土地用途而增加温室气体排放量。

3. 建筑物

欧盟将大幅削减住宅和办公楼建筑的温室气体排放量，到 2050 年，要减少大约 90%。同时，大幅提高建筑物的能源性能，积极采用新的建筑技术，改造老建筑，取暖、制冷、烹饪设备将从使用化石燃料向主要使用电力和可再生能源转变。

4. 工业

工业，特别是能源密集型产业要大幅度减排，到 2050 年要削减 80% 以上的温室气体排放量。工业企业将普及更清洁和节能的低碳技术，并大规模引进碳捕获和储存技术，预计 2040 年至 2050 年，关于这项技术的投资每年将达 100 亿欧元。

5. 农业

随着全球粮食需求的增长，在 2050 年，农业占欧盟的总排放量比例将提高到 30%，但是农业产生的温室气体排放总量仍要呈下降趋势。欧盟将削减化肥、粪肥和牲畜的温室气体排放，增加土壤和森林的碳汇作用。同时，引导健康的饮食习惯，鼓励人们多吃蔬菜，少食肉类。[①]

欧盟温室气体减排的总体目标最终会转化为各个产业部门的减排目标，发展低碳经济、降低温室气体排放，关键是产业层面采取的具体措施，因此会对产业结构产生重大影响。伴随低碳经济的发展，欧盟能源密集型产业将会被逐渐改造，能源行业将会面临大规模洗牌，传统能源行业大规模衰退，可再生、节能、环保、低碳类能源行业将会兴起。

---

① http://ec.europa.eu/clima/policies/roadmap/perspective_en.htm.

二、产业结构的未来调整

根据欧盟委员会的预测，未来欧盟 27 国、欧盟 15 国和新欧盟 12 国各产业部门在国民经济中的比重均将进一步调整，具体变动情况如表 5.2、表 5.3 和表 5.4 所示。整体来看，欧盟国家的工业和农业部门，除了化学药品等少数部门之外，在未来 20 年里，其增加值在国民经济中所占的比例都将呈不断下降态势。而服务业部门的比重将不断增加。从欧盟 27 国的具体情况来看（如图 5.3 所示），工业、农业、建筑业和能源部门的增加值的增速非常缓慢，因此在整个国民经济中所占的比例将不断下降，而市场服务、非市场服务和贸易部门的增加值的增速较快，在国民经济中所占的比例不断上升。增势缓慢或占比不断降低的部门一般为高排放部门，而增势较快或占比不断提高的部门一般为低排放部门，因此，欧盟的低碳产业将不断孵化发育，未来的产业结构将向着不断低碳化的方向演变。

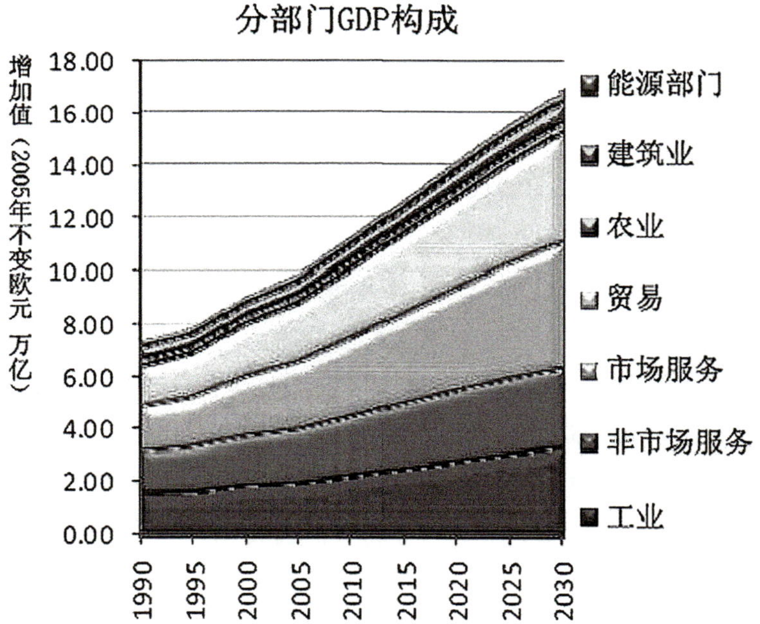

图 5.3　欧盟 27 国未来产业变动情况阐释图

资料来源：Directorate-General for Energy and Transport of European Commission, European energy and transport trends to 2030-Update 2007.

表 5.2 欧盟 27 国：主要的经济预测

项目						年度变化（%）				增加值占比（%）				
	1990	2000	2010	2020	2030	90-00	00-10	10-20	20-30	1990	2000	2010	2020	2030
人口（百万）	470.4	480.5	492.9	496.4	494.8	0.2	0.3	0.1	0					
平均家庭规模（人）	2.7	2.5	2.3	2.2	2.1	-0.8	-0.7	-0.5	-0.4					
户数（百万）	176.1	194.9	213.9	226.2	235.1	1	0.9	0.6	0.4					
国内生产总值(2005 年不变欧元 十亿欧元)	8108.7	10046.1	12430	15686.9	18687	2.2	2.2	2.4	1.8					
家庭支出（2005 年不变欧元 十亿欧元）	4730.7	5865.9	7270	9035.6	10698	2.2	2.2	2.2	1.7					
增加值（2005 年不变欧元 十亿欧元）	7386.7	9081.2	11252.3	14213.3	16897.9	2.1	2.2	2.4	1.7					
工业（十亿欧元）	1579.7	1842.6	2195.1	2760.9	3261.1	1.6	1.8	2.3	1.7	21.4	20.3	19.5	19.4	19.3
钢铁（十亿欧元）	53.5	50.5	57.7	67.4	74.4	-0.6	1.3	1.6	1	0.7	0.6	0.5	0.5	0.4
有色金属（十亿欧元）	20	24.7	27.4	33.1	37.7	2.1	1.1	1.9	1.3	0.3	0.3	0.2	0.2	0.2
化学药品（十亿欧元）	151.3	198.9	264.8	343	412.1	2.8	2.9	2.6	1.9	2	2.2	2.4	2.4	2.4
制药和化妆品（十亿欧元）	51.7	82.4	123	172	218.8	4.8	4.1	3.4	2.4	0.7	0.9	1.1	1.2	1.3

续表

非金属的矿产（十亿欧元）	78.5	87.1	98.5	120.5	138.3	1	1.2	2	1.4	1.1	1	0.9	0.8	0.8
纸张、纸浆及印刷（十亿欧元）	146.2	166.8	176.1	216.6	253.2	1.3	0.5	2.1	1.6	2	1.8	1.6	1.5	1.5
印刷和出版业（十亿欧元）	96.9	111.7	121.2	152.3	181.3	1.4	0.8	2.3	1.8	1.3	1.2	1.1	1.1	1.1
食品、饮料、烟草（十亿欧元）	203.9	219.8	264.9	341	410.4	0.8	1.9	2.6	1.9	2.8	2.4	2.4	2.4	2.4
纺织品和皮革（十亿欧元）	122.2	103.5	84.2	84.1	86.4	-1.7	-2	0	0.3	1.7	1.1	0.7	0.6	0.5
工程设计（十亿欧元）	621.4	792.9	984.8	1251	1483.7	2.5	2.2	2.4	1.7	8.4	8.7	8.8	8.8	8.8
其他工业（十亿欧元）	182.6	198.3	236.6	304.3	365	0.8	1.8	2.5	1.8	2.5	2.2	2.1	2.1	2.2
建筑（十亿欧元）	469.9	481.6	573.8	717.5	832.5	0.2	1.8	2.3	1.5	6.4	5.3	5.1	5	4.9
服务（十亿欧元）	4806.1	6176.2	7843.6	10003.2	12000.7	2.5	2.4	2.5	1.8	65.1	68	69.7	70.4	71
农业（十亿欧元）	241.5	268.7	288.7	331.8	366.9	1.1	0.7	1.4	1	3.3	3	2.6	2.3	2.2
能源行业（十亿欧元）	289.5	312	351.2	399.8	436.7	0.8	1.2	1.3	0.9	3.9	3.4	3.1	2.8	2.6

资料来源：Directorate-General for Energy and Transport of European Commission, European energy and transport trends to 2030-Update 2007.

表 5.3 欧盟 15 国：主要经济预测

项目						年度变化（%）				增加值占比（%）				
	1990	2000	2010	2020	2030	90-00	00-10	10-20	20-30	1990	2000	2010	2020	2030
人口（百万）	363.5	375.5	390.8	397.5	398.7	0.3	0.4	0.2	0					
平均家庭规模（人）	2.6	2.4	2.3	2.2	2.1	-0.7	-0.6	-0.5	-0.4					
户数（百万）	140.3	155.9	172.4	184.3	192.9	1.1	1	0.7	0.5					
国内生产总值（2005 年不变欧元 十亿欧元）	7631.5	9503.7	11598.2	14402.8	16891.5	2.2	2	2.2	1.6					
家庭支出（2005 年不变欧元 十亿欧元）	4462	5538.5	6711.9	8178	9487.1	2.2	1.9	2	1.5					
增加值（2005 年不变欧元 十亿欧元）	6958.5	8602.6	10523.1	13094.4	15338	2.1	2	2.2	1.6					
工业（十亿欧元）	1470.6	1721.7	1995.4	2453.1	2846.6	1.6	1.5	2.1	1.5	21.1	20	19	18.7	18.6
钢铁（十亿欧元）	47.2	45.7	51.7	59.5	65	-0.3	1.2	1.4	0.9	0.7	0.5	0.5	0.5	0.4
有色金属（十亿欧元）	18.8	23	25.3	30.3	34.4	2	0.9	1.8	1.3	0.3	0.3	0.2	0.2	0.2
化学药品（十亿欧元）	142.6	190.7	252.4	322.7	382.2	2.9	2.8	2.5	1.7	2	2.2	2.4	2.5	2.5
制药的和化妆品（十亿欧元）	50	78.9	117.2	161.4	201.6	4.7	4	3.3	2.2	0.7	0.9	1.1	1.2	1.3
非金属的矿产（十亿欧元）	72.2	79.9	88.1	104.6	117.1	1	1	1.7	1.1	1	0.9	0.8	0.8	0.8
纸张、纸浆及印刷（十亿欧元）	139.8	159.1	165	199.3	229.6	1.3	0.4	1.9	1.4	2	1.8	1.6	1.5	1.5

续表

印刷和出版业（十亿欧元）	94	106.8	114.2	140.6	164.7	1.3	0.7	2.1	1.6	1.4	1.2	1.1	1.1	1.1
食品、饮料、烟草（十亿欧元）	183.9	194.7	227.4	280.8	327.3	0.6	1.6	2.1	1.5	2.6	2.3	2.2	2.1	2.1
纺织品和皮革（十亿欧元）	108.6	93.3	72.7	70	69.6	-1.5	-2.5	-0.4	-0.1	1.6	1.1	0.7	0.5	0.5
工程（十亿欧元）	588.7	752.6	907.1	1130.3	1322.8	2.5	1.9	2.2	1.6	8.5	8.7	8.6	8.6	8.6
其他工业（十亿欧元）	168.9	182.7	205.6	255.6	298.7	0.8	1.2	2.2	1.6	2.4	2.1	2	2	1.9
建筑（十亿欧元）	440.5	453.6	534	651.6	738.9	0.3	1.6	2	1.3	6.3	5.3	5.1	5	4.8
服务（十亿欧元）	4595.3	5908.1	7441.9	9374	11093.1	2.5	2.3	2.3	1.7	66	68.7	70.7	71.6	72.3
农业（十亿欧元）	196	234	236.5	260.9	277.5	1.8	0.1	1	0.6	2.8	2.7	2.2	2	1.8
能源行业（十亿欧元）	256	285.2	315.4	354.8	381.9	1.1	1	1.2	0.7	3.7	3.3	3	2.7	2.5

资料来源：Directorate-General for Energy and Transport of European Commission, European energy and transport trends to 2030-Update 2007.

表 5.4 新欧盟 12 国：主要经济预测

项目						年度变化（%）				增加值占比（%）				
	1990	2000	2010	2020	2030	90-00	00-10	10-20	20-30	1990	2000	2010	2020	2030
人口（百万）	106.9	105	102.2	99	96	-0.2	-0.3	-0.3	-0.3					
平均家庭规模（人）	3	2.7	2.5	2.4	2.3	-1	-0.9	-0.4	-0.4					
户数（百万）	35.9	39	41.5	42	42.3	0.8	0.6	0.1	0.1					
国内生产总值（2005 年不变欧元 十亿欧元）	477.2	542.4	831.8	1284.1	1795.5	1.3	4.4	4.4	3.4					
家庭支出（2005 年不变欧元 十亿欧元）	268.7	327.5	558.1	857.7	1210.9	2	5.5	4.4	3.5					
增加值（2005 年不变欧元 十亿欧元）	428.2	478.6	729.2	1118.9	1559.9	1.1	4.3	4.4	3.4					
工业（十亿欧元）	109.1	120.9	199.7	307.9	414.6	1	5.1	4.4	3	25.5	25.3	27.4	27.5	26.6
钢铁（十亿欧元）	6.3	4.8	6	7.8	9.4	-2.8	2.3	2.7	1.8	1.5	1	0.8	0.7	0.6
有色金属（十亿欧元）	1.2	1.7	2.2	2.8	3.3	3.3	2.6	2.5	1.8	0.3	0.4	0.3	0.2	0.2
化学药品（十亿欧元）	8.7	8.2	12.4	20.3	29.9	-0.6	4.2	5.1	3.9	2	1.7	1.7	1.8	1.9
制药的和化妆品（十亿欧元）	1.7	3.5	5.8	10.6	17.2	7.5	5.1	6.2	4.9	0.4	0.7	0.8	1	1.1
非金属的矿产（十亿欧元）	6.3	7.2	10.4	16	21.2	1.5	3.7	4.4	2.9	1.5	1.5	1.4	1.4	1.4
纸张、纸浆及印刷（十亿欧元）	6.5	7.7	11.1	17.3	23.6	1.7	3.7	4.6	3.1	1.5	1.6	1.5	1.5	1.5

续表

印刷和出版业（十亿欧元）	2.9	4.8	7	11.7	16.6	5.3	3.8	5.3	3.5	0.7	1	1	1	1.1
食品、饮料，烟草（十亿欧元）	20	25.1	37.4	60.1	83.2	2.3	4.1	4.9	3.3	4.7	5.2	5.1	5.4	5.3
纺织品和皮革（十亿欧元）	13.6	10.2	11.5	14.1	16.8	-2.9	1.2	2.1	1.7	3.2	2.1	1.6	1.3	1.1
工程（十亿欧元）	32.7	40.3	77.8	120.7	160.9	2.1	6.8	4.5	2.9	7.6	8.4	10.7	10.8	10.3
其他工业（十亿欧元）	13.7	15.6	31	48.7	66.3	1.3	7.1	4.6	3.1	3.2	3.3	4.3	4.4	4.3
建筑（十亿欧元）	29.5	28.1	39.8	65.9	93.6	-0.5	3.6	5.2	3.6	6.9	5.9	5.5	5.9	6
服务（十亿欧元）	210.8	268.1	401.7	629.2	907.6	2.4	4.1	4.6	3.7	49.2	56	55.1	56.2	58.2
农业（十亿欧元）	45.4	34.8	52.2	70.9	89.4	-2.6	4.1	3.1	2.3	10.6	7.3	7.2	6.3	5.7
能源行业（十亿欧元）	33.4	26.8	35.8	45	54.8	-2.2	2.9	2.3	2	7.8	5.6	4.9	4	3.5

资料来源：Directorate-General for Energy and Transport of European Commission, European energy and transport trends to 2030-Update 2007.

从欧盟15国和新欧盟12国的对比情况来看，产业部门的占比变化情况存在一定差异，欧盟15国的工业部门增加值占比整体呈不断降低态势，而新欧盟12国的工业部门增加值占比则经历上升之后再降低的过程。同时，新欧盟12国占比增加的工业部门相对比欧盟15国较多，比如新欧盟12国的工程部门占比将不断呈增加态势。两者之所以存在上述差别，其原因在于新欧盟12国的经济社会发展水平与欧盟15国相比较为落后，在未来的低碳经济发展过程中，经济增长与降低温室气体排放之间的矛盾会日益凸显。

第三节 低碳产业的发展

培育低碳产业是降低温室气体排放，发展低碳经济，进而促进经济增长方式转变和经济可持续发展的具体举措。培育低碳产业包括两个层面的内容，一是对现有产业进行低碳化改造，改变现有产业部门的能源使用结构，从而降低传统产业部门的温室气体排放量和提高产业运行效率；二是培育新生低碳产业，主要集中在能源部门。由于能源部门是所有产业和经济活动的基础，因此第二个层面的内容是确保第一层面能够实现的基本保障。

一、产业部门的低碳化改造

为了实现欧盟发展低碳经济的目标，欧盟的各个产业部门内部将面临重大改造，总体目标是向着不断调整能源使用结构，提高能源使用效率，进而向着不断低碳化的方向发展。

1. 农业部门的低碳化改造

农业在欧盟整个国民经济中的地位已经非常微弱，比如在2010年，农业增加值仅占欧盟GDP的2.6%，农业部门不是削减温室气体排放的重要领域，农业部门节能减排的空间很小。同时，由于农业部门自身的特殊性，能源结构相对固化。因此，在未来，除了固体燃料的消耗量或有明显缩减之外，欧盟的农业能源消费结构变动不大。欧盟农业能源消费结构变动情况如图 5.4 所示。

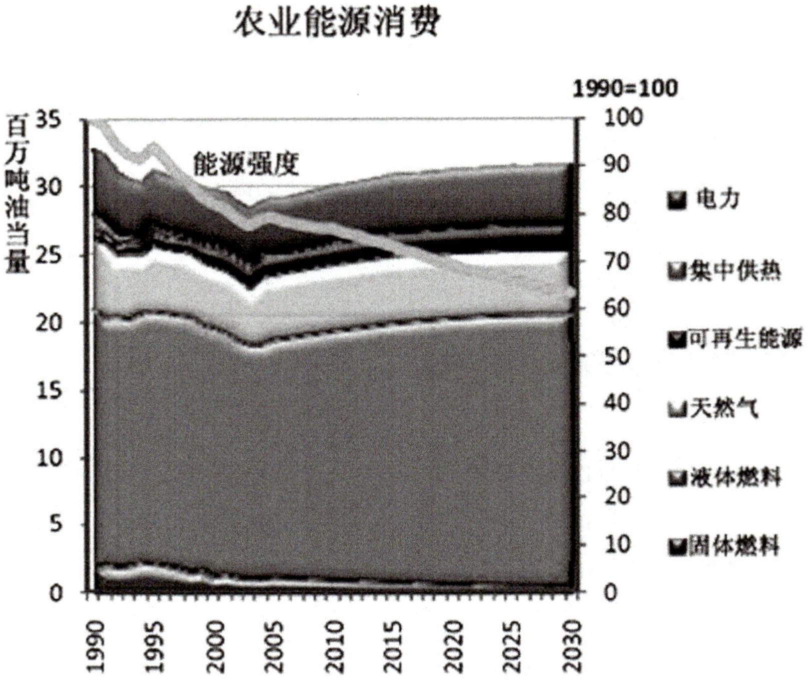

图 5.4 欧盟农业部门能源消费结构变动图

资料来源：Directorate-General for Energy and Transport of European Commission, European energy and transport trends to 2030-Update 2007.

2. 工业部门的低碳化改造

工业是欧盟重要的产业部门，在 2010 年，工业增加值占欧盟 GDP 的 19%。同时，工业是能源消耗的关键部门，因此工业部门是进行低碳化改造的重点部门。从能源消耗结构来看（如图 5.5 所示），固体燃料和石油的使用比例将会下降，而天然气、电力、可再生能源等的使用比例将会增加，特别是电力增加趋势最为明显。由于电力部门也将进行低碳化改造，因此，电力使用的增加也就意味着工业部门温室气体排放量的不断降低。

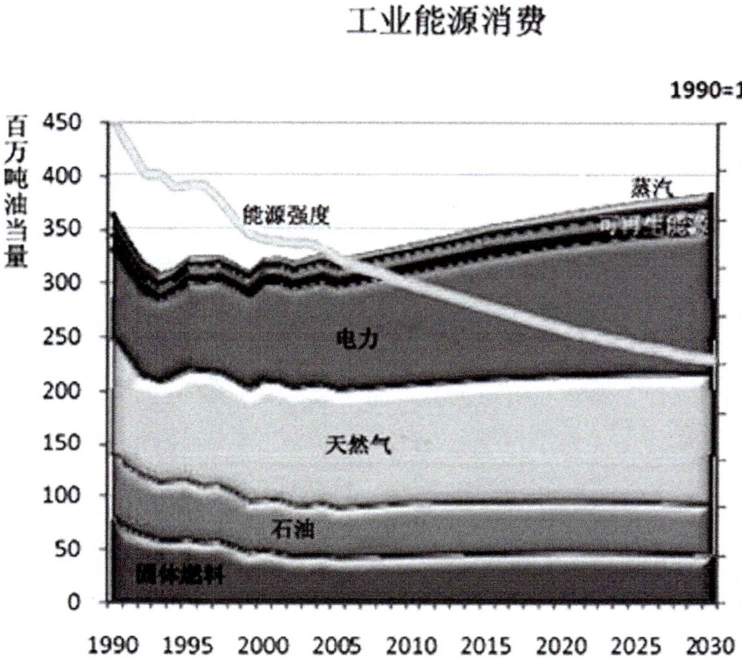

图 5.5 欧盟工业部门能源消耗结构变动图

资料来源：Directorate-General for Energy and Transport of European Commission, European energy and transport trends to 2030-Update 2007.

3. 服务部门的低碳化改造

虽然服务部门的能源密集度低，但服务部门是欧盟国民经济最重要的部门。在 2010 年，服务部门的增加值占欧盟 GDP 的比例已经接近 70%，并且还将呈不断增加态势。从服务部门未来的能源消费结构来看，电力和天然气使用比例迅速提高，到 2030 年，将分别提高到 49% 和 31%，而固体燃料、液体燃料等能源的使用量下降明显。欧盟服务部门能源消费结构变动情况如图 5.6 所示。

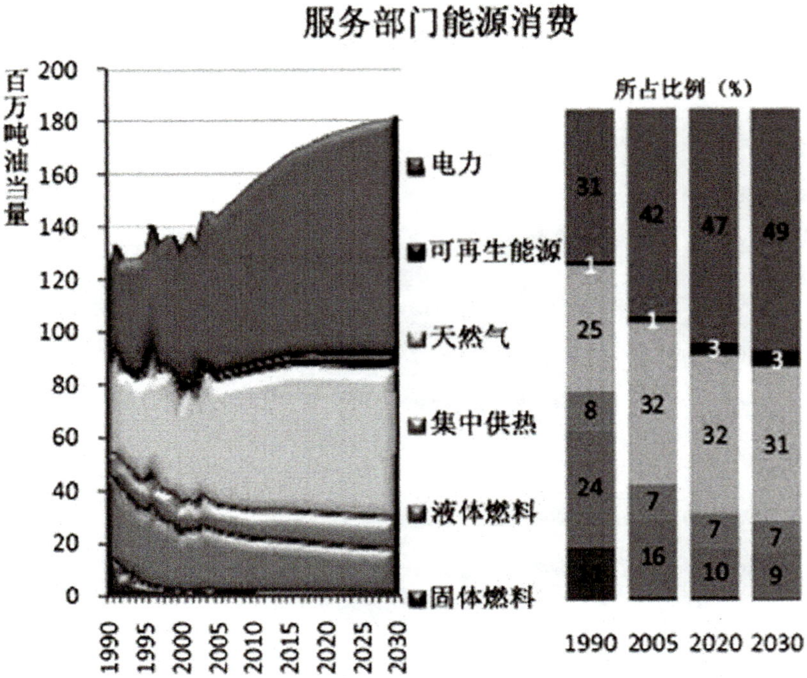

图 5.6 欧盟服务部门能源消耗结构变动图

资料来源：Directorate-General for Energy and Transport of European Commission, European energy and transport trends to 2030-Update 2007.

4. 居民部门的低碳化改造

居民日常生活是能源消耗的重要方面，因此居民的能源消费结构也将面临重要调整。总体来看（如图 5.7 所示），固体燃料、液体燃料的使用比例将不断降低，而电力、可再生能源、天然气的使用比例提高明显，通过大量使用低排放的能源，从而大量减低居民生活所导致的温室气体排放。

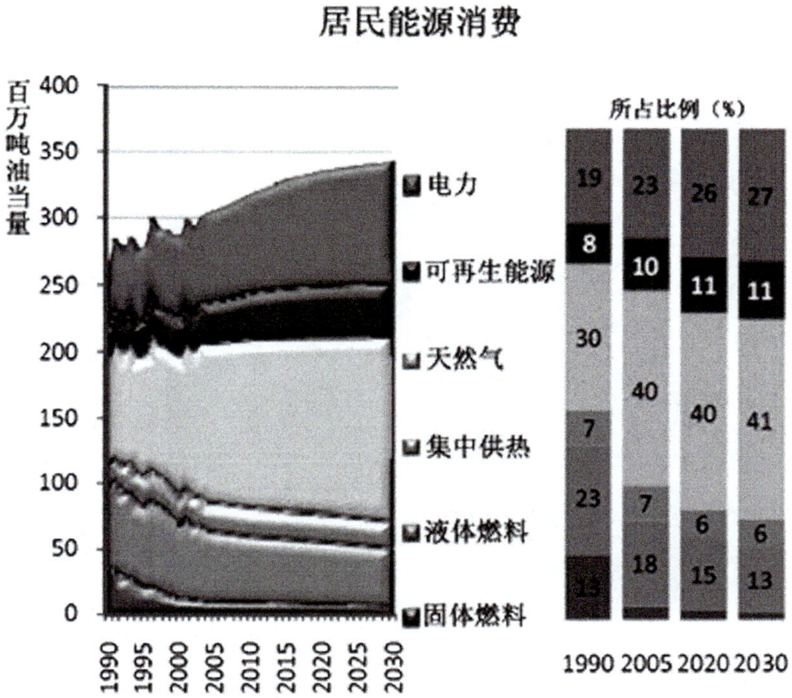

图 5.7　欧盟居民部门能源消耗结构变动图

资料来源：Directorate-General for Energy and Transport of European Commission, European energy and transport trends to 2030-Update 2007.

5. 运输部门的低碳化改造

运输部门也是能源消耗的重要领域，为了降低运输部门的碳排放量，能源使用结构也会不断发生调整。从具体调整情况来看（如图 5.8 所示），汽油的使用量将会降低，但是柴油的使用量会有明显的增加。以生物燃料、天然气、电力、可再生能源等驱动的新型能源将会有明显的增加，但是到 2030 年，总体来看，新型能源所占比例还相对较低，对传统能源的替代作用还不显著。

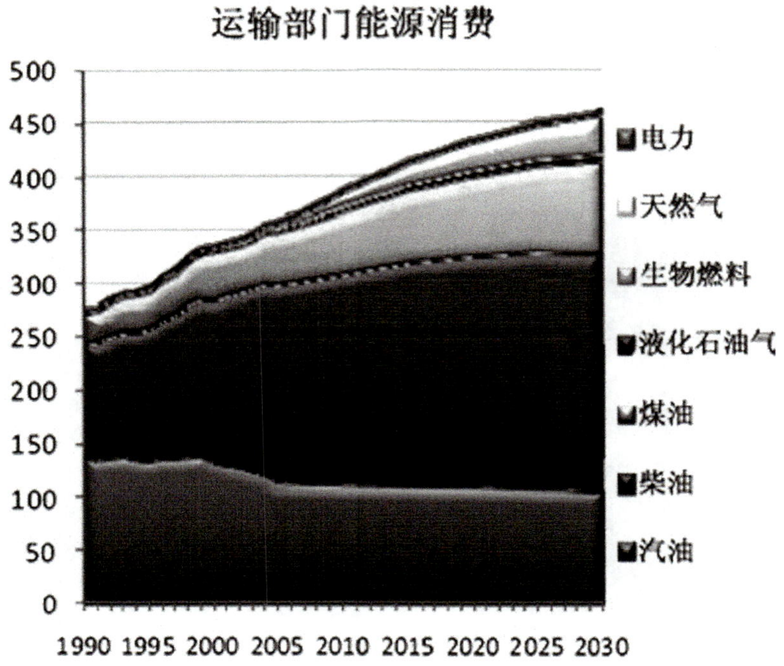

图 5.8　欧盟运输部门能源消耗结构变动图

资料来源：Directorate-General for Energy and Transport of European Commission, European energy and transport trends to 2030-Update 2007.

6. 电力部门的低碳化改造

工业、居民生活、服务业等部门是能源消耗以及碳排放的主要领域，从这些相关部门的低碳化改造来看，电力的使用比例都有明显的增加。因此，对电力部门进行改造，削减电力部门的化石能源消耗，大力降低电力部门的碳排放水平，将会对其他部门的减排发挥基础性的作用。因此，电力部门减排是欧盟未来进行低碳化改造的重点领域。

欧盟将来的发电结构将会发生明显变化，固体燃料（比如煤炭）、石油、天然气等高碳排放能源的使用比例将会不断缩减，而核能、可再生能源的发电量将会有明显的上升，特别是可再生能源发电比例增长最为明显。欧盟发电能源结构以及可再生能源发电结构如图 5.9 所示。从可再生能源的发电结构来看，其中风能（海洋风能和陆地风能）、生物质能（包括垃圾发电）、太阳能的发电量增长最为迅速，特别是陆地风能增长最快，从 2010 年的 147 亿千瓦时迅速增长到 2030 年的 365 亿千瓦时。虽然水能是无碳排放的重要能源，但是增势相对比较平缓，可能是由于欧盟的水能资源利用潜力已经不大或者出于水电站建设导致生态环境破坏等方面的考虑。

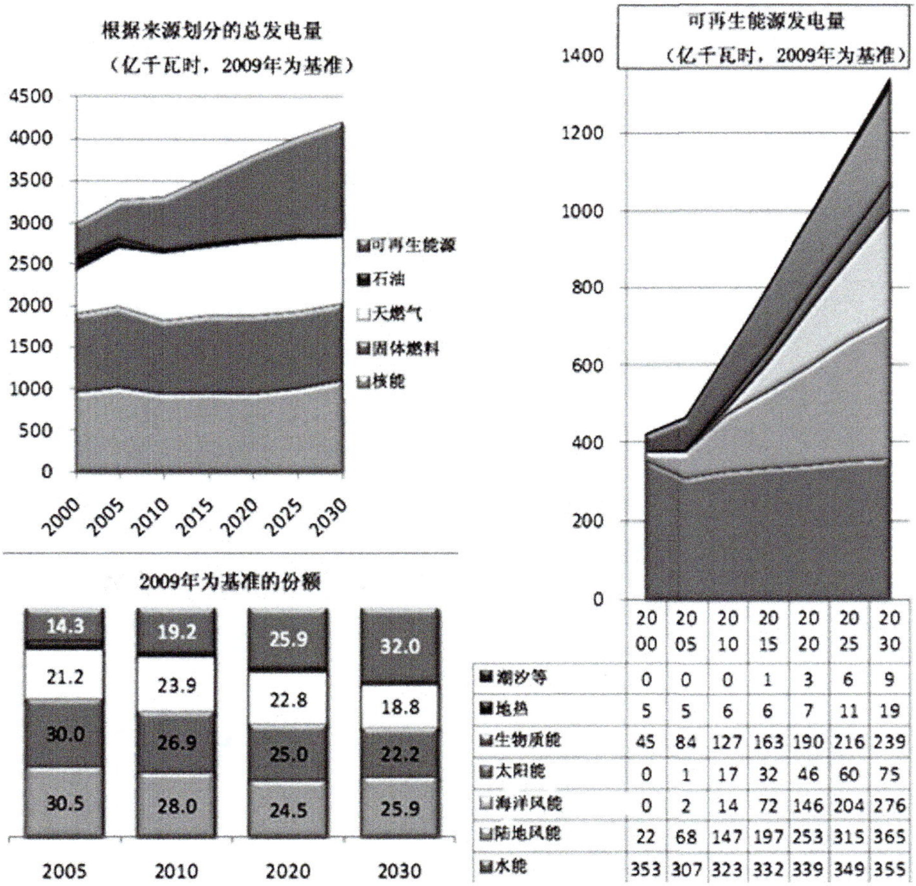

	2000	2005	2010	2015	2020	2025	2030
潮汐等	0	0	0	1	3	6	9
地热	5	5	6	6	7	11	19
生物质能	45	84	127	163	190	216	239
太阳能	0	1	17	32	46	60	75
海洋风能	0	2	14	72	146	204	276
陆地风能	22	68	147	197	253	315	365
水能	353	307	323	332	339	349	355

图 5.9　欧盟发电以及可再生能源结构变动图

资料来源：Professor Pantelis CAPROS, E3MLab National Technical University of Athens, European energy and transport trends to 2030-Update 2009.

从装机容量来看，可再生能源的装机容量增长最快，将迅速由 2010 年的 2320 亿瓦特增长到 2030 年的 4930 亿瓦特。从可再生能源内部的装机容量构成情况来看，陆地风能、海洋风能以及太阳能发电的装机容量增长最为明显，分别由 2010 年的 798 亿瓦特、43 亿瓦特和 15.3 亿瓦特增长到 2030 年的 1757 亿瓦特、843 亿瓦特和 611 亿瓦特。欧盟电力部门的装机容量变动情况如图 5.10 和图 5.11 所示。

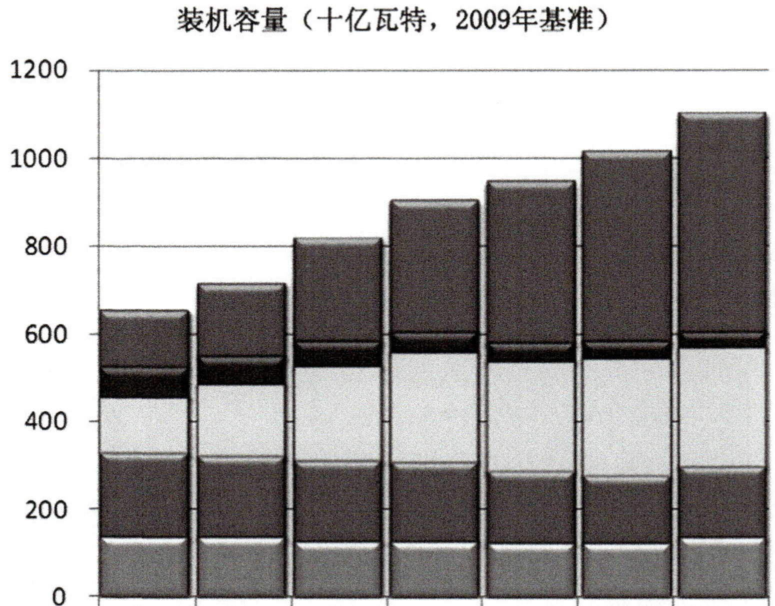

	2000	2005	2010	2015	2020	2025	2030
可再生能源	126	165	232	296	363	427	493
石油	71	62	56	46	42	40	36
天然气	129	167	218	250	250	267	269
固体燃料	194	187	184	183	166	154	165
核能	134	134	127	127	124	123	134

图 5.10　欧盟电力部门装机容量结构及变动图

资料来源：Professor Pantelis CAPROS, E3MLab National Technical University of Athens, European energy and transport trends to 2030-Update 2009.

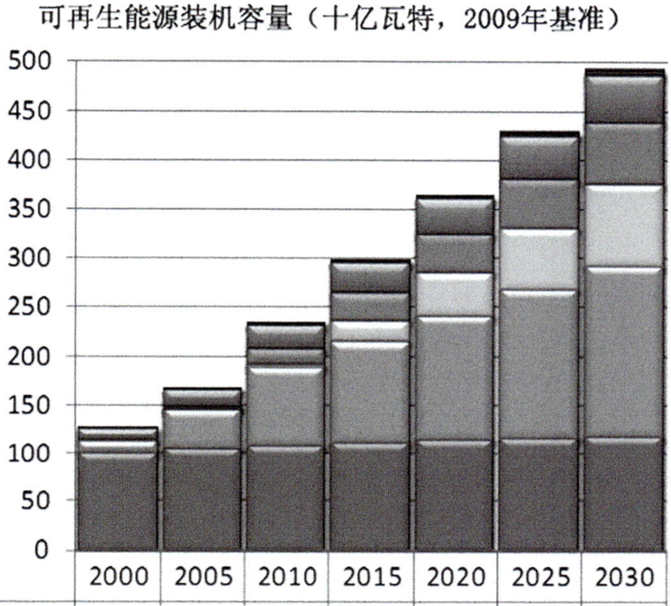

	2000	2005	2010	2015	2020	2025	2030
地热	0.6	0.7	0.7	0.7	0.8	1.2	2.2
潮汐等	0.0	0.0	0.2	0.6	1.6	3.0	4.9
生物质能	12.1	17.5	24.0	29.9	35.8	42.3	48.3
太阳能	0.4	2.2	15.3	27.7	38.9	49.7	61.1
海洋风能	0.0	0.7	4.3	21.9	44.5	62.2	84.3
陆地风能	12.8	39.9	79.8	104.3	127.6	154.0	175.7
水能	99.7	104.5	107.3	110.5	113.4	114.9	116.3

图 5.11　欧盟可再生能源装机容量结构及变动图

资料来源：Professor Pantelis CAPROS, E3MLab National Technical University of Athens, European energy and transport trends to 2030-Update 2009.

二、低碳产业的发展

欧盟确定的低碳经济发展目标以及出台的一系列促进低碳经济发展的政策措施，将会促进低碳型产业的快速发展。低碳型产业的孵化和发展主要体现在以下 4 个领域：

1.“化石燃料的低碳化”领域

“化石燃料的低碳化”领域包括二氧化碳捕获和储存、清洁煤与煤气复合发电、煤气液化燃料，以及煤炭甲烷等产业。

在化石燃料的低碳化领域中，最受瞩目的是清洁煤技术（Clean Coal Technology），具体包括两大部分，第一个部分是煤炭液化复合发电（IGCC）和超临界微粉碳火力发电，应用这项技术可以大幅度提高燃烧效率，进而降低电力单位的二氧化碳排放量。法国和西班牙已经各自建设有煤炭液化复合发电试验工厂。清洁煤技术的第二个部分是二氧化碳的捕获和储存技术（CCS）。据“气候变化政府间论坛（IPCC）”的分析报告，附带二氧化碳回收储藏系统的火力发电站与没有附带这一系统的火力发电站相比，二氧化碳的排放量可以削减 80%—90%。欧盟规定，到 2020 年，新建设的火力发电站必须配套建立二氧化碳回收储藏设施。未来欧盟的二氧化碳捕获情况如图 5.12 所示，到 2030 年，二氧化碳捕获比例将达到 20.1%。可以预测，碳捕获与储存产业将会获得快速发展。

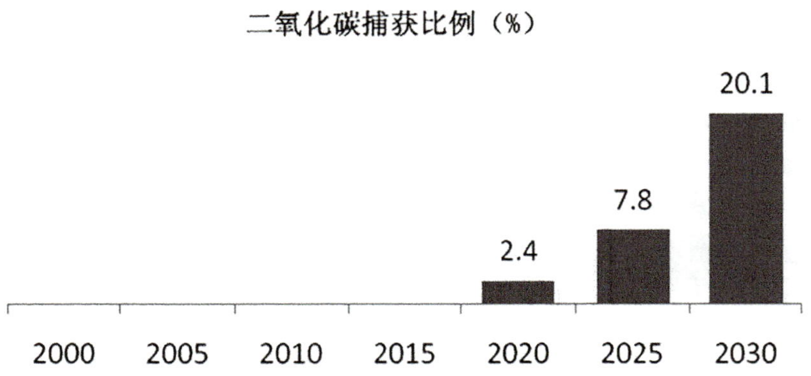

图 5.12 欧盟二氧化碳捕获情况变化图

资料来源：Professor Pantelis CAPROS, E3MLab National Technical University of Athens, European energy and transport trends to 2030-Update 2009.

2.“可再生能源”领域

“可再生能源”领域包括太阳光发电与太阳热发电、风力发电、生物质发电、地热发电、海洋温差发电，以及氢燃料电池等。在太阳光发电方面，欧盟已经确立了自己的优势，特别是在第一代结晶硅太阳电池方面处于领先地位，而在第二代薄膜太阳电池方面，日本的绝对优势地位还难以动摇。

在可再生能源领域，德国取得有一系列重要产业创新。德国通过采取固定价格收购制度、税费减免、财政补贴、低息贷款等扶持政策大力扶持可再生能源产业的发展，在太阳光发电和风力发电设备的生产制造方面都位居世界第一，培育了“Q-Cell”等太阳电池产量世界第一的创新型企业。

(1) 太阳光发电产业

在欧洲，由于实施了“固定价格收购”制度，规定电力公司必须以高价收购由太阳光发电所产生的电力，所以，太阳光发电得到政策的强力扶持。目前，世界上大约有一大半的太阳光发电设施为欧洲所拥有，并且增长迅猛。比如在2008年，德国的太阳电池（面板和模块）的生产与同期相比迅速增长了76%，其中仅Q-Cell的产量就超过了580MG。

（2）风力发电产业

风力发电在欧洲大陆历史悠久，目前，欧盟在风力发电领域位居世界前列，其发电量已经占到全世界风力发电总量的近3/4。2007年，欧盟的可再生能源发电量增长了13%，超过8.8吉瓦，其中主要来自风力发电。目前，德国是世界上最大的风力发电设备的生产国，而且在全球的风力发电产业格局中，欧洲企业占有“半壁江山”。

（3）生物燃料产业

所谓生物燃料有两种，一种是可以代替汽油的生物质乙醇燃料；另一种是可以代替清油的生物质柴油燃料。生物质乙醇燃料主要是以甘蔗、玉米、小麦、大米为原料提炼生产的。欧盟特别强调生物燃料的发展，提出到2020年将生物燃料在各成员国运输燃料消费量中的比例至少提高到10%；到2030年，欧盟25%的交通燃料要来自生物燃料，同时降低20%—30%制取生物燃料的成本。由此可见，未来欧盟生物燃料产业的发展将会是十分迅猛的。

3.“能源的效率化与低碳化消费”领域

“能源的效率化与低碳化消费”领域包括能源的传输与储存，如智能电网（Smart Grid)，长距离直流送电、冰蓄热、燃料电池以及能源的低碳化消费，如汽车节能（混合动力汽车、插电式混合动力汽车、燃料电池汽车、生物质燃料汽车）、家电节能与绿色 IT、住宅节能与办公节能以及绿色物流等。

4.“低碳型服务”领域

“低碳型服务”领域主要包括碳排放权交易服务、CDM 咨询服务、绿色金融服务、企业碳管理的咨询服务、碳足迹与碳抵消的商品与服务等。欧盟在二氧化碳排放权交易和服务，以及碳足迹与碳抵消商品与服务方面具有领先优势。

第四节 低碳就业的发展

欧盟的低碳型产业发展处于世界最高水平，在全世界的低碳型产业中占据 30% 的份额，对欧盟经济发展和就业都发挥有重要作用。欧委会已经开始评估向低碳经济转型对于就业的影响。当前，欧盟低碳产业增加值已占到 GDP 的 2.1%，雇用员工达到 350 万人。[①] 从 2000 年以来，欧盟生态产业的就业岗位每年平均以 7% 的速度增长，目前已经达到 340 万。比如在可再生能源发展领域，过去 10 年已经创造了 40 万的就业岗位，仅就风力发电而言，就创造了大约 15 万个就业岗位。下面以德国和英国为例来说明可再生能源产业对欧盟就业的拉动作用。

从德国的情况来看，2008 年的可再生能源产业销售额达 250 亿欧元，在德国的最终能源需求中，可再生能源所占的比重达到 8.6%，可再生能源发电量已占总发电量的 15%。太阳能、风能和生物质能是主要的来源，三者发电量占可再生能源发电的比例分别为 29%、23 % 和 41%。[②] 德国新能源发展的就业效应非常明显。2007 年，德国在可再生能源部门的就

① 蔡林海著：《低碳经济、绿色革命与全球创新竞争大格局》，经济科学出版社 2009 年版，第 166 页。

② 蔡林海著：《低碳经济、绿色革命与全球创新竞争大格局》，经济科学出版社 2009 年版，第 186 页。

业人数首次超过了传统能源行业的就业人数。2008 年，德国已有 27.8 万人受雇于新能源行业，而传统能源行业为 23.8 万人。2008 年德国可再生能源就业人数增长了 12%，估计到 2020 年，德国可再生能源行业从业人员将增加到 35.35 万—40 万人，其中风能行业至少容纳 16.2 万人就业，太阳能行业 2.9 万人，生物质能 5.4 万人。德国通过实行“固定价格收购”制度大力扶持太阳光发电产业，并且已经超越日本成为世界太阳能发电的一号强国。德国太阳能领域的就业拉动作用非常大，在 2008 年，德国已经有 1.7 万人在太阳能行业工作，与 2007 年相比，该领域的就业增加了 44%。预计到 2050 年，仅太阳能领域的零部件制造就有望提供 23.86 万的就业岗位。

英国政府预测如果在 2020 年可再生能源发电的装机容量达到 385 亿瓦特的话，将会创造 13.3 万个工作岗位。其中风能是英国清洁能源创造就业最大的部门，预计在 2020 年，如果风电的装机容量能够达到 220 亿瓦特，将创造 2.3 万个工作岗位；如果风电的装机容量达到 270 亿瓦特，将创造 3.6 万个工作岗位；如果风电的装机容量能够达到 340 亿瓦特，就能够创造 5.7 万个工作岗位。① 英国估计到 2030 年碳捕捉与封存技术领域可以接纳 10 万个就业岗位。②

欧盟在低碳经济领域的投资会促使经济结构的不断调整，在短期和中期创造许多新的就业岗位。可再生能源行业是创造就业最多的行业，预计在未来的 5 年间，可再生能源行业的就业人数将会从 23 万人增加到 55 万人。同时对于建筑业的低碳投资也会创造大量的短期就业机会。在经济危机中，欧盟大约有 1500 万人遭受了冲击，这些人会在翻修和建筑节能房屋的努力中寻找到就业机会。另外，根据能源效率计划，在节能设备的投资中也有望创造大量的就业机会。从长期来看，欧盟就业创造的可持续性取决于发展新的低碳技术的能力，这需要大力发展教育、培训、新技术

① Center for American Progress and Global Climate Network, Low-Carbon Jobs in an Inter-Connected World, December 2009.

② 崔宏伟:《欧盟气候新政及其对欧洲一体化的推动》，欧洲研究，2010 年 6 期，第 38 页。

推广、研发、技术产业化等方面的不断努力。低碳经济还会给欧盟的工业带来很多就业机会，但是需要有关建筑、技术、设计、研究方面的熟练劳动力。因此，需要对现有的劳动力进行培训，使他们能够成为“绿领”，抓住低碳经济的就业机会。

欧盟预测，如果欧盟 2020 年实现提高可再生能源使用 20% 的目标，就有望新增 60 万个工作岗位，可再生能源部门将容纳 280 万个工作岗位。① 如果实现能源使用效率提高 20% 的目标，欧盟将新增超过 100 万个工作岗位。② 其中，生物燃料的发展对增加就业具有非常大的潜力，预计到 2030 年能够创造 1200 万个工作岗位，而风能和太阳能的发展在未来 20 年也有望新增超过 800 万个工作岗位。③ 在风电领域，预计到 2020 年就业可达 33 万人。

综上所述，发展低碳经济对于创造就业岗位和拉动经济增长的作用非常显著。因此，发展低碳经济自然也成为欧盟解决潜在经济增长率低、人口日益老龄化问题的重要举措。

---

① European Commission, “Europe 2020 Background information for the Informal European Council”, February 11, 2010.

② European Commission, “Europe 2020: a European strategy for smart, sustainable and inclusive growth”.

③ Carlo Carraro, President, University of Venice, “Tackling Global Warming: An Opportunity For Europe”, Brussels Economic Forum 2010 “Strategies for a Post-Crisis World: Enhancing European Growth”, May 25, 2010, http://ec.europa.eu/economy_finance/bef2010/speeches/index.html.

第六章　欧盟低碳经济发展的外部影响、评析与展望

第一节　欧盟发展低碳经济的外部影响

一、欧盟发展低碳经济对贸易的影响

欧盟发展低碳经济对贸易既会产生正面影响，也会产生负面影响。

从负面影响来说，欧盟采取应对气候变化的措施会增加相关行业，特别是能源密集型行业的成本。强制减排措施提高了产品的生产成本，迫使企业增加投资，从而导致产出和利润的降低。工艺流程的复杂化还会增加管理难度和增加运营费用。相对于缺乏强制减排措施的国家来说，其产品相当于进行了一种扭曲的贸易补贴。因此欧盟发展低碳经济有可能增加了企业负担，降低出口产品的国际竞争力，对欧盟的产品出口造成不利影响，[①] 进而导致欧盟经常项目出现逆差或者逆差不断拉大。

从欧盟 1975 年以来的国际贸易情况来看，在 90 年代之前，贸易收支波动相对平缓，而 90 年代经常项目波动较大，经常项目逆差态势不断增大。2009 年，欧盟经常项目余额为 -445.1 亿美元，特别是货物贸易逆差严重，其收支情况与经常项目余额情况基本保持一致，如图 6.1 所示。虽

---

① 谢来辉：《欧盟应对气候变化的边境调节税：新的贸易壁垒》，《国际贸易问题》，2008 年第 2 期，第 66 页。

然 2008 年之后欧盟经常项目逆差的拉大是受金融危机和欧洲主权债务危机的严重影响，但是也存在由于实施强制减排措施，导致产品出口成本增加的结果。这从 2000 年与 2006 年欧盟以及世界其他国家能源密集型产品市场份额的变动情况将可以发现欧盟经常项目逆差扩大的部分原因（如图 6.2 所示）。

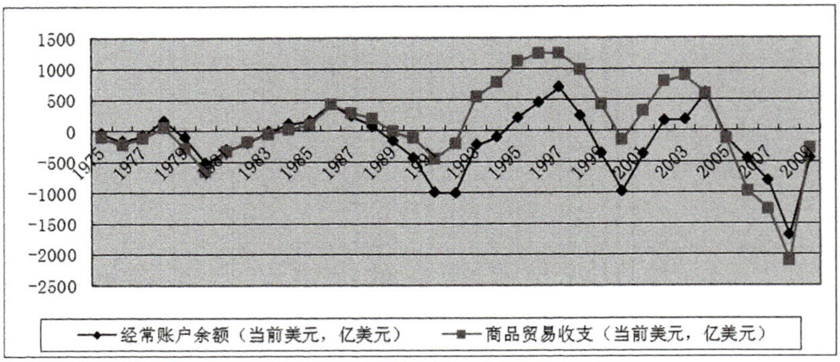

图 6.1 欧盟经常项目余额和商品收支变动折线图

资料来源：根据世界银行的相关数据绘制而成。

从图 6.2 可以看出，欧盟的无机化工产品、有机化工产品、陶瓷、钢铁、铝材等典型能源密集型产品的国际市场份额下降趋势较为明显。

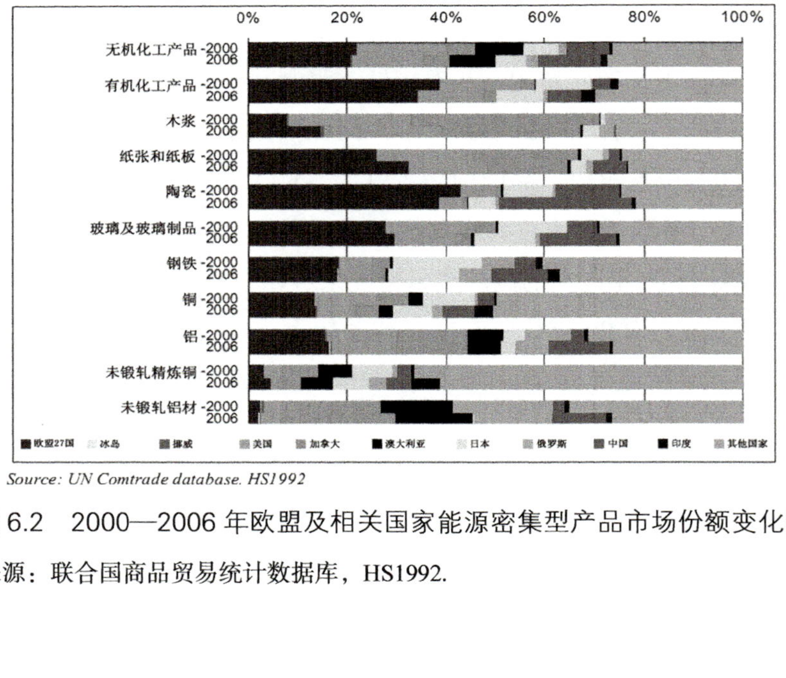

图 6.2 2000—2006 年欧盟及相关国家能源密集型产品市场份额变化图

资料来源：联合国商品贸易统计数据库，HS1992.

一些欧盟工业集团声称欧盟日趋严格的减排政策将不断提高工业企业的生产成本，降低其相对于其他国家同类型产业的竞争力，如市场份额下降以及利润空间减少，从而使得欧盟内部失业率上升，甚至影响 GDP 增长。同时，不断增加的减排成本会降低投资者在欧盟未来的投资预期，更多的欧盟工业会将现有或未来的投资转移到气候政策相对宽松的地区，因此出现温室气体排放的“碳泄漏”现象，直接影响欧盟气候政策的有效性。欧盟对 258 个生产部门开展了调查统计研究，调查结果显示有 151 个工业部门受到碳泄漏的显著影响，约占欧盟 ETS 所涵盖工业部门（不包括电力部门）二氧化碳排放的 75% 左右。[①] 如果在欧盟 ETS 下拥有碳排放配额的企业大量撤出，还会造成欧盟碳交易市场上配额供大于求，降低碳交易价格，间接影响欧盟减排政策实施的有效性。

从正面影响来说，欧盟通过发展低碳经济，拥有世界领先的低碳技术，如果未来全球发展低碳经济，当节能环保成为国际贸易的重要竞争力指标，欧盟将大有裨益。一方面，欧盟的低碳型产品将会获得较强的国际竞争力，另一方面，欧盟还可以通过技术服务出口使国外企业对其形成技术依赖，进而欧盟可以长期保持领先的国际竞争优势。可以说，发展低碳经济对欧盟贸易造成的冲击是短期的，欧盟更看重的是在未来的国际贸易格局中占据竞争优势。

当前欧盟已经拥有较为先进的节能减排技术，特别是英、法、德等科技大国在核能研究开发、环境科学和技术开发等方面优势明显。在世界能源技术市场，欧盟的比例占到 51%，美国仅为 25%；在环境技术市场上，英、法、德、意 4 国所占的比重达到了 47%，美国只有 17%。[②] 截至 2007 年底，欧盟掌握的可再生能源专利技术的比例占全世界的 44.8%，美国为 17.7%，日本为 17.8%；欧盟掌握的机动车减排专利技术的比例占

① 王鑫、陈迎：《碳关税问题刍议——基于欧盟案例的分析》，《欧洲研究》，2010 年第 6 期，第 45—46 页。

② 薛彦平著：《欧洲工业创新体制与政策分析》，中国社会科学出版社 2009 年版，第 40 页。

50.3%，美国为 15.7%，日本为 28.9%。[①] 具体而言，在太阳光发电方面，欧盟已经确立了自己的优势，特别是在第一代结晶硅太阳电池方面处于“领先世界”的地位。目前，世界上大约有一大半的太阳光发电设施为欧洲所拥有。欧盟领先的节能减排技术以及相关低碳技术在国际贸易领域已经初见成效，比如在 2000 年，德国的可再生能源技术出口已经达到了 3.5 亿欧元，2004 年，可再生能源技术产品和服务的出口比例已经占德国总出口的 35%。[②]

然而，如果未来发展中国家和一些发达国家还是没有采取强制性的应对气候变化措施，在节能环保难以成为全球贸易的约束性指标的情况下，欧盟发展低碳经济对于欧盟贸易的负面影响可能占主导地位。在化石能源价格相对低廉，高排放技术盛行的条件下，欧盟低碳技术领域的优势将难以发挥其巨大的作用。不过从各方面的态势来看，该种情况出现的概率越来越小。这也是欧盟一直积极倡导国际社会遏制气候变化，发展低碳经济的一个重要原因。如果国际气候协议要求各国不断推进减排，就有利于欧盟企业实现其竞争优势，在国际贸易中提高产品的国际竞争力，并且有望扭转经常项目逆差的状况。

从欧盟发展低碳经济可能对欧盟贸易产生的正反两方面影响可以更加清楚地理解欧盟提出碳关税的真实目的。欧盟最早提出了有关“碳关税”的提议，其用意是试图针对来自未履行《京都议定书》国家的进口产品征收特殊的二氧化碳排放关税，以消除欧盟碳排放交易机制运行后欧盟国家的碳密集型产品可能遭受的不公平竞争。在全球气候变化问题的相关文献中，对于“碳关税”有一个较为含蓄的称谓，即所谓“基于碳排放量的边界调节税”(Carbon-motivated Border Tax Adjustment)。欧盟有关“碳关税”政策的最初提议在很大程度上直接针对的是美国和澳大利亚等拒绝加入《京都议定书》的国家（澳大利亚于 2007 年 12 月

① 王伟光、郑国光主编：《应对气候变化报告（2009）——通向哥本哈根》，社会科学文献出版社 2009 年版，第 144 页。

② Center for American Progress and Global Climate Network, Low-Carbon Jobs in an Inter-Connected World, December 2009.

签署《京都议定书》)，但是也包括中国、印度等未承担约束性温室气体减排目标的主要发展中国家的碳密集型产品。[①]欧盟2008年12月通过的《气候与能源一揽子方案》(Climate and Energy Package)中第十条b部分将征收碳关税定义为“解决碳泄漏问题的可行政策”。一旦实施碳关税，对众多发展中国家，特别是中国的影响不可避免，[②]将会对中国的能源密集型产品出口构成很大压力，从而从外部形成促进中国经济发展方式转型的动力。

二、欧盟发展低碳经济对金融市场的影响

随着低碳经济的发展，“碳金融市场”随之兴起，“碳金融市场”即碳排放权交易市场的简称，又称“碳金融”或“碳市场”。碳金融市场泛指服务于限制温室气体排放的相关金融活动，具体包括碳现货、期货、期权等金融及衍生品市场。碳金融市场源起于《联合国气候变化框架公约》(UNFCCC)和《京都议定书》。碳金融市场发展的基础是温室气体排放交易市场的形成。

自2005年《京都议定书》生效以来，全球碳市场发展迅猛，以每年100%的增量高速成长。2008年，全球达成有近50亿吨二氧化碳当量的碳交易，平均每吨达26美元，国际碳交易市场规模已经有1260亿美元之多。2008—2012年间全球碳交易市场规模平均每年增加600亿美元。[③]

欧盟碳排放交易体系是目前世界上最大的温室气体排放权交易市场，其会员单位有：巴黎Bluenext碳交易所、荷兰Climex交易所、奥地利能源交易所(EXXA)、欧洲气候交易所(ECX)、欧洲能源交易所(EEX)、意大利电力交易所(IPEX)、伦敦能源经纪协会(LEBA)和北欧电力交易所(Nordpool)等。在欧盟碳排放交易体系之外，另外两家著名的气候

---

① 沈可挺：《碳关税争端及其对中国制造业的影响》，《中国工业经济》，2010年1期，第65页。

② 王鑫、陈迎：《碳关税问题刍议——基于欧盟案例的分析》，《欧洲研究》，2010年第6期，第44—45页。

③ 刘倩、王遥：《碳金融全球布局与中国的对策》，《中国人口·资源与环境》，2010年第20卷第8期，第64—69页。

交易所分别为美国芝加哥气候交易所（CCX）和澳大利亚新南威尔士交易所（NSW），相比之下，这两家的交易量与欧盟相比要小得多，相关交易量和交易额如表 6.1 所示。

表 6.1　碳金融市场的交易量和交易额

	2008 年		2009 年	
	交易量（千吨二氧化碳当量）	交易额（百万美元）	交易量（千吨二氧化碳当量）	交易额（百万美元）
配额市场	3278	101492	7362	122822
EU ETS	3093	100526	6326	118474
NSW	31	183	34	117
CCX	69	309	41	50

资料来源：World Bank, "State and Trends of the Carbon Market", 2010.

由表 6.1 可以看出，当前欧盟的碳排放交易体系处于遥遥领先的地位，通过碳排放交易，欧盟在国际金融体系中发挥有重大作用，从而能够从全球碳市场的发展过程中获得巨大的金融收益，这些相关金融收益具体表现在以下两个方面。

（一）规则方面的收益

要建立碳排放交易体系需要碳金融交易一系列制度安排，包括碳金融交易制度、规则和碳排放的有关法规等。为推动建立全球统一的碳排放规则，欧盟表现非常积极，在欧盟以及多方的共同努力下取得了《联合国气候变化框架公约》《京都议定书》《哥本哈根协议》等积极成果，为碳金融交易市场在全球的全面、纵深发展奠定了基础。

碳排放交易体系的制度安排以充分发挥市场机制的作用为基本特点，在后京都政策阶段，欧盟同样倚重市场力量，尤其重视建立全球范围的碳市场。前欧盟贸易委员曼得尔森就明确表示，后京都协议的主要目标是建立环境技术和绿色工业投资领域开放的全球市场，通过碳交易市场和推广绿色技术，提高欧洲竞争力，支持多哈回合达成绿色技术产品和服务的零关税协议。[①] 欧盟碳排放交易体系目前是世界上规模最大、最成熟的碳交易机制，更重要的是还与国际气候机制存在紧密联系。欧盟期望欧盟的碳排放交易体系能够成为国际气候体制下全球碳市场的枢纽。早在2007年10月，欧洲理事会就指出，全球碳市场是激励低碳投资的基础，并强调不同碳交易体系相互连接的重要性。在这一思想指导下，欧委会、大多数欧盟成员国、美国、加拿大、新西兰和挪威纷纷建立起国际碳行动伙伴关系（CICAP)。可以说，欧盟是全球碳排放交易规则的主导者，在建立全球碳市场的过程中，欧盟还将进一步加强规则建设，在此过程中欧盟自然获益匪浅。

（二）欧元的进一步国际化

一种货币要成为世界货币，往往要遵循计价结算货币——储备货币——锚货币的基本发展路径。而与国际大宗商品、特别是能源贸易的计价和结算绑定权往往是一种货币崛起的起点。比如：在英镑称霸世界的历史时期，英国一直是煤炭出口国；在以美元为主导货币的今天，美国保持了对世界石油来源的强力控制。“煤炭——英镑”和“石油——美元”的崛起展示了一条简单而明晰的世界货币地位的演化路径。当低碳经济成为各国未来经济的发展方向，新能源的崛起将超越以往的单一能源主导的旧模式。而新能源贸易——碳信用交易的计价结算货币绑定权将有可能成为国别货币或者区域货币脱颖而出成为国际货币甚至关键货币的重要条件。

目前，欧盟碳排放贸易体系（EU ETS）在全球碳交易市场中已处于领先地位，其中主要的6个交易所均采用欧元标价。此外，二级“核证减排额”（CERs）和CER期货、期权等碳衍生品交易在欧洲市场发展迅速，同样均以欧元标价。与之同时，以美元计价的CCX和推出环境衍生品的芝加哥气候期货交易所（CCFE)、纽约商业交易所（NYMEX）的交易规模相形见绌。欧元是碳现货和碳衍生品场内交易的主要计价结算货币。[②] 综合来看，欧盟发展低碳经济有助于推动欧元的进一步国际化，将来出现

① 崔宏伟：《欧盟气候新政及其对欧洲一体化的推动》，《欧洲研究》，2010年第6期，第32—43页。

② 管清友：《碳货币猜想》，《中国外汇》，2009年第19期，第38—39页。

“碳市场——欧元”的格局也存在很大可能，欧元的不断国际化将会使欧元区国家获取巨大的铸币税收益。如果欧盟碳排放交易体制与全球碳市场衔接，欧盟将获得巨大收益。根据有关研究，假如按照每吨二氧化碳 30 欧元计算，欧盟碳信用的 60% 进行拍卖，欧盟每年总计将获得约 330 亿欧元的收益。而如果达成全球性协议，欧盟收益将增至 550 亿欧元。此外，欧盟通过欧元定价碳交易，还有利于带动欧洲相关金融服务的发展并向全球进行金融渗透。

综上所述，不论在贸易领域还是金融领域，全球共同发展低碳经济带给欧盟的收益均要大于欧盟单边行动的收益，因此欧盟在国际气候谈判中不断推进全球共同减排，特别强调发展中国家也应该制定强制性的减排目标。

第二节　欧盟发展低碳经济的评析

一、欧盟发展低碳经济的过程评析

从欧盟发展低碳经济的历程来看，为了保障能源供给安全，从 20 世纪 70 年代开始，欧盟开始转变传统能源政策，从而使得欧盟在低碳经济领域先行一步，积累了先进的低碳技术，提高了能源利用效率和发展了可再生能源。随着气候变化问题的日益严重，欧盟的能源政策和环境政策开始相互结合。目前，欧盟已经确立了低碳经济发展的多重目标体系，从而使温室气体减排目标与其他经济社会发展目标相互促进、协同发展。欧盟将发展低碳经济看作是一场“新的工业革命”，期望通过低碳经济带动欧盟经济向高能效、低排放的方向转型，进而实现欧盟经济的可持续发展。

从欧盟促进低碳经济发展的政策来看，欧盟制定和实施了一系列促进低碳经济发展的制度和规则。在低碳技术领域，欧盟投入了大量的资金支持涉及气候变化和能源领域的技术研发。在宏观层面，欧盟制定有严格的减排目标和针对各成员国的碳排放限额。在经济社会层面，欧盟主要采用市场经济手段，通过碳/能源税和碳排放交易机制，用市场手段调节能源价格和温室气体排放的成本，以最小化温室气体减排的成本。由此可见，欧盟促进低碳经济的政策措施是符合经济学原理的。从公共物品的角度看，低碳技术的研发需要政府进行必要的投资。从大气污染的外部性和可耗竭能源的定价来看，低碳经济的发展又需要通过借助庇古税和碳排放交易机制以调节能源使用价格进而增加温室气体排放的成本。

二、欧盟发展低碳经济的效果评析

从温室气体排放量来看，欧盟的确有效降低了温室气体的排放总量，但是仍有一种温室气体——氢氟碳化物的排放量呈上升趋势，而且氢氟碳化物是一种温室效应极强的气体。

从欧盟的经济增长和温室气体排放的关系来看，欧盟整体在经济增长的同时实现了温室气体排放量不断降低的目标。但是需要注意，欧盟经济增长主要来源于原欧盟15国，在此期间，新欧盟12国却发生了经济衰退。欧盟整体温室气体排放量的降低很大程度上是由于新欧盟12国经济衰退的结果。尽管新欧盟12国的温室气体排放量只占欧盟总体温室气体排放量的19.62%，但是降低的温室气体排放量却占到了欧盟降低温室气体总量的56.3%。

从欧盟的碳排放转移来看，欧盟进口产品的内涵排放量巨大。对欧盟产业结构和国际贸易两方面的研究结果表明，欧盟的碳排放转移情况非常严重，欧盟消费导致其他国家和地区排放了大量的温室气体。因此，从降低全球温室气体排放量的角度来看，欧盟发展低碳经济的效果要大打折扣。

从欧盟的能源结构和能源效率来看，欧盟的能源效率有较大提高，可再生能源比例也越来越高，但是也存在欧盟成员国可再生能源发展水平和能源效率差异较大的问题。

综上所述，从欧盟本身温室气体排放量的降低程度、能源结构和能源效率的角度来说，欧盟发展低碳经济的成效显著。但是从温室气体排放量与经济增长的关系（存在新欧盟12国经济衰退的情况）和碳排放转移的角度看，欧盟发展低碳经济的效果就要大大缩水了。

三、欧盟发展低碳经济的影响评析

欧盟发展低碳经济的影响主要包括内部影响和外部影响两大方面的内容。从内部影响来看，欧盟通过发展低碳经济以转变经济增长方式，进而会对经济增长和就业产生巨大的推动作用，而这种作用具体是通过不断对现有的产业进行低碳化改造，不断调整产业结构，大力发展低碳型产业来实现的。从外部影响来看，如果仅有欧盟单边发展低碳经济，而其他各国没有采取相应的行动，那么欧盟获得的贸易和金融利益将是有限的，甚至会遭受损失；如果全球形成发展低碳经济的热潮，欧盟将能够依靠其低碳方面的技术优势和制度优势获得巨大的贸易和金融利益，从而更有助于欧盟的经济增长和就业。

综上所述，欧盟未来低碳经济的发展不仅会大幅削减欧盟的温室气体排放量，而且还会使欧盟源源不断获取促进经济增长和就业的持续动力。因此，欧盟将会采取进一步的措施大力发展低碳经济。当然，欧盟发展低碳经济自然会有应对气候变化、保护全球资源、维护人类共同家园的目标，这些目标本来就是欧盟发展低碳经济的本来之意。因此，欧盟发展低碳经济是应对全球气候变化的有效举措，将会对全球环境产生积极的影响，但是本书研究的重点是从经济的角度来研究欧盟发展低碳经济的影响，因此对环境方面的影响不做过多分析和阐述。

第三节　欧盟发展低碳经济的展望

一、欧盟未来发展低碳经济的短期分析

从短期来看，欧盟发展低碳经济面临一定的困难。欧盟 2020 战略能否带领欧盟走出经济危机、促进经济增长，实现里斯本战略未能完成的任务和低碳经济的目标，取决于欧盟、欧盟成员国、欧盟企业和欧盟公民的

共同努力。

首先，从欧盟层面来看，欧盟将继续以市场为主导，利用欧盟温室气体排放贸易机制、碳税等经济工具来引导企业和居民主动减少温室气体的排放，同时利用结构基金等金融工具筹集资金作为启动资金支持欧盟的技术创新，发展低碳经济。

第二，从欧盟成员国层面来看，欧盟制定的政策措施需要转化为欧盟成员国的政策措施和具体行动才能真正起到作用，因此欧盟 2020 战略需要欧盟成员国的密切配合。特别是欧盟支持技术创新的项目启动资金必须结合各个成员国的配套基金才能发挥其杠杆作用。但是由希腊债务危机开始的欧洲主权债务危机对欧盟成员国的配套基金的筹集会产生较大影响，“群猪”（PIIGS）的南欧 5 国，财政赤字占 GDP 的比率曾严重超标：希腊 12.7%，爱尔兰 12.5%，西班牙 11.2%，葡萄牙 8.0%，意大利 5.3%。而南欧 5 国 2020 年的碳减排力度还是比较大的，除了葡萄牙可以少量增加温室气体的排放以外，其他 4 个国家的减排目标分别为：爱尔兰 -20%，意大利 -13%，西班牙 -10%，希腊 -4%。南欧 5 国很难拿出支持欧盟 2020 战略实施的配套资金计划。目前，英国的脱欧严惩削弱了欧盟的整体力量。

第三，从欧盟企业层面来看，欧盟低碳经济的发展将与欧盟的经济结构改革同步进行，而经济结构改革将对不同性质的企业产生不同的影响。低碳经济的发展对于资源节约型和环境友好型企业带来了广阔的商机和发展前景，但是对于传统的高碳行业企业却带来了巨大的挑战，很多企业的生产成本将会上升，一些企业甚至将彻底改造。因此在欧盟 2020 战略的实施过程中要妥善处理各个利益集团的利益分配，协调利益集团的关系，否则利益受损企业将成为欧盟发展低碳经济的阻碍。

最后，从欧盟公民的态度来看，据调查，有 64% 的公民认为他们应对气候变化的努力还不够，有 28% 的公民认为他们的努力刚刚合适，有 2% 的公民认为他们做得已经够多了，有 6% 的公民不清楚。[①] 从这些数

① European Commission, “Europeans’ attitudes towards climate change”, November 2009, http://ec.europa.eu/public_opinion/archives/ebs/ebs_322_en.pdf.

据可以看出，大部分欧盟公民对于应对气候变化的态度还是比较积极的，但是还是有 36% 的欧盟公民的态度较为消极。因此，欧盟发展低碳经济有一定的民众基础，但是基础尚不牢固，欧盟需要提高欧盟公民对于气候变化危害的认知程度，进一步培养欧盟公民对于低碳产品和低碳生活方式的偏好，提高欧盟公民对于发展低碳经济的积极性。

综上所述，欧盟 2020 战略显示了欧盟力图加速走出金融危机阴影，实现经济可持续发展，[①] 振兴欧洲经济的努力和决心。欧盟有一定的科技实力和制度优势来实现低碳经济的中期目标，但是机遇与挑战并存，只有欧盟、欧盟成员国、欧盟企业以及欧盟公民携手并进，克服资金困难，协调各方利益，众志成城才能保证欧盟 2020 战略的成功实施。

二、欧盟未来发展低碳经济的长期分析

从里斯本战略到欧盟 2020 战略，欧盟依靠知识和科技进步带动经济增长和就业的思路是一脉相承的。随着能源和气候变化压力的日益增强，欧盟越来越重视可持续发展，强调向低碳经济的转型。最初低碳经济的内容只是散见于促进经济增长的技术研发内容之中，后来逐渐成为技术研发的主要内容。金融危机的爆发促使欧盟急需寻找新的经济增长点，以帮助欧盟尽快走出危机，转变经济增长模式和实现经济的可持续发展，于是能够同时实现促进经济增长、减缓气候变化和降低能源消耗的低碳经济发展模式成为了欧盟的必然选择。

长期以来，欧盟一直把数字经济当作拉动经济增长的主要引擎，现在把同时包含数字经济的低碳经济看成欧盟提高国际竞争力，拉动经济增长和就业的驱动力量，这扩展了欧盟发展经济的视野，增添了经济增长赖以依托的支撑点。

“欧盟 2020 战略”反映出欧盟希望通过发展低碳经济实现环境保护和经济发展的双重目标，而技术创新是使两者达到相互融合的有效手段。欧盟发展低碳经济的主要任务是提高国际竞争力、应对气候变化和实现能

---

① http://europa.eu/press_room/press_packs/europe_2020/index_en.htm.

源的清洁高效使用。这三个主要任务不是孤立的，而是相互促进、协同发展的。发展低碳技术可以提高国际竞争力和能源的高效使用；能源的高效使用有助于降低温室气体排放，从而减缓气候变化；能源的高效使用和能源结构的调整又有助于就业和经济增长。

欧盟认为只要措施得当，经济增长和温室气体减排是可以相互促进的，关键在于制定合理的政策和有力的措施来充分发挥低碳经济对于经济增长的促进作用，而欧盟2020战略就制定了一系列措施以保证气候能源目标的实现，同时促进经济增长和增加就业。

从欧盟发展低碳经济的历程以及政策手段可以看出，欧盟已经具备了发展低碳经济的技术基础和制度框架。2010年欧盟发布的“欧盟2020战略”进一步明确了欧盟发展低碳经济的目标，制定了促进低碳经济发展的主要措施。从长期来看，欧盟将继续全面发展低碳经济，并且力度会越来越大。

第七章　中国低碳产业发展的思考

按照联合国能源署的数据，2009 年中国能源总消耗已超过美国，成为世界第一大能源消耗国。按汇率计算，中国单位 GDP 能耗比美国和欧盟高 4 倍左右，比日本高 8 倍，比世界平均水平高 3 倍，比印度也要高 40%。① 在气候变化问题日益严重，低碳经济成为发展潮流以及国内环境污染问题严重的情况下，中国也开始高度重视低碳经济的发展。

2014 年 12 月中央经济工作会议提出要准确把握经济发展新常态，指出我国“环境承载能力已达到或接近上限，必须推动形成绿色低碳循环发展新方式”，这是经济新常态九大特征之一。改变我国传统的粗放式、高能耗的经济发展方式，实现我国产业低碳化转型，已成为我国经济新常态下实现可持续发展目标的必由之路。2009 年中国政府公布量化减排目标，即 2020 年单位国内生产总值的二氧化碳排放比 2005 年下降 40%—45%，并作为约束性指标纳入国民经济和社会发展中长期规划。2014 年末中美两国发布气候变化联合声明，中国计划 2030 年左右二氧化碳排放达到峰值，且将努力早日达峰。此次承诺意味着中国工业的碳排放增长“天花板”被量化确定，国家对高能耗、高排放的产业进行调整，必然要限制在可控的、平稳的范围内。②

中国低碳经济发展处于起步阶段，低碳产业发展面临产业结构调整、原有产业低碳化改造、新型低碳产业发展等一系列问题。通过对欧盟低碳经济和低碳产业的研究，结合中国实际，本书对中国低碳产业发展进行了

① http://www.chinapower.com.cn/article/1105/art1105414.asp.

② 张云，邓桂丰与李秀珍：《经济新常态下中国产业结构低碳转型与成本测度》，《上海财经大学学报》，2015 年第 4 期，第 10—20 页。

以下思考。

一、产业结构调整

长期以来，中国的产业政策思路是巩固第一产业、提高改造第二产业、积极发展第三产业，促进产业结构优化升级，使产业结构逐步由“二一三”演变到“二三一”，实现了经济的快速增长。中国国内生产总值由1978年的3650.2亿元增加到2014年的636462.7亿元，增长了173.4倍，年均增长率为9.31%（按不变价格计算）。与此同时，中国产业结构也不断进行优化调整，1978年三次产业结构比重为27.9：47.6：24.5，2014年产业结构比重演变为9.2：42.6：48.2。第一产业比重下降较快，共下降18.7个百分点，第三产业比重增长快速，共增加23.7个百分点。

由以上数据可以看出，第二产业在国民经济中处于非常重要的位置，中国成为世界加工厂。从国际分工来看，在知识化和全球化大潮中，现代市场经济体系导向形似微笑曲线的利益分流格局。在欧美发达国家，创造环节和流通环节成为利润率相对较高的经济部门，复制环节成为利润率相对较低的经济部门，形成中间凹陷，两翼上扬的态势。先进国家着重发展创造力经济和流通力经济，而把加工制造环节向后进国家转移，从而形成了创造业和分销业两端强大、制造业中间萎缩，形似微笑曲线的产业发展格局。复制环节需要大量人力、物力，地大物博又劳动力丰富的中国成为跨国公司进行复制环节的最佳地区。久而久之，中国经济依然陷入了创造力经济和流通力经济两端发育不良、生产力经济中间强大的产业发展格局。

目前，中国面临人口红利逐渐消失、资源过度使用、环境日益恶化、温室气体排放高居不下、国际气候谈判压力重重的艰难局面，进一步优化、调整产业结构依然是当务之急。从欧盟的经验可以看出，尽管欧盟的碳排放指标、研发框架计划、碳排放交易系统、碳税等政策由官方制定，但是产业发展和节能减排的落实依然是以市场为主导，企业为主体。

从需求角度考察产业结构调整的驱动因素，市场经济的主体是微观厂商和消费者。产业结构调整的根本动力来源于企业对利润的追求，企业的行为取决于消费群体和消费者的偏好。拉动中国经济的三驾马车分别是出口、投资和消费。

从外需来看，由于地域的限制，外国消费者对中国无形服务的需求十分有限。尽管一些中国企业进行海外直接投资，但是现有国际市场由西方发达国家主导的割据局面在短期内很难变化。因此，外需仍然主要是依靠出口的对中国有形产品的需求。有形产品的生产主体是生产制造业，要消耗大量人力和物力，产生温室气体的排放。

从投资来看，政府投资往往是铁路、公路和基础设施建设，同样属于第二产业的范畴。私人投资的领域和数额取决于回报率，而回报率受内需影响。所以，消费需求是产业结构调整的最重要拉动力。

消费需求取决于消费者的购买力、购买意愿和决策权。购买力取决于国民收入，消费者收入越高，在其他条件不变的情况下，购买力越高。因此，应该不断提高国民收入。购买意愿受很多因素影响，其中富人倾向于购买奢侈品，中等收入群体倾向于购买性价比较高的产品，穷人倾向于购买价格低廉的产品。中等收入群体的购买意愿有利于企业提高产品和服务质量，实现产业结构优化。而目前中国收入差距过大，不利于产业结构的调整。因此，应该在追求效率的同时，建立公平的收入分配体系，扩大中等收入群体的数量。消费者实现购买行为还取决于消费者的最终决策。如果消费者存在后顾之忧，是会谨慎花费的。目前中国的教育、医疗、养老、房价等压力严重阻碍了消费的购买行为。

教育、医疗、养老属于政府统筹范畴，仍需进一步改革和完善，可以借鉴欧盟成员国，特别是北欧国家的社会保障政策。房地产泡沫是产业结构调整的一个关键问题。首先，房地产属于第二产业，房屋建造及相关产业链是高污染、高能耗和高排放的企业。其次，房价过高造成大多数家庭成为房奴，没有足够的资金进行其他方面的消费和投资。第三，目前三四线城市的房地产库存过多，房地产开发商已经面临资金链断裂的危险。

激进式改革往往成本较高，渐进式改良往往成本较低。研究表明，中国控制温室气体排放存在明显的宏观经济成本，不同条件下的产业结构优化模拟结果证实，产出增长率越大，实现减排目标的平均宏观经济成本越小。合理调整和优化工业产业结构不仅可以实现较高水平的减排目标，而且可以增加产值和就业人数。[①] 从中国公布的碳排放指标来看，2020 年是相对指标——单位国内生产总值的二氧化碳排放比 2005 年下降 40%—45%，2030 年是绝对指标——2030 年左右二氧化碳排放达到峰值，之后必须下降。因此，在短期内（2016—2020 年），产业结构低碳化转型应以经济增长为主，逐步降低房地产库存，减少第二产业中的过度产能，提高国民收入，发展第三产业。在长期内（2020—2030 年），产业结构的进一步优化需要以严格控制温室气体排放量为主。

二、确立多重低碳经济发展目标

从欧盟发展低碳经济的历程可以看出最初欧盟提高能源效率和改善能源结构是出于能源安全的考虑，但是却起到了降低温室气体排放和提高低碳技术的作用。随着气候变化问题的日益严重以及国际社会重视程度的不断加深，欧盟的政策重点从出于能源安全考虑的能源政策逐步向以多重目标共举的低碳经济政策转变。欧盟发展低碳经济目标的多样性体现在总体目标和环境目标的多样性上，而中国的节能减排目标往往较为单一，常常是为了减排而减排，从而造成了经济效益和社会效益的损失。

（一）确立发展低碳经济的多重目标体系

欧盟现在发展低碳经济已经承载了很多目标和任务，主要包括应对气候变化、确保能源供给安全、促进研发和经济增长、改善经济结构、解决人口老龄化问题、提高就业率等。这使得欧盟降低温室气体排放的行动不是孤立存在的，而是与欧盟的其他经济社会发展目标相协调的，因此欧盟发展低碳经济的收益要远远大于其成本。但是中国目前发展低碳经济的目标单一，主要是为了降低温室气体排放而节能减排，节能减排目标的制定没有和其他经济社会领域的目标相协调，没有形成完整统一和相互促进的低碳经济发展目标体系。而且减排目标的分配往往是对各个地方政府和机关单位的行政命令，缺乏灵活性和成本收益的分析。因此，中国应当在

---

① 张云，邓桂丰与李秀珍：《经济新常态下中国产业结构低碳转型与成本测度》，《上海财经大学学报》，2015 年第 4 期，第 10—20 页。

全面分析和研究经济社会各个方面的发展情况的基础上确立能够相互协调促进的发展低碳经济的多重目标体系（包括总体目标和各个子目标）。

（二）兼顾各个环境目标

欧盟的环境目标一般包括大气、水资源和固体废弃物三个方面，尽管欧盟很多国家已经经历了先污染后治理的历史阶段，现在的空气、水和土壤的质量都比较高，但是欧盟仍然在大力降低温室气体排放的同时，十分重视水、土壤等资源环境的保护，循环利用污水、固体废弃物等。

中国在获得经济快速增长的同时，却积累了严重的环境问题。中国的江河湖泊、水库及引水工程、地下水、海洋长期处于被污染状态，导致人们生存所必需的合格的饮用水源日益匾乏。全国七大水系总体为中度污染，其中辽河、海河为重度污染。湖泊富营养化问题突出，至 2008 年，全国 75% 的湖泊均呈现富营养化。华北、东北、西北地区的地下水质不断下降，污染事故频有发生。在监测的地级城市中，空气质量劣于国家三级标准的占 3.4%，中国一系列城市空气质量普遍较差，在监测的地级城市中，达到国家三级标准的占 36.1%，二级标准的占 58.1%，一级标准的仅占 2.4%。农村土壤污染严重，“据估计，中国受污染的耕地面积约 2000 万公顷，占耕地总面积的 1/5”。与此同时，耕地减少、水土流失和荒漠化也非常严重。城市中固体废弃物不断增多，然而处理率很低，2007 年全国工业固体废弃物处置量仅占 23.5%。① 此外，诸多城市垃圾堆积成山，首都北京都面临严峻的“垃圾围城”问题。

2010 年的特大干旱和洪涝灾害使政府意识到加快水利建设刻不容缓。2011 年 1 月 29 日，中共中央国务院发布了《关于加快水利改革发展的决定》（2011 年中共中央 1 号文件），确定了加快水利改革发展的方针和措施，其中包括了一些降低水污染的内容，但是主要还是侧重农田水利的建设。

如果在环境问题产生严重后果之后才制定和实施补救治理措施，那么其效果是非常有限的，中国应该未雨绸缪以防止重大灾害的发生。对于

---

① 黄菁：《环境污染与经济可持续发展的关系及影响机制研究》，湖南大学博士学位论文，2010 年 3 月，第 1—7 页。

中国而言，大气污染防治和水利改革固然重要，但是水、土壤、固体废弃物等污染的治理也同样重要。中国在处理环境问题的工作中切不可顾此失彼，只简单强调节能减排和水利改革，而忽视其他环境问题。更何况各个环境目标之间是相互关联和影响的。污水和固体废弃物会导致土壤污染，土壤污染会影响植物的碳汇能力，进而影响空气中温室气体的密度；固体废弃物的焚烧会排放大量的温室气体；未来对污染的治理会消耗更多的能源，排放更多的温室气体。因此，中国的环境保护工作需要兼顾多重环境目标，尽快制定系列环境问题的综合治理方案。目前，中国更应该强调的是发展循环经济，因为循环经济的内涵不仅包括大气污染的防治，而且包含环境领域的诸多方面，不仅能够实现更大范围的环境保护目标，而且能够实现自然资源更加高效和合理的利用。

三、综合运用多种低碳经济政策手段

为了降低温室气体排放，欧盟及其成员国出台了许多促进低碳经济发展的政策，包括碳排放交易系统、碳/能源税、低碳技术研发支持政策、可再生能源发电上网保护制度等。这些政策主要是以经济手段调节碳价格以促使企业和居民提高能源效率和利用可再生能源，不仅能够提高企业减排的积极性，同时还能够创造就业和促进经济增长。欧盟还十分重视多种低碳经济政策手段的结合和协调。例如，欧盟把碳配额在碳排放交易系统的内部和外部进行分配，没有被 EU ETS 覆盖的碳配额采用其他低碳经济政策手段进行控制。

但是，中国降低温室气体排放的手段比较单一，主要是采用行政命令的手段，把减排任务逐级下放，最终分配到县市，甚至各个单位。一方面，这种不基于成本收益分析的减排手段对经济的负面影响较大。一些地方政府为实现减排目标不惜拉闸限电，导致一些地区的工厂没办法开工，居民的生活也受到了很大影响。另一方面，行政命令减排的效果也并不理想。一些被拉闸限电的企业为了进行生产，购买柴油进行发电或者作为动力燃料。而柴油的碳排放系数较大，这样做反而会增加温室气体的排放。

欧盟促进低碳发展的主要经济手段是碳排放交易系统和碳税，这两

个政策被看作低碳经济最重要和最有创新性的两个工具，中国应该如何看待和使用这两种工具是值得结合中国国情进行深入的研究和分析的。

从理论上讲，碳排放交易系统的经济效益和减排效果要优于碳税政策。第一，碳排放交易系统能够控制温室气体排放总量。目前，《京都议定书》要求的均为碳排放总量的控制目标，基于“限额——贸易”的碳排放交易系统对于温室气体排放总量目标的控制力较强。而碳税政策主要是调整碳排放企业和个人的碳排放成本，对碳排放总量的控制能力较差。第二，碳排放交易系统的成本要低于碳税政策。不同企业的减排成本是不同的，通过碳排放交易系统，减排成本较低的企业可以通过自身减排实现排放的温室气体量小于获得的碳配额量，然后在碳市场上以高于减排成本的价格出售多余的碳配额。而减排成本较高的企业可以在碳市场上以低于减排成本的价格购买碳配额。根据供求关系，最终的结果是碳价格成为实现社会减排总成本最低的市场出清价格，碳市场实现局部均衡。

但是，在实际操作过程中，要根据不同国家的实际情况和不同的实施对象采取不同的政策工具。第一，碳排放交易系统要求国家有较为完善的市场体制和法律制度。但是对于市场机制不够完善的发展中国家，碳排放交易系统的运行会存在两方面的问题：一方面，碳配额的发放，特别是在中央集权的国家，很容易发生寻租行为。企业很可能为了获取更多的碳配额，对政府官员行贿，政府官员受贿之后给行贿企业发放较多配额。寻租导致的后果是行贿企业获得较多的碳配额，而不去采取措施降低温室气体排放量；而愿意花大量金钱行贿的企业往往是碳排放大户，也是最应该节能减排的企业。因此很可能最终的结果是有悖于实施碳排放交易系统的初衷，全社会不能实现真正的节能减排。另一方面，在市场制度不完善的国家全面实施碳排放交易系统很可能发生金融投机行为，扰乱碳排放交易市场秩序。例如，国内和国外投机者利用碳市场炒作碳价格，使碳价格不能反映企业对于碳配额的真实需求，进而同样难以实现节能减排的效果。

第二，即使在市场经济制度完善的国家，也不能只采取碳排放交易系统这一个政策工具，因为碳排放交易系统的交易成本相对较高。对于一个碳排放大户而言，进入碳市场购买大量的碳配额所耗费的交易成本分摊到单个碳配额上较小。但是对于一些小企业或个人进入碳市场购买碳配额所耗费的交易成本分摊到单个碳配额上就很大了。例如，消费者为一辆私家轿车的温室气体排放量购买碳配额。而碳税政策的交易成本较小，实施方式也较为简单。因此碳排放交易系统适用于促进碳排放大户的节能减排，碳税政策适用于促进碳排放散户的节能减排。

总之，碳排放交易系统和碳税有其不同的适用范围。从国家层面需要考虑市场完善程度，从个人层面需要考虑交易成本。发达国家应该以碳排放交易系统为主，碳税政策为辅。市场机制还不完善的发展中国家应该以碳税政策为主，并不断完善市场机制，努力建设碳排放交易系统。两大政策工具需要根据其不同适应性有机结合使用。

另外，从欧盟的经验中可以看出其他低碳经济政策手段也有其适用范围和优势。因此中国应当在征收碳税的基础上，综合运用多种低碳经济政策手段。同时注意遵循“税收中性”①的原则，使征收的碳税能够取之于民，用之于民。

四、大力发展低碳技术

拥有先进的低碳技术是原有产业低碳化改造和新型低碳产业发展的必要条件。欧盟在实施保障能源供给安全的过程中就已经发展了低碳技术，之后又在全面发展低碳经济的过程中进一步提高了整体技术水平，进而成为世界上掌握核心低碳技术最多的区域。因此欧盟有实力倡导和引领全球低碳经济的发展，并能够从中获益。而中国低碳技术的落后不仅会制约国内经济的可持续发展，而且会影响低碳产业的发展。

中国能源资源消耗量大，能源利用效率低，能源资源已经变得越来越稀缺，需要大量从国外进口。中国国民生产总值（GDP）约占世界总

---

① 税收中性是针对税收的超额负担提出的一个概念，一般包含两种含义：一是国家征税使社会所付出的代价以税款为限，尽可能不给纳税人或社会带来其他的额外损失或负担；二是国家征税应避免对市场经济正常运行的干扰；特别是不能使税收成为超越市场机制而成为资源配置的决定因素。税收中性原则的实践意义在于尽量减少税收对市场经济正常运行的干扰，在市场对资源配置起基础作用的前提下，有效地发挥税收的调节作用，使市场机制和税收机制达到最优结合。

量的4%左右，却消耗了全球31%的煤、8%的石油、10%的电力，而矿产资源回收率只有30%，比国外先进水平低20%。2010年，我国能源对外依存度已达到10%，其中原油对外依存度达到51.3%；①天然气对外依存度达到12.8%。预计到2050年中国石油进口依赖度将达75%，消耗量将超过8亿吨。②同时，伴随着资源能源的消耗，中国国内环境破坏问题也日益严重。

尽管中国已经成为了“世界加工厂”，但是出口的产品往往是缺乏科技含量的劳动密集型产品，而且能耗较高，污染较重。目前发达国家已经制定了诸多技术标准、复杂的质量认证和卫生环保方面的规定，在未来倡导低碳生产和生活的世界里，低碳领域的技术标准和制度规则必然会逐步增多。虽然中国现在拥有巨大的贸易顺差，但是一旦碳关税在世界范围内实施、低碳方面的环境标准在全球确立，中国出口产品的国际竞争力会遭受致命打击。如果那时中国的经济增长方式和经济结构还未发生改变，仍然是依靠资源消耗的粗放型经济增长方式和出口拉动型的经济增长模式，那么中国经济遭受的损失将是不可想象的。中国严重依赖能源资源消耗的“高能耗、高污染、高排放”的经济增长方式必须发生改变。

大力发展低碳技术是中国国内经济长远发展和对外经济的必然要求。转变经济增长方式、保障能源供给安全和解决环境问题需要提高能源利用效率和发展可再生能源。这需要科学技术的支撑，特别是掌握先进的低碳技术，但是中国在低碳技术领域的研究和开发严重落后于发达国家，并且长期投入不足。目前，中国过于将希望寄托于国际技术转让，希望通过CDM机制获得发达国家的低碳技术。虽然中国目前是拥有CDM项目最多的发展中国家，但实际上并未获得核心的低碳技术。正如中国最初改革开放寄希望于“用市场换技术”而并未换得核心技术一样，发达国家是不会让中国轻易掌握其核心低碳技术的。而且能源行业往往具有“锁定效应”，企业一旦采用了发达国家提供的低碳生产设备，就很难更换。加上没有掌握低碳生产设备的核心技术，为了维持机器设备的长期运转，必将

① http://www.eeo.com.cn/Politics/beijing_news/2010/02/04/162398.shtml.

② http://finance.qq.com/a/20070528/000200.htm.

会对发达国家形成技术依赖。

要实现中国经济的可持续发展和拥有较强的国际竞争力，依靠发达国家的技术转让是不现实的。中国必须自力更生，独立自主研发低碳技术，才能以最小的成本发展低碳产业，在未来低碳经济发展中立于不败之地。

参考文献

一、中文文献

薄燕:《“京都进程”的领导者：为什么是欧盟不是美国？》，《国际论坛》，2008年第10卷第5期。

蔡林海著:《低碳经济、绿色革命与全球创新竞争大格局》，经济科学出版社2009年版。

陈共著:《财政学》，中国人民大学出版社2009年版。

陈迎、潘家华、谢来辉:《中国外贸进出口商品中的内涵能源及其政策含义》，《经济研究》，2008年第7期。

崔宏伟:《欧盟气候新政及其对欧洲一体化的推动》，《欧洲研究》，2010年第6期。

崔晓静:《欧盟能源税指令及其对我国的借鉴》，《武大国际法评论》，2007年第2期。

东北师范大学地理系主编:《世界经济地理》，北京师范大学出版社1984年版。

樊纲著:《走向低碳发展：中国与世界：中国经济学家的建议》，中国经济出版社2010年版。

冯建中著:《欧盟能源战略——走向低碳经济》，时事出版社2010年版。

傅聪:《欧盟应对气候变化治理研究》，中国社会科学院研究生院博士学位论文，2010年7月。

管清友:《碳货币猜想》，《中国外汇》，2009年第19期。

国家发展和改革委员会能源研究所课题组:《中国2050年低碳发展之路:能源需求暨碳排放情景分析》,科学出版社2009年版。

郇庆治著:《欧洲绿党研究》,山东人民出版社2000年版。

黄菁:《环境污染与经济可持续发展的关系及影响机制研究》,湖南大学博士学位论文,2010年3月。

李慧明:《欧盟在国际气候谈判中的政策立场分析》,《世界经济与政治》,2010年第2期。

李俊峰、马玲娟:《低碳经济是规制世界发展格局的新规则》,《世界环境》,2008年第2期。

林伯强、牟敦国编:《高级能源经济学》,中国财政经济出版社2009年版。

刘倩、王遥:《碳金融全球布局与中国的对策》,《中国人口·资源与环境》,2010年第20卷第8期。

潘家华、陈迎、庄贵阳等:《英国低碳发展的激励措施及其借鉴》,《中国经贸导刊》,2006年第18期。

秦爱华:《里斯本战略评述——从经济增长角度分析欧盟经济》,《欧洲研究》,2008年第6期。

沈可挺:《碳关税争端及其对中国制造业的影响》,《中国工业经济》,2010年1期。

盛洪:《外部性问题和制度创新》,《管理世界》,1995年第2期。

世界环境与发展委员会编著,邓延陆编选:《我们共同的未来》,湖南教育出版社2009年版。

孙桂娟等著:《低碳经济概论》,山东大学出版社2010年版。

何毅亭著、陶良虎编:《中国低碳经济:面向未来的绿色产业革命》,研究出版社2010年版。

田江海著:《绿色经济与绿色投资》,中国市场出版社2010年第1版。

王鹤:《欧盟的经济力量》。周弘主编:《欧盟是怎样的力量——兼论欧洲一体化对世界多极化的影响》,社会科学文献出版社2008年版。

王万山:《生态经济理论与生态经济发展走势探讨》,《生态经济》,

2001 年第 5 期。

王伟光、郑国光主编:《应对气候变化报告 2009》，社会科学文献出版社 2009 年版，第 297—305 页。

王伟男:《欧盟应对气候变化的基本经验及其对中国的借鉴意义》，上海社会科学院博士学位论文，2009 年 7 月。

王伟中主编:《从战略到行动：欧盟可持续发展研究》，社会科学文献出版社 2008 年版。

王鑫、陈迎:《碳关税问题刍议——基于欧盟案例的分析》，《欧洲研究》，2010 年第 6 期。

吴季松:《循环经济——全面建设小康社会的必由之路》，北京出版社 2003 年版。

谢来辉、陈迎:《中国对碳关税问题过度担忧了吗？》，《国际经济评论》，2010 年第 4 期。

谢来辉:《欧盟应对气候变化的边境调节税：新的贸易壁垒》，《国际贸易问题》，2008 年第 2 期。

邢继俊、黄栋、赵刚编:《低碳经济报告》，电子工业出版社 2010 年版。

邢丽著:《碳税的国际协调》，中国财政经济出版社 2010 年版。

徐汉国、杨国安著:《绿色转身——中国低碳发展》，中国电力出版社 2010 年版。

薛彦平著:《欧洲工业创新体制与政策分析》，中国社会科学出版社 2009 年版。

杨兴著:《“气候变化框架公约”研究——国际法与比较法的视角》，中国法制出版社 2007 年版。

姚良军、孙成永:《意大利的低碳经济发展政策》，《中国科技产业》，2007 年第 11 期。

余开祥、洪文达、伍贻康主编:《欧洲共同体——体制·政策·趋势》，复旦大学出版社 1989 年版。

余永定、张宇燕、郑秉文主编:《西方经济学（第三版)》，经济科学出版社 2003 年版。

袁丽静:《循环经济、绿色经济和生态经济》,《环境科学与管理》,2008 年第 33 卷第 6 期。

张春霞:《绿色经济发展研究》,中国林业出版社 2002 年版第 1 版。

张焕波著:《中国、美国和欧盟气候政策分析》,社会科学文献出版社 2010 年版。

张健雄著:《欧盟经济政策概论》,中国社会科学出版社 2006 年版。

张茂明著:《欧洲联盟际行为能力研究》,当代世界出版社 2003 年版。

张明军、孙美平、周立华:《对生态经济学若干问题的思考》,《国土与自然资源研究》,2006 年第 2 期。

中国人民大学气候变化与低碳经济研究所编著:《低碳经济——中国用行动告诉哥本哈根》,石油工业出版社 2010 年版。

钟茂初著:《可持续发展经济学》,经济科学出版社 2006 年版。

周冯琦著:《上海可持续发展研究报告——低碳经济专题研究 2009》,学林出版社 2009 年版。

周宏春、刘燕华著:《循环经济学》,中国发展出版社 2005 年第 1 版。

中国能源和碳排放研究课题组:《2050 中国能源和碳排放报告》,科学出版社 2009 年版。

庄贵阳、陈迎著:《国际气候制度与中国》,世界知识出版社 2005 年版。

庄贵阳著:《低碳经济:气候变化背景下中国的发展之路》,气象出版社 2007 年版。

宗蓓华:《战略预测中的情景分析法》,《预测》,1994 年第 2 期。

二、译著

[德] 赫尔曼·舍尔著,黄凤祝、巴黑译:《阳光经济:生态的现代战略》,三联书店 2000 年版。

[美] 蕾切尔·卡逊著,吕瑞兰、李长生译:《寂静的春天》,吉林人民出版社 1997 年版。

[美] 芭芭拉 · 沃德、[美] 勒内 · 杜博斯著，《国外公害丛书》编委会译：《只有一个地球——对一个小小行星的关怀和维护》，吉林人民出版社 1997 年版。

[美] 丹尼斯 · 米都斯等著，李宝恒译：《增长的极限——罗马俱乐部关于人类困境的报告》，吉林人民出版社 1997 年版。

[美] 莱斯特 ·R· 布朗著，林自新译：《生态经济：有利于地球的经济构想》，东方出版社 2002 年版。

[美] 阿兰 ·V· 尼斯、[美] 詹姆斯 ·L· 斯威尼主编，李晓西、史培军等译、校：《自然资源与能源经济学手册》第三卷，经济科学出版社 2010 年版。

[英] 迈克尔 · 阿拉贝，刘红焰译：《气候年表》，上海科学技术文献出版社 2006 年第 1 版。

[英] 安东尼 · 吉登斯著，曹荣湘译：《气候变化的政治》，社会科学文献出版社 2009 年版。

Pachauri R.K. and Reisinger A. 编辑：《气候变化 2007：综合报告》，政府间气候变化专门委员会（IPCC）。

三、外文文献

Akerman J., Hojer M., “How Much Transport can the Climate Stand?-Sweden on a Sustainable Path in 2050”, Energy Policy, 2006,(34).

Akimotoa K., Tomodaa T., Fujiib Y. and Yamajic K., “Assessment of Global Warming Mitigation Options with Integrated Assessment Model DNE21”, Energy Economics, 2004,(26).

Andersen M.S. and Ekins P., “Carbon-Energy Taxation——Lessons from Europe”, Published in the United States by Oxford University Press Inc., New York, 2009.

Ankarhem M., “A Dual Assessment of the Environmental Kuznets Curve: The Case of Sweden”, Umea Economic Studies, 2005.

Bang J. K., Hoff E. and Peters G., “EU Consumption, Global

Pollution", WWF report 2008. Available at http://assets.panda.org/downloads/eu_consumption_global_pollution.pdf.

Behrens A., Georgiev A. and Carraro M., "Future Impacts of Climate Change across Europe", CEPS Working Document, No. 324/February 2010.

Blanford G.J., Richels R.G. and Rutherford T.F., "Feasible Climate Targets: The Toles of Economic Growth, Coalition Development and Expectations", Energy Economics, 2009,(31), PS82-S93.

Borghesi S., "The environmental Kuznets Curve: a Critical Survey". In: Franzini M., Nicita A. (Eds.), Economic Institutions and Environmental Policy, Ashgate Publishing, 2001.

BP Statistical Review of World Energy, June 2010.

Bristowa A.L., Tight M., "Developing Pathways to Low Carbon Land-based Passenger Transport in Great Britain by 2050", Energy Policy, 2008,(36).

Browna M.A., "Scenarios for a Clean Energy Future 2001", Energy Policy, 2001,29(14).

Building a low-carbon economy——the UK's contribution to tackling climate change, Available at http://www.theccc.org.uk/reports.

Carlo Carraro, President, University of Venice, "Tackling Global Warming: An Opportunity For Europe", Brussels Economic Forum 2010 "Strategies for a Post-Crisis World: Enhancing European Growth", May 25, 2010,

http://ec.europa.eu/economy_finance/bef2010/speeches/index.html.

Collum D.M. and Yang C., "Achieving Deep Reductions in US Transport Green House Gas Emissions: Scenario Analysis and Policy Implications", Energy Policy, 2009,(37).

Commission Green Paper of 8 March 2006: "A European strategy for sustainable, competitive and secure energy" , COM(2006) 105 final.

Commission of the European Communication, "Strategic report on the renewed Lisbon strategy for growth and jobs: launching the new cycle (2008-2010)" , Brussels, December 11, 2007, COM(2007) 803 final.

Commission of the European Communication, Action Plan for Energy Efficiency: Realizing the Potential, COM(2006) 545 final, Brussels, 19/10/2006.

Commission of the European Communication, COMMUNICATION FROM THE COMMISSION. A Sustainable Europe for a BetterWorld: A European Union Strategy for Sustainable Development, COM(2001) 264 final.

Commission of the European Communication, Communication from the Commission to the Council, the European Parliament, the Economic and Social Committee and the Committee of the Regions. Action Plan to Improve Energy Efficiency in the European Community, Brussels, 26/04/2000, COM(2000) 247 final.

Commission of the European Communication, Green Paper-Towards a European Strategy for Energy Supply Security, COM(2000) 769 final, November 29, 2000.

Commission of the European Communication, Renewable Energy Road Map——Renewable energies in the 21st century: building a more sustainable future, Brussels, 10/1/2007, COM(2006) 848 final.

Commission of the European Communities, "An Energy Policy for Europe" , Brussels, 10/1/2007, COM(2007) 1 final.

Commission of the European Communities, "Investing in the Development of Low Carbon Technologies(SET-Plan)" , Brussels, 7/10/2009, COM(2009) 519 final.

Commission of the European Communities, "Working together for growth and jobs : A new start for the Lisbon Strategy" , Brussels, February

2, 2005.

Commission of the European Communities, A Community Strategy to Limit Carbon Dioxide Emissions and to Improve Energy Efficiency, Communication from the Commission, COM(92) 246 final, Brussels, June 1, 1992.

Commission of the European Communities, A European Strategic Energy Technology Plan (SET-Plan)——Towards a low carbon future, COM(2007) 723 final, Brussels, 22/11/2007.

Commission of the European Communities, A European Strategic Energy Technology Plan (SET-Plan)——Towards a low carbon future, COM(2007) 723 final, Brussels, 22/11/2007.

Commission of the European Communities, Communication from the Commission to the Council and the European Parliament on EU policies and measures to reduce greenhouse gas emissions: towards a European Climate Change Programme (ECCP), COM(2000) 88 final.

Commission of the European Communities, Communication from the Commission Concerning the Promotion of Energy Efficiency in the European Union(SAVE II Programme). COM(95) 225 final.

Commission of the European Communities, Energy and the Environment, Communication from the Commission to the Council, COM(89) 369 final, Brussels, February 8, 1990.

Commission of the European Communities, Energy Efficiency in the European Community-Towards a Strategy for the Rational Use of Energy, Brussels, 29/04/1998 COM(1998) 246 final.

Commission of the European communities, Limiting Global Climate Change to 2 degrees Celsius-The way ahead for 2020 and beyond, Brussels, 10/1/2007, COM(2007) 2 final.

Commission of the European Communities, Necessary Progress in Community Energy Policy, COM(72) 1200.

Commission of the European Communities, Proposal for a Council Decision concerning a multiannual programme for the promotion of renewable energy sources in the Community(ALTENER II), COM (97) 87 final, March 12, 1997.

Commission of the European Communities, Re-examined proposal for a Council Decision concerning a multiannual programme for the promotion of renewable energy sources in the Community-ALTENER II, COM(98) 301 final, May 5, 1998.

Commission of the European Communities, Specific actions for greater penetration for renewable energy sources(ALTENER), COM(92) 180 final, Brussels, June 29, 1992.

Committee on Climate Change , "The Fourth Carbon Budget - Reducing emissions through the 2020s" , December 2010.

Communication from President Barroso in agreement with Vice-President Verheugen, "Working together for growth and jobs: A new start for the Lisbon Strategy" , Brussels, February 2, 2005, COM(2005) 24 final.

Communication from the Commission, Tax policy in the European Union-Priorities for the years ahead, COM(2001) 260 final.

Cormick J.M., "Environmental Policy in the European Union" , Palgrave, 2001.

COUNCIL DECISION of 29 October 1991 concerning the promotion of energy efficiency in the Community (SAVE programme) , 91/565/EEC.

COUNCIL DIRECTIVE 2003/96/EC of 27 October 2003 restructuring the Community framework for the taxation of energy products and electricity.

Council Directive 92/82/EEC of 19 October 1992 on the approximation of the rates of excise duties on mineral oils.

Council of the European Communities, Council Resolution of 13

February 1975 concerning measures to be implemented to achieve the Community energy policy objectives adopted by the Council on 17 December 1974, in Community Energy Policy: Texts of the Relevant Legislation, P28-30.

Council of the European Communities, Council Resolution of 16 September 1986 concerning new Community energy policy objectives for 1995 and convergence of the policies of the Member States, OJ C 241, 25/9/1986.

Council of the European Communities, Council Resolution of 17 September 1974 concerning a new energy policy strategy for the Community, O.J. C 153, 09/07/1975.

Council of the European Communities, Green Paper on greenhouse gas emissions trading within the European Union, COM(2000) 87 final.

Council Resolution of 17 December 1974 concerning Community energy policy objectives for 1985, in Community Energy Policy: Texts of the Relevant Legislation.

DECISION No 1982/2006/EC OF THE EUROPEAN PARLIAMENT AND OF THE COUNCIL of 18 December 2006，concerning the Seventh Framework Programme of the European Community for research, technological development and demonstration activities (2007-2013).

Dinda S., "Environmental Kuznets Curve Hypothesis: a Survey Ecological Economics" , Ecological Economics, 2004,49(4).

Directive 2003/87/EC of the European Parliament and of the Council of 13 October 2003, establishing a scheme for greenhouse gas emission allowance trading within the Community and amending Council Directive 96/61/EC.

Egenhofer C., Fujiwara N. and Gialoglou K., "Business Consequences of the EU Emissions Trading Scheme" , Centre for European Policy Studies, 2005.

European Commission, "Directorate-General for Research

Environment: European Research Framework Programme——Research on Climate Change” , 2009.

European Commission, “Doing More with Less: Green Paper on energy efficiency” , 2005.

European Commission, “EU action against climate change: EU emissions trading——an open scheme promoting global innovation” , 2005.

European Commission, “EU action against climate change: the EU emissions trading scheme” , 2008.

European Commission, “Europe 2020 Background information for the Informal European Council” , February 11, 2010.

European Commission, “Europe 2020: a European strategy for smart, sustainable and inclusive growth” , August 2010.

European Commission, “Europeans' attitudes towards climate change” , November 2009, http://ec.europa.eu/public_opinion/archives/ebs/ebs_322_en.pdf.

European commission, “Lisbon Strategy evaluation document” , Brussels, February 2, 2010, SEC(2010) 114 final.

European Commission, Communication from the Commission, Energy for the future: renewable sources of energy, White Paper for a Community Strategy and Action Plan, COM(97) 599 final, 26/11/1997.

European Commission, Europe 2020 Background information for the Informal European Council, February 11, 2010.

European Commission, Guidelines and Priority Actions under the Community Energy Policy. SEC (73) 1481.final, April 19, 1973. Bulletin of the European Communities, Supplement 6-73.

European Commission, Sustainable Energy Europe Campaign 2005-2008——A European campaign to raise awareness and change the landscape of energy.

European Commission, The Main Findings of the Commission's

Review of Member States' Energy Policies. The 1995 Community Energy Objectives. Communication from the Commission. COM (88) 174 final Vol. I, May 3, 1988.

European Environment Agency, "Annual European Union greenhouse gas inventory 1990–2008 and inventory report 2010", Submission to the UNFCCC Secretariat, May 27, 2010.

European Environmental Bureau(EEB), EU Environmental Policy Handbook: A Critical Analysis of EU Environmental Legislation.

European Parliament and the Council, Council Decision No 647/2000/EC of the European Parliament and of the Council of 28 February 2000 adopting a multiannual programme for the promotion of energy efficiency(SAVE), (1998 to 2002), OJ L 79, 30/03/2001.

Eurostat 数据库, Energy intensity of the economy (tsien020),

http://epp.eurostat.ec.europa.eu/portal/page/portal/statistics/search_database.

Faber A., Idenburg A.M. and Wilting H.C., "Exploring techno-economic Scenarios in an Input-output Model", Futures, 2007,39(1).

Fornel A. and Vallaure T., "Modelling of CO_2 Storage and Long Term Behaviour in the Casa Blanca Field", Energy Procedia, 2009,(1).

Fridel B., Getzner M., "Determinants of CO_2 Emissions in a Small Open Economy", Ecological Economics, 2003,45(1).

Galeotti M., Lanza A., Richer and Cleaner, "A Study on Carbon Dioxide Emissions in Developing Countries", Energy Policy, 1999,27(10).

Georgopoulou E., Sarafidis Y. and Mirasgedis S., etc., "Evaluating the Need for Economic Support Policies in Promoting Greenhouse Gas Emission Reduction Measures in the Building Sector: The Case of Greece", Energy Policy, 2006,(34).

Girod B. and Wiek A., "The evolution of the IPCC's Emissions Scenarios IPCC", Environmental science&policy. 2009,(12).

Göteborg European Council, “Presidency Conclusions” , 15 and 16 June 2001.

Grossman G. M. and Krueger A. B., “Environmental Impacts of a North American Free Trade Agreement” , National Bureau of Economic Research Working Paper 3914, NBER, Cambridge MA, 1991.

Grossman G.M. and Krueger A.B., “Economic Growth and the Environment” , The Quarterly Journal of Economics, 1995,110(2).

Grossman, G. M. and Krueger, A. B., “Environmental Impacts of a North American Free Trade Agreement” , National Bureau of Economic Research Working Paper 3914, NBER, Cambridge MA, 1991. http://www.nber.org/papers/w3914.pdf?new_window=1.

Grubb M., Butler L. and Twomey P., “Diversity and Security in UK Electricity Generation: The Influence of Low-carbon Objectives” , Energy Policy, 2006, 34(18).

Grubb M., Muller B. and Butter L. “The Relationship between Carbon Dioxide Emissions and Economic Growth” , Oxbridge study on C02-GDP relationships, Phase I results, 2004.

Gurney A. and Ahammad H., “The Economics of Greenhouse Gas Mitigation: Insights from Illustrative Global Abatement Scenarios Modeling” , Energy Economics, 2009,(31).

He J., “Is the Environmental Kuznets Curve Hypothesis Valid for Developing Countries? A survey” , Working Paper, Université de Sherbrooke, 2005.

Herber B.P. and Raga J.T., “An International Carbon Tax to Combat Global Warming: An Economic and Political Analysis of the European Union Proposal” , American Journal of Economics and Sociology, 1995, 54(3).

Human Development Report 2007/2008: Fighting climate change: Human solidarity in a divided world.

Interim forecast, September 2010, European Commission, Directorate-General for Economic and Financial Affairs.

IPCC WGII, "Climate Change 2001: Impacts, Adaptation and Vulnerability", Cambridge University Press, 2001.

Iwata H., Okada K. and Samreth S., "Empirical Study on the Environmental Kuznets Curve for CO_2 in France: The role of Nuclear Energy", Energy Policy, 2010,38(8).

Kamat R., Rose A. and Abler D., "The Impact of a Carbon Tax on the Susquehanna River Basin Economy", Energy Economics, 1999, 21(4).

Kannan R., "Uncertainties in key low carbon power generation technologies – Implication for UK decarbonisation targets", Applied Energy, 2009, 86(10).

KeiGomi, KoujiShimada and Matsuok Y., "A Low-carbon Scenario Creation Method for a Local-scale Economy and its Application in Kyoto City", Energy Policy, 2009,(1).

KRAM T. and Morita T., "Global and Regional Greenhouse Gas Emissions Scenarios", Technological Forecasting and Social Change, 2000,63(2-3).

Krey V. and Riahi K., "Implications of Delayed Participation and Technology Failure for the Feasibility, Costs, and Likelihood of Staying below Temperature Targets-Greenhouse Gas Mitigation Scenarios for the 21st Century", Energy Economics, 2009,(31).

Kuznets, S., "Economic growth and income inequality", American Economic Review, 1955(49).

Lisbon European Council 23 and 24 March 2000, "Presidency conclusions".

Loulou R., Labriet M. and Kanudia A., "Deterministic and Stochastic Analysis of Alternative Climate Targets under Differentiated Cooperation Regimes", Energy Economics, 2009,(31), PS131-S143.

Lyons P.K., “Energy policies of the European Union”, A BUSINESS INTELLIGENCE REPORT, September 1994, P61-62.

Mander S.L. and Bows A., “The Tyndall Decarbonisation Scenarios-Part I: Development of a Backcasting Methodology with Stakeholder Participation”, Energy Policy, 2008,(36).

Middleton R.S., Bielicki J.M., “A Scalable Infrastructure Model for Carbon Capture and Storage: Sim CCS”, Energy Policy, 2009,(37).

National Climatic Data Center of National Oceanic and Atmospheric Administration, State of the Climate in 2009, July 2010, http://www.ncdc.noaa.gov/bams-state-of-the-climate/2009.php.

New Energy for Climate Policy: The ‘Clean and Efficient’ Programme, Available at http://www2.vrom.nl/docs/internationaal/New%20Energy%20for%20Climate%20Policy.pdf.

Nicolars S., “Stern Review on the Economics of Climate Change”, Cambridge University Press, 2007.

Oda J. and Akimoto K., “Diffusion of Energy Efficient Technologies and CO_2 Emission Reductions in Iron and Steel Sector”, Energy Economics, 2007,(29).

OECD, “Indicators to measure decou-pling of environmental pressure from economic growth”, 2002, P11.

http://www.olis.oecd.org/olis/2002doc.nsf/LinkTo/NT00002ADA/$FILE/JT00126227.PDF.

OECD, “Indicators to Measure Decou-pling of Environmental Pressure from Economic Growth”, 2002.

Office for Official Publications of the European Communities, “The European Community and the Energy Problem”, 3rd Edition. European Documentation 1/1983.

Package of Implementation measures for the EU’s objectives on Climate Change and Renewable Energy for 2020, http://ec.europa.eu/

energy/climate_actions/doc/2008_res_ia_en.pdf.

Panayotou T., "Economic Growth and the Environmental" , Economic Survey of Europe, 2003(2).

Proposal for a Council Directive amending Directive 2003/96/EC as regards the possibility for certain Member States to apply, in respect of energy products and electricity, temporary exemptions or reductions in the level of taxation, Brussels, 28/1/2004, COM(2004) 42 final, 2004/0016 (CNS).

Riahi K., Grübler A. and Nakicenovic N., "Scenarios of Long-term Socio-economic and Environmental Development under Climate Stabilization" , Technological Forecasting & Social Change, 2007,(74).

Richard S.J. and Tola, "Carbon Dioxide Emission Scenarios for the USA" , Energy Policy, 2007,(35).

Schmalensee R., Stoker T.M. and Judson R.A., "World Carbon Dioxide Emissions: 1950-2050" , The Review of Economics and Statistics, 1998,80(1).

Singer S.F. and Avery D.T., "Unstoppable global warming, Lanham" , Rowman & Littlefield Publishers, 2007.

Soimakallio S., Mäkinen T. and Ekholm T., ets., "Green House Gas Balances of Transportation Biofuels, Electricity and Heat Generation in Finland-Dealing with the Uncertainties', Energy Policy, 2009,37(1).

Strachan N. and Kannan R., "Hybrid modelling of long-term carbon reduction scenarios for the UK" , Energy Economics, 2008, 30(6).

Tapio P., "Towards a Theory of Decoupling: Degrees of Decoupling in the EU and the Case of Road Traffic in Finland between 1970 and 2001" , Transport Policy, 2001,(12).

Tobey and James A., "The Effects of Domestic Environmental Policies on Patterns of World Trade: An Empirical Test" , Kyklos. XLIII(1990).

Tzimas E., Georgakaki A., Peteves S., "Reducing CO_2 Emissions from the European Power Generation Sector-Scenarios to 2050”, Energy Procedia, 2009,(1).

U.S. Energy Information Administration (EIA), International Energy Outlook 2010，July 2010.

UK, Energy white paper, “Our Energy Future-creating a Low Carbon Economy”, http://www.dti.gov.uk/files/file10719.pdf.

后　记

回想起书稿的写作过程，我百感交集。由于选题较新，相关理论体系体系不成熟，同时我在欧洲研究和低碳经济领域的积累较少，因此写作遇到的困难重重。从确定选题到动笔撰写，再到修改定稿，多少个白天冥思苦想，多少个夜晚辗转反侧。在这段辛苦的写作过程中，多亏良师益友给予的大量悉心指导和无私帮助，对此深表感谢。

首先，我要感谢我的博士生导师王鹤教授对我循循善诱的教导和无微不至的关心。由于我在读博士之前没有系统学习过欧洲经济方面的课程，王老师就单独给我授课，采取直接讲授加讨论的形式，大大提高了我独立思考和语言表达的能力。王老师治学严谨、一丝不苟，反复阅读并修改我的论文，甚至连标点符号的错误都一一标出，本书倾注了王老师大量的心血。王老师为人谦和、温文尔雅，甚至对于我提出的诸多细微问题，王老师总是耐心地给我答疑解惑，不厌其烦。王老师不仅关心我的学业，而且关心我的生活，常常对我嘘寒问暖、关怀备至。仅此只言片语，难以表达我对王老师的感激之情。

接着，我要感谢帮助过我的许多尊敬的领导和同事。感谢新兴际华集团有限公司纪委副书记赵柱对我的知遇之恩。北京联合大学的陶秋燕院长、何勤老师、陈琳老师、龚秀敏老师、张波老师等在工作中给予很多帮助和指点，在这里我对他们表示深深的感谢。同时，我要感谢社科院城市发展与环境研究所的庄贵阳老师对我写作给予的指导和建议。

最后，感谢我的家人，我的家人不辞辛苦一如既往供养我不断求学，关心我的衣食住行，如此恩情，无以言报。

世界因为有了爱才精彩，我因为有这么多关爱我的人而感到无比幸运，他们使我拥有战胜困难的勇气，使我获得热爱生活的信心。衷心祝福我的良师益友和家人幸福快乐。

陈俊荣

2016 年 4 月 30 日